DE KRACHT VAN HUISNUMMERS

DE KRACHT VAN
HUISNUMMERS

*Ontdek de beste nummers voor harmonie
en welvaart in je huis*

door
JESSE KALSI

Copyright © 2023 (4e editie) Jesse Kalsi. www.jessekalsi.com | 510-353-3563
Alle rechten voorbehouden. Gepubliceerd door Jessekalsi LLC. Geen enkel deel van dit boek mag worden gebruikt of gereproduceerd op welke wijze dan ook, grafisch, elektronisch of mechanisch, inclusief fotokopiëren, opnemen, tapen of door welk informatieopslagsysteem dan ook zonder schriftelijke toestemming van de uitgever, behalve in het geval van korte citaten in kritische artikelen en recensies.

Met dank aan Cynthia Keyes Hilton, amanuensis, redacteur, onderzoeker en assistent van de auteur, QuiltTechEd@comcast.net. Met dank ook aan Sara Rosen, redacteur, SaraRosen888@yahoo.com. Foto van Jesse Kalsi © 2023 Dana Rubin Photography. Omslagontwerp door KillerCovers.com.

Jesse Kalsi heeft het handelsmerk/servicemerk "nummers patchen" geregistreerd voor commerciële doeleinden. Alle anderen mogen de zin niet commercieel gebruiken om zakelijke of financiële adviesdiensten aan te bieden.

Alles is in het werk gesteld om de privacy van individuele cliënten te beschermen; publieke figuren worden geïdentificeerd met hun publiekelijk bekende namen.

Vanwege de dynamische aard van het internet kunnen webadressen of links in dit boek sinds publicatie zijn veranderd en niet langer geldig zijn. De opvattingen in dit werk zijn uitsluitend die van de auteur en weerspiegelen niet noodzakelijkerwijs de opvattingen van de uitgever.

De auteur van dit boek geeft geen medisch advies en schrijft geen technieken voor als behandeling voor lichamelijke, emotionele of medische problemen zonder het advies van een arts, direct of indirect. De intentie van de auteur is alleen om informatie van algemene aard aan te bieden om je te helpen in je zoektocht naar emotioneel en spiritueel welzijn. In het geval dat je de informatie in dit boek voor jezelf gebruikt, wat je grondwettelijke recht is, nemen de auteur en de uitgever geen verantwoordelijkheid voor je daden.

Geprint in de Verenigde Staten van Amerika.

ISBN: 979-8-9905812-0-3 (sc) ISBN: 979-8-9905812-1-0 (e)

Controlenummer Library of Congress: 2023908299

Toewijding

Aan Jaswant Kaur Kalsi en Harjinder Singh Kalsi, mijn moeder en vader, voor altijd, en aan Karen, Amrita en Eshan.

Inhoud

Achtergrond x

Inleiding xiii

Hoofdstuk 1: De magie van nummers 1

Hoofdstuk 2: Mijn speciale systeem om nummers
te kraken 23

Hoofdstuk 3: De Zon: Nummer 1 37

Hoofdstuk 4: De Maan: Nummer 2 61

Hoofdstuk 5: Jupiter: Nummer 3 89

Hoofdstuk 6: Uranus: Nummer 4 117

Hoofdstuk 7: Mercurius: Nummer 5 139

Hoofdstuk 8: Venus: Nummer 6 157

Hoofdstuk 9: Neptunus: Nummer 7 179

Hoofdstuk 10: Saturnus: Nummer 8 197

Hoofdstuk 11: Mars: Nummer 9 223

Hoofdstuk 12: Getallen synchroon 247

Hoofdstuk 13: Bekende toespraken, politici
en beroemdheden 257

Hoofdstuk 14: Rudraksha en kristallen 279

Ook van Jesse Kalsi, Over de auteur 285

Achtergrond

De informatie in dit boek is allemaal waargebeurd. Dit zijn de verhalen van talloze mensen die ik de afgelopen dertig jaar heb ontmoet. Ik las hun energie, afzonderlijk en in verschillende combinaties, gebaseerd op hun huisnummers, naamnummers, geboortedata, telefoonnummers, zakelijke nummers, zakelijke adressen, bankrekeningnummers, sofinummers en elk ander soort nummer. Gebaseerd op mijn intuïtie en kennis, en bij de gratie van God, ben ik dankbaar dat ik duizenden mensen van dienst heb kunnen zijn. De energie blijft vanzelf groeien nu ik met steeds meer mensen in contact kom via massamedia zoals radio, televisie en sociale media.

Ik heb op de harde manier geleerd dat ik baat heb bij het werken met mijn eigen persoonlijke nummers en dat ik onnodige obstakels creëer als ik negeer wat mijn nummers me vertellen. Mijn verhaal is dat van een arme immigrant die naar dit land kwam met maar twee dingen: een volledig vertrouwen in God en de kennis van nummers. Geen van beide heeft me ooit in de steek gelaten.

Ik leerde mezelf over metafysica en numerologie door een overvloed aan boeken te lezen en door de ervaring van het werken met mensen en hun nummers. Dit betekent echter niet dat ik bij elke stap steun kreeg. Ik kom uit een familie van vrome Sikhs. Mijn vader, die in de Indiase luchtmacht diende, bezocht elke ochtend de Sikh-tempel. Mijn moeder werd elke dag wakker terwijl ze naar de heilige hymnen luisterde. Ik herinner me dat ik opgroeide in het ouderlijk huis, waar ik altijd metafysische aspecten van het leven besprak. Mijn fantasievluchten inspireerden mijn familie altijd om me uit te lachen, omdat ze mijn opmerkingen erg humoristisch vonden. Ik herinner me dat ik aan tafel zat en dat mijn vader en broer altijd zeiden: "En, wat zeggen de nummers vandaag??"

Ik heb bijna negen jaar in het Indiase leger gediend als kapitein bij de Gurkha Rifles. Ik was toegewezen aan de "noordelijke grens" van India, vlakbij de grens tussen Jammu en Kasjmir (die in oktober 2005 tragisch werd verwoest door een zware aardbeving). We konden op elk uur van de nacht geweerschoten zien en wisten dat er mensen "daarginds" op ons en wij op hen schoten, maar we wisten niet wie ze waren en of ze een gezin thuis hadden. Op een dag, toen ik in het begin van de zomer van 1988 de piket op en neer ging, begon er iets vreemds en moeilijk te beschrijven om me heen te gebeuren. Ik voelde een energie over me heen komen en hoorde iets tegen me zeggen: "Wie ben jij, om mensen te doden? Wie zijn jullie? Je hebt geen recht om te doen wat je doet."

Zo plotseling als een geweerflits veranderde mijn denkwijze. Ik wilde niet langer op een plek zijn waar ik anderen kon doden. Toen ik dit met mijn ouders besprak - dat ik niet meer in het leger wilde dienen - waren ze erg ongelukkig. India is een derdewereldland en het is moeilijk om een goede baan te krijgen, een baan *voor het leven*, zoals dienen in het leger. Niet iedereen kan zo'n baan krijgen. Toch wilde ik mijn ontslag indienen. Ik had zelf een goede staat van dienst en mijn commandant wilde mijn ontslagbrief niet ondertekenen of zelfs maar bekijken.

Maar mijn geloof in God overwon het menselijke verstand. Ik bezocht de Vaishnodevi Tempel, die niet ver van mijn post was. Ik voelde me plotseling aangetrokken tot deze plek; ik voelde me gedwongen om erheen te gaan. Ik beklom die enorme berg, als iemand op pelgrimstocht, en vroeg Gods hulp om me te bevrijden van mijn militaire dienst.

De politieke situatie in India verslechterde en de Sikh gemeenschap was een doelwit van de door Hindoes gedomineerde regering. Uiteindelijk stemde mijn commandant ermee in om mijn papieren te ondertekenen en door te sturen naar de hogere autoriteiten, maar hij lachte het weg en zei: "Nou, dit is wat je *denkt* dat je wilt, maar ik weet dat je terugkomt. Ik doe het alleen omdat je zo aandringt."

En toen gebeurde het wonder. Toen de papieren werden doorgestuurd naar het hoofdkwartier van het leger, accepteerde de Indiase regering ze, in de veronderstelling dat het "gewoon weer een Sikh officier" was. Ik kreeg een opzegtermijn van drie maanden dat ik zou worden ontslagen. Ik was dolblij, want ik was een paar jaar geleden al in de Verenigde Staten geweest op een toeristenvisum en ik wist dat ik terug wilde. Op dat moment was ik nog maar een beginneling in de getallenkunst en ik wist dat de "Verenigde

Staten van Amerika", de "U.S.A.", "Amerika" - welke term ik ook voor dit land gebruikte - de meest compatibele numerologie had met mijn persoonlijke nummers. Het zou heel goed voor mij werken.

Ik was in 1985 in de Verenigde Staten geweest om familie te bezoeken. Toen ik in 1988 terugkeerde, opnieuw op een toeristenvisum, herinner ik me dat ik de Granth Sahib (het heilige Sikh geschrift) bij me had. Mijn tante, die in Houston, Texas woonde, had er een aangevraagd bij mijn moeder. Ik was de koerier. Toen ik bij de Immigratiedienst in New York binnenkwam, herinner ik me dat ze vroegen: "Je bent hier pas geweest. Waarom ben je zo snel terug?" Ik vertelde de beambte dat ik deze Bijbel moest afleveren bij mijn tante in Houston, Texas. Ik kreeg toen toestemming om het land binnen te komen. Zo kwam ik in de VS.

Oorspronkelijk begreep ik niet dat ik een karmische verantwoordelijkheid, een *plicht* had om mijn talent voor nummers met andere mensen te delen. Aanvankelijk maakte ik van dit talent geen focus van mijn leven. Mijn "gepruts" met nummers werd echter al snel een sterkere kracht dan ik me had kunnen voorstellen.

Toen ik in een bijgebouw van een ranch woonde in Yuba City, Californië, kwam een meneer die ik eerder had ontmoet toevallig terug met zijn broer, die in de Bay Area woonde, en zei dat hij me wilde raadplegen voor wat nummers. Nadat hij ongeveer 30 minuten met me had doorgebracht, vroeg hij: "Hoeveel ben ik je schuldig?" Overrompeld zei ik: "Oh, twintig dollar."

Ik vond het heel vreemd dat de man erop stond dat ik $40 meenam - precies het bedrag dat ik nodig had om een schuld te betalen. Kort nadat hij weg was, liep ik naar de boer en gaf hem het geld dat ik hem schuldig was. In de loop der jaren realiseerde ik me dat dit een moment was waarop de Geest tegen me zei: "Dit is de weg die je moet gaan. Zo moet je met de wereld omgaan. Dit is wat je hoort te doen." Na verloop van tijd verhuisde ik naar de Bay Area en had ik veel baantjes, van pizza's bezorgen tot auto's wassen en nachtbeveiliging bij technologiebedrijven in Silicon Valley.

Toen ik mijn land verliet, wilde ik leren vliegen en later een vliegschool opzetten op basis van mijn militaire achtergrond. Met het geld dat ik kreeg toen ik India verliet, bracht ik aanvankelijk wat tijd door op Meacham Field,

De Kracht van Huisnummers

Fort Worth, Texas, om privé-, instrument- en verkeersvliegbevoegdheden te halen. Ik herinner me dat ik allerlei klusjes deed en echt mijn best deed om mijn Certified Flight Instructor's rating te halen op Hayward General Airport in de San Francisco Bay Area. Maar mijn geloof in mezelf was zo sterk en ik pushte mezelf zo hard dat ik uiteindelijk de CFI behaalde.

Nadat ik minder dan een jaar les had gegeven, werd ik benaderd door een advocaat die naar me toekwam als een engel van hulp. Dit was in een tijd dat er veel mensen uit India naar de Verenigde Staten kwamen en de advocaat had vertalers nodig om haar bij de INS te helpen met haar immigratiewerk. Ik was iemand die ze kon gebruiken om veel mensen te helpen vanwege mijn ervaring in India en talenkennis.

Later haalde ik een makelaarslicentie en opende ik mijn eigen bedrijf nadat ik makelaar was geworden. Een tijdje vergat ik hoe belangrijk nummers voor me waren. Rond die tijd ontmoette ik mijn vrouw. Haar inbreng werd belangrijk. Omdat zij in dit land geboren en getogen was, had ik het gevoel dat zij misschien meer wist dan ik. Ik verhuisde naar een kantoor in Hayward dat we niet op nummers, maar op locatie hadden uitgekozen. Ik weet nog hoe moeilijk het voor me was om te overleven in die vier jaar op die locatie in Hayward. Er was weinig geld, maar ik bleef doorgaan met mijn wilskracht en vastberadenheid.

Uiteindelijk realiseerde ik me dat ik terug moest gaan naar wat ik het beste kon: nummers. Ik besloot mijn huurcontract op te zeggen, zonder enig idee waar ik nu heen zou gaan. Mijn gidsen hielpen me opnieuw en ik kwam terecht bij een uitstekend nummer in Fremont. (Ik ben sindsdien van locatie veranderd en werk nu voornamelijk vanuit huis, zoals veel mensen tegenwoordig doen). Sindsdien heb ik niet meer omgekeken. In de loop der jaren heb ik onroerend goed gekocht en verkocht, waarbij ik nooit heb losgelaten wat ik het beste ken, en mijn transacties zijn financieel lonend geweest.

Inleiding

Mijn persoonlijke nummers

Zoals de meeste immigranten die nieuw beginnen in een land, heb ik aardig wat probleme ervaren nadat ik naar de Verenigde Staten kwam. Ik heb het geluk dat ik de kennis van nummers had en toen ik vooruitkwam in dit land, gebruikte ik nummers in mijn voordeel.

De eerste plaats waar ik verbleef was de Sikh tempel in Fresno op 3060 South Cherry Avenue (dit adres heeft Mars energie, waarbij 3 en 6 versterkt worden door twee 0-en). De oudsten van de tempel stonden me toe om daar meer dan een maand te verblijven. Ik hoorde dat er een grote Sikh gemeenschap was in de regio bij Yuba City en zocht daar mijn toevlucht.

Ik had toen geen geld. Ik ontmoette een Sikh-meneer die eigenaar was van een buurtwinkel in Gridley, een klein stadje in Butte County. De "deal" was dat ik een kamer in zijn woning mocht gebruiken, maar dan moest ik wel in zijn winkel werken. Ik had het een paar keer over nummers en deze man - een slimme zakenman - verspilde geen tijd om een advertentie te plaatsen op het lokale radiostation. Ik was verbaasd over het aantal mensen dat contact met me opnam terwijl ik als kassière in zijn buurtwinkel werkte. Uiteindelijk realiseerde ik me dat deze persoon misbruik van me maakte en me gebruikte om zichzelf te promoten in de zakenwereld. Kort daarna besloot ik ermee te stoppen. Ik wilde liever worstelen en in een klein schuurtje in Yuba City gaan wonen dan misbruikt worden. Maar mensen - Sikhs en niet-Sikhs - bleven contact met me opnemen voor informatie over hun nummers.

De schuur stond achter 1156 Ruth Avenue (Uranus energie, nummer 13 als je het optelt). De eigenaren van dit pand hadden het zelf moeilijk en ik kreeg deze plek voor $70 per maand. Ik woonde er iets meer dan vier maanden. Deze periode was de moeilijkste van mijn leven. Ik vroeg me vaak af waarom ik mezelf in deze situatie had gebracht: Ik kwam uit een familie die redelijk succesvol en gelukkig was in India. Nadat ik uit het leger was gestapt, was het de energie van mijn vader die me uit zijn huis had geduwd. Toen werd ik een tijdje een zwerver, misschien zelf op zoek naar antwoorden.

Ik herinner me een nacht in een loods. Om de een of andere reden herinner ik me deze ervaring nog vaak. Ik werd plotseling om middernacht wakker, of liever gezegd, iemand maakte me wakker. Ik bespeurde een sterke geur, een aangrijpend parfum. Ik stond op en begon midden in de nacht te dansen, alleen in de schuur, en er kwam een sterke boodschap door die me vertelde: "Maak je geen zorgen, er is voor alles gezorgd."

Kort na dat middernachtelijke bezoek werd mijn immigratiestatus aangepast. Ik realiseerde me dat ik niet in een boerengemeenschap thuishoorde en besloot naar de Bay Area te verhuizen. Ik hield een kleine kaart van de Bay Area vast en begon verschillende steden te bekijken, op zoek naar de juiste numerologische trilling. Ik werd aangetrokken tot San Leandro, dat een sterke Mars energie op zijn naam had staan. Nadat ik van Yuba City naar San Leandro was verhuisd, tekende een man die ik pas had ontmoet mee voor een woning. Ik had een aantal keuzes, dus ik koos nummer 27 (Mars) omdat het goed bij mijn energie paste. Ik wist ook dat deze energie goed zou zijn om me aan te passen, maar niet ideaal voor geld.

Binnen een jaar nadat ik in woning 27 was komen wonen, kreeg ik mijn green card en ik was dolblij. Ik had veel baantjes: aan de lopende band in een hightechbedrijf in de nachtdienst, als bewaker, als pizzabezorger, als autowasser bij een veiling in Fremont en als vertaler voor een immigratieadvocaat. Dit ging zo een paar jaar door en ik kon nauwelijks rondkomen. Toen ik in woning 27 woonde, heb ik ook hard gewerkt om een CFI-licentie (Certified Flight Instructor) te halen en ik heb korte tijd instructie gegeven.

Op een dag besloot ik het nummer van mijn woning te patchen. Ik gebruikte de nummers 3, 3 en 6 rond het nummer 27 om het meer Jupiter en Venus energie te geven. De manager van mijn woning was een aardig persoon die nooit gaf om wat ik op de deur plakte. Maar die verandering van nummers deed wonderen voor mij! Kort daarna kreeg ik het ontzettend druk als paralegal en werkte ik met veel advocaten.

Dit was op dat moment een duidelijke en sterke boodschap: numerologie was mijn pad. Maar om de een of andere reden "snapte" ik het nog steeds niet. Ik had meer zin om een CFI-diploma te halen en een vliegschool op te zetten dan om nummers te raadplegen voor mensen. Numerologie was zo gemakkelijk; hoe kon het "werk" zijn? Ondertussen bleef ik naar school gaan en behaalde ik mijn vastgoedlicentie en mijn makelaarslicentie.

In de loop der jaren heeft mijn eigen levenservaring mijn perceptie volledig veranderd en me meer duidelijkheid gegeven over mijn levensdoel. Hoewel ik nu een succesvolle makelaar ben, gaat er geen dag voorbij dat ik mensen niet raadpleeg over hun huisnummers en persoonlijke nummers. Ik heb me ook gerealiseerd dat het consulteren van mensen een synergetisch effect heeft op mijn bedrijf: ook al vraag ik mijn numerologie-klanten niet om een lijst op te stellen of bij mij te kopen, de telefoons beginnen toch te rinkelen en houden mij en mijn personeel erg bezig. Ik interpreteer dit als een teken dat ik op de goede weg ben.

Nadat ik het nummer van mijn woning had veranderd, ontmoette ik mijn toekomstige vrouw en binnen een jaar kocht ik mijn eerste huis in Castro Valley (het adres was 6300 Ridgewood Drive [Mars, 63 twee keer versterkt]). Ik koos het nummer 6300 omdat het sterke Venus en Jupiter energie had. Ik heb meer dan drie jaar in dit huis gewoond, zeer tevreden zowel persoonlijk als professioneel. Mijn vrouw en ik trouwden ook in dit huis.

Op een mooie ochtend zei mijn vrouw plotseling: "Er wordt een nieuw project gebouwd in het Mission Hills gebied in Fremont, en het zou een geweldige plek zijn om te wonen." Ik aarzelde om naar dat gebied te verhuizen. Ik zei niets, maar liet haar onderzoek doen naar een mogelijke verhuizing. Ze kampeerde buiten de verkaveling, die nu Avalon Estates heet, onvermurwbaar om een groter huis te kopen. Ik realiseerde me wat die verandering voor mij zou kunnen betekenen in huisbetalingen ten opzichte van mijn toenmalige financiële situatie en zei haar dat ik de verandering alleen zou doorvoeren als het huisnummer klopte. Gelukkig was dat zo en uiteindelijk kocht ik een huis op 3003 Woodside Terrace (Venus, 33 twee keer versterkt) in de wijk Avalon Estates in Fremont.

De Kracht van Huisnummers

Begin 2000 vertelde ik mijn vrouw dat het een goed idee zou zijn om dit huis op de markt te brengen. Ze was helemaal niet blij om dat te horen: ze hield van ons uitzicht op de baai en van de grootte van dit huis van meer dan 5000 vierkante meter. Maar ze stemde toe. In die tijd was de eerste dot-com boom op zijn hoogtepunt en het geld stroomde als water door de Bay Area. Op 1 februari 2000 hing ik het bordje "Te Koop" buiten. Tijdens het eerste open huis regende het pijpenstelen. Ik was verbaasd over het aantal mensen dat tekende om het huis te zien: bijna 75 mensen zagen het huis op de eerste dag!

Drie dagen later ontving ik twee schriftelijke aanbiedingen. Een ervan was voor $1,9 miljoen, alles contant. De makelaar die het bod uitbracht was (en is) plaatselijk goed bekend met de verkoop van duurdere huizen. Toen ze mijn kantoor binnenliep, kon ik zien dat ze echt met me wilde praten en dat ze zelfs bereid was om het bod te herzien als ik dat wilde.

Ik belde mijn vrouw en liet haar naar het aanbod kijken. Ze zag voor het eerst zo'n groot aanbod en haar ogen weerspiegelden haar verbazing: we zouden meer dan $1 miljoen verdienen als de verkoop doorging. Ik vroeg haar om haar deel van het contract te tekenen, wat ze deed. De escrow werd afgesloten in precies 10 dagen, zoals afgesproken in het contract, en ik herinner me nog goed dat ik naar de bank ging met die grote cheque in mijn hand, nog steeds vol ongeloof.

Dit huisnummer had mijn leven veranderd en mijn geloof in de kracht van Huisnummers verder verdiept. Na de verkoop van dit huis hadden we haast om een nieuw huis te vinden. Toen we door de East Bay reden, zagen we dat er een nieuwe wijk werd gebouwd achter een enorm stuwmeer.

De verkoopvertegenwoordiger zei dat de verkaveling "helemaal uitverkocht" was, maar dat er één mogelijkheid was - een bod dat ze die dag nog had geschreven en waarvan de kopers "niet zeker waren" of ze ermee door wilden gaan. De vertegenwoordiger vroeg ons om ongeveer 15.00 uur terug te komen om het te controleren. We waren er een half uur eerder en kregen te horen dat we "geluk hadden", want het stel dat van plan was het huis te kopen was inderdaad van gedachten veranderd. De vertegenwoordiger zei dat we, als we de woning wilden, de aanbetaling "meteen" moesten doen. Ik moest terug naar mijn kantoor, ongeveer 10 minuten verderop, om mijn chequeboek te halen. Toen we terugkwamen bij het verkoopkantoor stonden er nog twee stellen te wachten. Ze hadden te horen gekregen dat ze "nog 10 minuten" moesten wachten als we niet kwamen opdagen. Zodra we binnenkwamen, zei de verkoopmedewerker: "Oh, daar zijn ze." We konden de teleurstelling op de gezichten van de anderen zien. Ik kocht dit huis, vlak naast een beek, een heel comfortabele locatie. Het oorspronkelijke huisnummer op dit huis was 37794 (30, Jupiter).

Toen ik dit huis kocht, maakte ik me niet druk om het huisnummer, deels omdat ik geen keus had: er was maar één huis beschikbaar en mijn vrouw wilde per se in deze wijk gaan wonen. Maar omdat ik nummerpatches had uitgevoerd op mijn woning in San Leandro, wist ik dat ik de energie op deze deur gemakkelijk kon verschuiven door de juiste planeten toe te voegen, mocht ons nieuwe huis niet het juiste nummer voor mij hebben. Ik gebruikte Jupiter, Saturnus en de Zon om de energie op het huis te verschuiven. Na mijn verhuizing naar het huis 37794 vonden er verschillende positieve gebeurtenissen plaats:

1. Ik verhuisde mijn kantoor naar een grotere en nieuwere locatie, een met veel Jupiter en Mercurius energie.
2. Kort nadat ik mijn nieuwe kantoor had betrokken, werd ik benaderd door de *San Jose Mercury News* om het onderwerp te zijn van een artikel over woonnumerologie. Ik was verbaasd dat er een paginagroot artikel in het zakenkatern van de krant verscheen.
3. Na die kantoorverhuizing nam mijn optredens op radiostations aan de hele westkust toe. Ik werd benaderd door beroemde TV-producenten en verslaggevers die geïnteresseerd waren in mijn optredens in hun programma's.

Ik kom uit een familie van vrome Sikhs. Geen van hen begrijpt of luistert zelfs maar naar mij als ik praat over nummers, numerologie of andere verwante onderwerpen. Ze begrijpen er niets van. Maar ik was aangenaam verrast toen ik een paar jaar geleden India bezocht, omdat mijn vader voor het eerst wilde gaan zitten en zijn bankrekeningnummers wilde bespreken. Het voelde vreemd, maar de manier waarop hij naar de nummers vroeg en naar mijn mening over de nummers verbaasde me volledig. Na de eerste druk van dit boek vroeg hij me zelfs om exemplaren om naar zijn vrienden en zakenrelaties te sturen!

Ik geloof dat mijn vader me uiteindelijk is gaan waarderen om wie ik ben en wat ik heb bereikt, ook al was het helemaal niet wat hij zich had voorgesteld dat ik zou worden toen ik opgroeide. Ik herinner me mijn vaders visie voor mij: dat ik het leger zou dienen tot het einde van mijn leven, zoals veel Sikhs hebben gedaan, maar het is allemaal heel anders gelopen. Er is geen vergelijking tussen mijn pad en het pad dat mijn vader, broer of andere familieleden hebben gevolgd, hier of in India: ieder mens moet zijn of haar eigen lot leven.

In de loop der jaren heb ik duizenden mensen geconsulteerd en mijn contactenkring werd groter nadat mijn kantoor naar Fremont verhuisde. Toen ik mijn kantoor naar Newark verhuisde, werd de kring weer groter. Mijn geloof in mijn werk en de kracht van huisnummers op huizen en bedrijven is keer op keer bevestigd.

Hoofdstuk 1

De magie van nummers

Nummers leven

Er zijn veel scholen voor numerologie. In de meeste van deze scholen worden significante nummers of reeksen nummers (geboortedata, huisnummers, enz.) opgeteld om een resultaat van één cijfer te krijgen. Maar elk nummer is eigenlijk een planeet, met zijn eigen kwaliteiten, energie, kristallen en interacties met andere planeten. In mijn praktijk bekijk ik nummers altijd als *planeten* en niet als "nummers". Ik tel ze nooit op om een samengesteld resultaat te krijgen, zoals andere numerologen doen. Elk nummer is belangrijk, want het is een planeet op zichzelf.

Alle denkrichtingen erkennen dat nummers energie uitstralen. Elk cijfer van 1 tot 9 heeft unieke kwaliteiten die zich manifesteren in de vorm van fysieke energie. Onze geboortedagen zijn hier een goed voorbeeld van: de dag, de maand en het jaar waarin je geboren bent, zijn als een verslag van jou. Het bevat je geschiedenis, eigenschappen, neigingen en doel op aarde. Het is geen toeval dat je ziel besloot terug te keren op dat moment, want je geboortedatum wordt een permanent deel van jou. Naast je geboortedatum bepalen ook de nummers om je heen je lot: telefoonnummers, bankrekeningnummers en bedrijfs- en woonnummers kunnen bepalen hoe hoog je inkomen is, hoe gezond je bent of juist niet, en hoe je omgaat met je partner en familieleden. Je kunt zelfs de letters van je naam aanpassen of helemaal veranderen om je energie te veranderen! Deze aanpasbare nummers kunnen het verschil maken tussen rijkdom of armoede, harmonie of onenigheid, welzijn of ziekte. In tegenstelling tot je geboortedatum, heb je de vrije wil om met deze nummers te spelen en ze in jouw voordeel aan te passen.

Velen van ons voelen zich aangetrokken tot bepaalde nummers en weten niet waarom, of we denken dat een specifiek nummer ons geluk zal brengen. Maar als we niet voldoende kennis hebben over de werking van numerologie, is de kans groot dat we nummers kiezen die niet alleen ons geluk niet vergroten, maar zelfs ronduit nadelig voor ons kunnen zijn. Je kunt je voorstellen dat het van vitaal belang is om te leren hoe je niet alleen nummers kiest die aantrekkelijk lijken of een culturele betekenis hebben, maar de *juiste* nummers die ons beschermen en ons helpen om onze doelen te bereiken.

Dit boek gaat in op huisnummers in het bijzonder. Iemands basisnumerologie moet overeenkomen met zijn woonadres om die persoon en zijn gezin thuis te laten gedijen. Mijn tweede boek, *Alles over nummers*, is gebaseerd op persoonlijke nummers. Het is ook noodzakelijk om te begrijpen dat zakelijke adressen een aparte zaak zijn en anders werken dan woonadressen. De informatie in dit boek moet daarom alleen worden toegepast op privénummers en niet in combinatie met zakelijke nummers.

Dit hoofdstuk zal je in het kort kennis laten maken met de betekenis van elk getal van 1 tot en met 9, en met de versterker 0. Onthoud dat nummers niet alleen trillen in de vorm van één cijfer; samengestelde nummers dragen ook specifieke energieën met zich mee, afhankelijk van de aanwezige cijfers, de volgorde waarin ze verschijnen en of er versterkers (0) zijn. In hoofdstuk 3 (de Zon) zal ik bijvoorbeeld veel aspecten van het getal Eén behandelen. Tien is een Eén, 19 is een Eén en 28 is een Eén, maar ze hebben allemaal een andere energie. 37, 46, 55 en hun reflecties zijn ook allemaal "Enen". De meeste numerologen zullen zeggen dat ze allemaal dezelfde Eén zijn, maar een Eén bestaande uit 1 + 9 heeft niet dezelfde kenmerken als een Eén bestaande uit 2 + 8, 3 + 7, of een van de andere Eén combinaties.

In het geval van 1 + 9 bestaat de "Eén" uit de Zon + Mars. Maar in het geval van 2 + 8 bestaat de "Eén" uit de Maan + Saturnus - een heel andere situatie! En beide zijn heel anders dan de "Eén" die bestaat uit 5 + 5 - tweemaal Mercurius - wat zijn eigen uitdagingen met zich meebrengt. Dit illustreert hoe het getal 10 eruit zou kunnen zien voor iemand die gewoon de nummers bij elkaar optelt en zich niet realiseert welke planeten betrokken zijn bij het getal "Tien". Wanneer er een nul verschijnt in een adres, versterkt dat de energie die al aanwezig is, ten goede of ten kwade.

Toen ik door de jaren heen lezingen deed voor klanten en bellers, realiseerde ik me dat tegenstrijdige energieën worden gecreëerd door bepaalde planeten die zichzelf blijven herhalen. Bijvoorbeeld, de Zon + Jupiter zijn als twee aanvoerders in één team, die elk de controle proberen over te nemen. Uranus + Venus voelen zich tot elkaar aangetrokken en creëren moeilijke problemen door goede relaties te blokkeren en in plaats daarvan korte, onvervulde relaties te creëren. Uranus heeft een sterke neiging om meer Uranus en/of Saturnus energie aan te trekken en elke keer dat deze combinatie voorkomt, brengt het een sterke negatieve spiraal met zich mee. Saturnus is op zichzelf een zeer moeilijke energie. Hoewel het groot geld en grote zaken vertegenwoordigt, heeft Saturnus ook de neiging om meer Saturnus en/of Uranus energie in vele vormen aan te trekken, en deze combinatie heeft altijd de neiging om zijn slachtoffers langzaam maar onverbiddelijk te laten zinken.

Zulke conflicterende energieën kunnen, als ze eenmaal geïdentificeerd zijn, vrij eenvoudig gecorrigeerd worden door andere nummers te introduceren om planetaire invloeden te verschuiven, ofwel door het naamnummer te veranderen of door een negatief huisnummer te "patchen"[1] om de energieën met elkaar in harmonie te brengen. Het patchen van nummers houdt in dat er eenvoudig een nummer wordt toegevoegd aan een huis- of zakenadres. Elke keer dat ik adressen heb gepatcht, was ik zelf verbaasd over de resultaten.

Het "patchen" van nummers zonder de basis energieën van namen en geboortedata te begrijpen kan rampzalig zijn (het volgende hoofdstuk is gewijd aan het patchen van nummers). Ik had een klant met veel problemen die ik hielp bij het patchen van een van haar huizen. Kort daarna trouwde ze. Ze zei toen tegen haar vrienden dat ze verschillende nummers op hun huis moesten zetten, zich niet realiserend wat die nummers konden doen. Ik werd benaderd door een van de vriendinnen, die zo ongelukkig was geweest om energie op haar deur te zetten die in tegenspraak was met haar eigen basis energie. Plotseling verslechterde haar situatie.

Als ik klanten vraag om bepaalde nummers aan hun deur toe te voegen, vertel ik ze om bepaalde planetaire energieën toe te voegen, zodat het huis zich beter kan aanpassen aan of afstemmen op hun individuele energie. Deze techniek heb ik de afgelopen 20 jaar uitgebreid onderzocht en toegepast op mijn eigen huizen; het vereist deskundigheid en ervaring. Het is een goed idee om een expert te raadplegen voordat je een nummer toevoegt aan je eigen huis (of dat van een ander). Elke energie kan worden verbeterd en er is een remedie voor elke energie.

Het is ook heel belangrijk om naar huisnummers of nummers van woningen te kijken, of welk nummer dan ook dat op de voordeur van een woning staat, voordat je besluit om die te kopen, huren of bewonen. Als iemand in appartement #3C woont, zit de energie meer in de 3 dan in de C, maar de letter heeft wel enig effect. Ik heb veel succesvolle mensen gekend die, nadat ze een bepaald punt in hun leven hadden bereikt, plotseling besloten om veranderingen in hun woning aan te brengen zonder zich de mogelijke valkuilen te realiseren. Ze zijn in de val gelopen door negatieve combinaties van huisnummers en beseffen niet wat hen overkwam. Een gezin dat in een goed nummer woont, kan financieel zo succesvol zijn dat ze besluiten dat ze een groter huis "nodig" hebben. Ze verhuizen naar een groter huis met een ongelukkig nummer en plotseling verdwijnt al hun geld. Dit gebeurt regelmatig en komt helaas vaak voor.

Mijn vorige kantooradres vibreerde bijvoorbeeld met Mercurius energie en het trok me naar een ander Mercurius kantoor, mijn huidige. Maar bepaalde negatieve energieën op huisnummers zullen soortgelijke negatieve energieën blijven aantrekken, of het nu gaat om telefoonnummers, kentekennummers van auto's of elders, en zullen moeten worden teruggedraaid door interventie van buitenaf.

Een overzicht van nummers

Hieronder volgt een overzicht van elk nummer en de mogelijke spiegelingen en combinaties:

Nummer Een

De Zon wordt vertegenwoordigd door nummer Eén. Hoewel de Zon leiderschap en kracht kan geven in een huisnummer, brengt te veel Zon op een woonplaats relaties en acties uit balans. Wanneer nummer 1, de Zon, twee keer voorkomt in een huisnummer (bijvoorbeeld 11), zal dit altijd relatieproblemen met zich meebrengen. Als het nummer drie keer voorkomt in een huisnummer (bijvoorbeeld 111), brengt het de energie van het grote geld met zich mee. Banken en financiële instellingen hebben vaak adressen waar drie keer 1 in voorkomt. Als het vier keer voorkomt (bijvoorbeeld 1111), brengt het veel succes, zowel monetair als metafysisch.

Een

Eén komt in vele vormen voor: 1 zelf, 10, 19, 28, 37, 46, 55, en hun reflecties zijn allemaal schakeringen van Eén, de Zon. Hieronder staan verschillende casestudies die ik heb uitgevoerd over verschillende schakeringen van Eén.

Eén Nul

Als de som van de componenten van een adres 10 is, is het een Zonadres, zelfs als het Zon-aspect niet duidelijk is.

Een Negen

1 + 9 is de energie van Zon + Mars. Elke keer dat ze samen verschijnen, als 19 of 91, brengen ze veel succes, geluk en geluk.

Twee Acht

Dit is een nieuwe tint van het getal Eén. 28 heeft de energie van de Maan + Saturnus, wat extreem krachtig is. Als 28 op een naam of geboortedatum staat, is het het getal van zeer invloedrijke en machtige mensen. Beroemde staatshoofden, leidinggevenden en entertainers hebben Maan + Saturnus in hun naam en geboortedatum. Maar als 28 op een woonplaats verschijnt, veroorzaakt het problemen met geld en relaties. Het is dus de *woonplaats* die de energie volledig verandert van de manier waarop een naam en/of geboortedatum kan worden beïnvloed.

Drie Zeven

Deze Jupiter + Neptunus energie is metafysisch en ook vriendelijk. Het brengt ook veel erkenning en partnerschappen met zich mee. Maar de energie van 3 + 7 is ook mystiek door de dans tussen Jupiter en Neptunus; geen wonder dat het zoveel geluk en expansie geeft aan iedereen die een naamcombinatie van 3 + 7 heeft!

Vier Zes

Uranus + Venus (4 + 6) of Venus + Uranus (6 + 4) op een huisnummer vertegenwoordigt een seksueel schandalige energie.

Vijf Vijf

Nummer 5 staat voor de planeet Mercurius. Mercurius is intelligentie. Als 5 twee keer verschijnt en de Mercurius energie versterkt, vertegenwoordigt het een vergrote intelligentie.

Zes Vier

Deze energie is vergelijkbaar met de 46 vibratie, maar iets zwakker, omdat de planeetposities verwisseld zijn.

Negen Een

Deze planeetcombinatie lijkt op die van 19, maar is minder sterk.

Nummer Twee

Het getal 2, dat de Maan voorstelt, komt in vele vormen voor: 2 op zichzelf, en de nummers 11, 20, 29, 38, 47, 56, enz. Vanaf daar weerspiegelt het patroon zich: 65, 74, 83, enz. Ik heb de energie van de Maan gelezen op namen, geboortedata en huizen in mijn readings met talloze cliënten. Ik heb zelf geleerd dat de energie van de Maan veel sterker werkt op namen en geboortedata dan op huizen. Als je op zoek bent naar succes in je leven - en goede relaties - blijf dan uit de buurt van de energieën die ik in dit hoofdstuk heb beschreven, mochten ze in je huisnummer voorkomen!

Twee

Twee is de energie van de Maan alleen.

Eén Eén

Dit getal vertegenwoordigt twee keer de energie van de Zon. Het getal 11 staat bekend als een "meester" getal. Het is een naamgetal voor veel beroemde mensen, waarvan sommigen te zien zijn op televisie of op het witte doek. Geboortedata en namen met de energie van 11 zijn extreem krachtig; beroemde acteurs, tv-persoonlijkheden en atleten hebben dit naamgetal. Politici met deze energie hebben te maken met sterke tegenstand, maar zegevieren altijd.

Maar wanneer deze energie in een woonplaats verschijnt, brengt dat serieuze relatieproblemen met zich mee. Wat er gebeurt is dat de energie van het getal 11 in welke vorm dan ook, met welke planeten dan ook, relatieproblemen veroorzaakt. In de loop der jaren heb ik andere metafysisch geëvolueerde mensen ontmoet die mijn vrienden zijn geworden. Velen kozen deze "11" energie voor hun woonplaats, zich realiserend hoe krachtig een hoofdgetal kan zijn, maar zich niet realiserend dat het een ravage kan aanrichten op een huisnummer.

Twee Nul

20 bevat de energie van de Maan, versterkt met een nul.

Twee Negen

2 + 9 bevat de energie van de Maan + Mars, en brengt altijd problemen met een relatie. Het beeld is er een van honing met bijen die eromheen zwermen. Mensen met deze geboortedata of huisnummers hebben voortdurend problemen met een primaire relatie - of misschien wel te veel.

Drie Acht

38 bevat de energie van Jupiter + Saturnus, een zeer krachtige planetaire combinatie. Helaas zorgen ze voor disharmonie als ze samen op een huisnummer staan.

Vier Zeven

47 heeft de energie van Uranus + Neptunus, een krachtige combinatie, omdat beide planeten goed samenwerken. Deze combinatie is nog gunstiger

bij een naam dan op een huisadres. Veel beroemde tv- en mediapersoonlijkheden hebben deze 47 energie in hun naam.

Vijf Zes

5 + 6 heeft de energie van Mercurius + Venus, een andere zeer krachtige planetaire combinatie. Ze kunnen magisch werken als ze samenkomen op geboortedata en naamnummers, en ze staan bekend om hun grote succes op het gebied van handel en financiën. Maar als ze op een huis verschijnen, brengen ze problemen met zowel geld als relaties.

Nummer drie

Het getal 3, dat Jupiter voorstelt, komt in vele vormen voor: 3 op zichzelf, en de nummers 12, 21, 30, 39, 48, 57, 66, enz. Vanaf daar weerspiegelt het patroon zich: 75, 84, 93. Jupiter is de planeet van expansie, geluk, hoger onderwijs, buitenlandse reizen en regelt ook zaken op juridisch gebied.

In het oosten van de wereld is het heel gebruikelijk dat mannen een gele saffier aan de rechterwijsvinger dragen en vrouwen aan de linkerwijsvinger, om geluk aan te trekken en juridische problemen tegen te gaan. Er wordt gezegd dat een gele saffier je uit juridische problemen houdt, en uit mijn ervaring is dat waar. Jupiter is ook de planeet van rijkdom en succes.

Drie

Een huisnummer 3 is alleen van Jupiter en heeft alle positieve kwaliteiten van de energie van Jupiter. Het is uiterst belangrijk dat bewoners van zulke huisnummers geen tegenstrijdige (vooral Zon) energie in hun geboortedata of namen hebben. De Zon en Jupiter staan altijd tegenover elkaar en gedragen zich als twee aanvoerders in één team.

Als de bewoners van het huis Jupiter en/of Venus energieën in hun geboortedata en namen hebben, zal het huisnummer 3 alle goede eigenschappen van de planeet Jupiter in hun huis brengen. Maar een sterke Zon combinatie op een naam of geboortedatum zal onnodige problemen en ongeluk veroorzaken.

Eén Twee

Wanneer Jupiter samen met de Zon verschijnt, gevolgd door de Maan, zoals in het getal 12, komen problemen met geld, pech, alcohol en drugsgebruik om de hoek kijken.

Twee Een

Als de Maan voorafgaat aan de Zon, zoals in het getal 21, stroomt de energie van Jupiter positief. Het volledige effect van de Jupiterenergie is voelbaar in huizen met deze getallenenergie.

Drie Nul

30 is een "gemiddelde" Jupitertrilling. Op een schaal van 1 tot 10 is dat ongeveer een 6. Maar als deze som andere combinaties bevat, hangt de trilling af van elke planeet die in die combinatie voorkomt. Een 9993 zal heel anders zijn dan bijvoorbeeld een 7869.

Vier Acht

4 + 8 heeft de energie van Uranus + Saturnus. Om de een of andere reden hebben Uranus en Saturnus de neiging om samen neer te dalen op mensen met Uranus en/of Saturnus energie in hun naam nummers of geboortedata.

Vijf Zeven

5 + 7 heeft de energie van Mercurius + Neptunus. Deze combinatie op een huisnummer brengt voortdurend financiële en gezondheidsuitdagingen met zich mee.

Zes Zes

6 verschijnt twee keer en vertegenwoordigt de vibratie van Venus. Dit is zwak op een huisnummer, maar als deze energie op een naamnummer verschijnt, brengt het grote artistieke bekwaamheid, roem en succes.

Zeven Vijf

75 en 57 hebben zeer vergelijkbare trillingen.

Nummer Vier

Het getal 4, dat Uranus voorstelt, komt in vele vormen voor: 4 op zichzelf, en de nummers 13, 22, 31, 49, 58 en 67, en hun spiegelbeelden. Uranus is de planeet van wetenschap, rechtvaardigheid en media, en dus van televisie, radio en film.

Vier

Een nummer 4 woonplaats is Uranus alleen.

Eén Drie

Het getal 13 zelf is een diep spiritueel getal. Het is de geboortedatum van veel beroemde onderzoekers, wetenschappers, beroemde mediapersoonlijkheden en machtige juristen. Het is uiterst belangrijk dat degenen met deze energie op hun geboortedatum voortdurend geven, in de vorm van liefdadigheid en donaties, om te ontvangen. Op het moment dat ze vergeten te geven, stoppen ze met ontvangen.

13 is een uitstekend naamnummer als je op het scherm wilt verschijnen, groot of klein. Beroemde acteurs als Martin Sheen, Goldie Hawn, Raj Kapoor en Sri Devi hebben energie van Uranus in hun naam. De energie van Uranus werkt echter heel anders als naamnummer dan als huisnummer.

Wanneer deze 1 + 3 combinatie van de Zon + Jupiter in welke vorm dan ook op een woonplaats verschijnt, brengt dit serieuze financiële en gezondheidsuitdagingen met zich mee. Om de een of andere reden trekt het verjaardagen van Saturnus en Uranus aan, en die combinaties maken het nog verwoestender.

Twee Twee

2 + 2 wordt ook wel een "meestergetal" genoemd omdat het twee keer de energie van de Maan heeft. Als de energie van de Maan twee keer op

een naamgetal verschijnt, brengt dat roem en media-aandacht. Maar als deze energie op een huisnummer komt, brengt het verwarring en financiële problemen. In de loop der jaren heb ik veel intuïtieven 22 zien proberen te vinden als huisnummer en ik heb ze zien worstelen toen ze dachten dat ze geslaagd waren.

Drie Een

31 heeft de energie van Jupiter + de Zon. Deze planeten werken niet samen op een huisnummer, omdat de energieën botsen en conflicteren. Het effect kan nog worden versterkt als iemand een Uranus of Saturnus naam of geboortedatum heeft. Het is geen gunstig huisnummer om in te wonen, omdat het negatieve energie aantrekt en de bewoners in verwarring brengt. Maar als dit getal op een naam staat, vibreert het heel anders.

Vier Negen

Een woonplaats met nummer 49 staat voor Uranus + Mars. Dit is een moeilijke woonplaats om in te wonen.

Vijf Acht

Een nummer 58 woonplaats vertegenwoordigt Mercurius + Saturnus, wat erg zwak is op een huis, hoewel het gunstig kan zijn in een naam.

Acht Vijf

Een nummer 85 woonplaats vertegenwoordigt Saturnus + Mercurius, wat vergelijkbaar is met een 58 maar een paar nuances lager in energie.

Nummer Vijf

Het getal 5, dat Mercurius vertegenwoordigt, komt in vele vormen voor: 5 op zichzelf, 14, 23, 32, 41, 59, 68, 77, 86 en 95. Dit zijn allemaal getallen die kracht brengen en extreme rijkdom kunnen genereren als ze toevallig de juiste energieën hebben. Dit zijn allemaal nummers die kracht brengen en extreme rijkdom kunnen genereren als ze toevallig de juiste energie hebben.

Vijf is ook het getal voor intellect, media, communicatiebedrijven, beroemde schrijvers en de auto-industrie.

Mercurius is toevallig mijn favoriete energie. Persoonlijk heb ik er profijt van gehad in mijn bedrijf en in veel andere transacties die ik heb gedaan met zakenpartners die geen onroerend goed zijn. De energie van dit nummer is getimed. Het is cruciaal om te begrijpen hoe je deze energie kunt maximaliseren, want als die tijd verstrijkt, begint de ondergang en kan alle rijkdom die is opgedaan snel verdwijnen. Krachtige Mercurius nummers zijn als een rad van fortuin: ze kunnen je omhoog brengen, maar ze kunnen je ook omlaag brengen als ze op een huis staan.

Vijf

Een nummer 5 woonplaats is Mercurius alleen.

Een Vier

Het getal 14 is een frenetieke Mercurius energie. Het is een geweldig getal om op huizen te hebben, maar alleen voor een korte periode. Het kan je rijk maken, maar het kan je ook je geld afnemen. Wees voorzichtig als deze Mercurius energie op je woonplaats of je geboortedatum komt.

Twee Drie

23 is een top energie voor Mercurius. In tegenstelling tot de 1 + 4 of 4 + 1 combinaties, kan deze energie onbeperkt gebruikt worden. Maar het is heel belangrijk dat bewoners in zulke huisnummers de juiste energieën hebben op hun geboortedata en hun namen, zodat ze niet in conflict komen met dit krachtige Mercuriusgetal, dat enorm veel succes kan brengen als het overeenkomt met de energieën van de bewoners.

Drie Twee

32 heeft dezelfde energie als 23, maar is een tint lager. Het is echter een geweldig getal voor sporters om op hun shirt te hebben als ze de juiste numerologische basiskennis hebben.

Vier Een

41 heeft de energie van Uranus die voorafgaat aan de Zon. De energie is iets lager dan de 14 combinatie en is, net als 14, goed om geld te verdienen, maar het geld moet binnen een bepaalde tijd gegenereerd worden, anders verschuift de energie.

Acht Zes

86 heeft de energie van Saturnus + Venus, een planetaire combinatie van grote kracht. Saturnus + Venus is als het dragen van een blauwe saffier met een diamant - een sterke kristaltrilling - en staat voor expansieve financiële en creatieve energie.

Nummer Zes

Het getal 6 staat voor Venus en komt in vele vormen voor: 6 op zichzelf, 15, 24, 33, 42, 51, 69, 78, 87 en 96. Deze getallen staan allemaal voor liefde en geld als ze op huizen staan. Deze nummers staan allemaal voor liefde en geld als ze op huizen staan en zijn even krachtig als ze als naamnummers staan. Het is belangrijk dat deze nummers niet in wisselwerking staan met de energie van Saturnus of Uranus, want dit kan ongeluk en rampspoed brengen. Deze energie komt vaak voor in de energieën van mensen in de juridische sector, financiële instellingen en de belastingdienst. Het logo van de belastingdienst is een adelaar met de weegschaal van rechtvaardigheid in zijn snavel, maar mijn mentale beeld is dat van een spons die voortdurend meer en meer geld absorbeert!

Mensen met een Venus geboortedatum zijn goed in het ontvangen van geschenken van anderen. Maar deze zelfde mensen kunnen ook vrekkers zijn, die niets van hun geld willen afstaan. Degenen met een sterke Venus energie moeten de wijsheid van het ontvangen *en* geven in gelijke delen leren. Persoonlijk zet ik graag kopers in Mercurius en Venus energieën. Maar dit werkt alleen als ik hun andere informatie heb gecontroleerd om er zeker van te zijn dat het voor hen zal werken.

Zes

Een huis met nummer 6 is Venus alleen.

Een Vijf

Het getal 15 heeft de energie van de Zon + Mercurius, een krachtige combinatie. Mensen die op de 15e van de maand geboren zijn, hebben geluk met geld, zijn zeer welbespraakt en zijn ook voorzichtig met hun geld, soms tot op het punt van hebzucht. 15 kan krachtig zijn voor een huis, maar werkt alleen als de geboortedatum goed samengaat met de energie van Venus. Er zijn veel combinaties waarin het getal 15 rampzalig zou zijn als huisnummer, maar ook veel andere waarin het enorm succesvol zou zijn. Deze energie heeft een sterk effect op namen: veel beroemde sporters en mensen in de media hebben deze energie in hun naam.

Twee Vier

24 heeft de energie van de Maan + Uranus, een krachtige combinatie. 24 is een Venuscombinatie van hoge kwaliteit, een uitstekend nummer op een huisadres als het overeenkomt met iemands naam en geboortedatum. Het staat er ook om bekend dat het veel relaties creëert, die misschien niet allemaal door de wet worden gesanctioneerd. Dit is ook het getal van een scherpe en intelligente geest.

Drie Drie

33 is de sterkste trilling van Venus, omdat het twee keer de energie van Jupiter bevat. Het is toevallig ook een van mijn favoriete nummers.

Vier Twee

42 heeft de energie van Uranus voorafgaand aan de Maan, opnieuw een zeer krachtige combinatie. Als het wordt versterkt (wat betekent dat er overal een nul bij de nummers staat), wordt de energie nog effectiever. Het getal 402 brengt bijvoorbeeld financieel succes en geluk als de geboortedata van de bewoners geen energie van Uranus of Saturnus hebben. 42 is een uitstekende woonplaats voor mensen die te maken hebben met

de mediawereld. De meest succesvolle mensen uit de Indiase filmindustrie hebben dit nummer als hun huisadres.

Vijf Een

51 heeft de energie van Mercurius + de Zon maar is, in tegenstelling tot 15, rampzalig. Het is belangrijk om het verschil te begrijpen tussen Mercurius vóór de Zon en Mercurius na de Zon op een huisnummer. Denk aan Area 51, waar het Amerikaanse leger allerlei soorten wapens test en waar vroeger kernwapens werden getest. Verschillende cliënten met deze energie hebben mij geraadpleegd en hun leven was ongelukkig en gestrest.

Negen Zes

9 en 6 vertegenwoordigen de energieën van Mars en Venus, dus er is een magnetische aantrekkingskracht tussen deze twee planeten. De energie van Mars is behoorlijk agressief en Venus creëert geld voor de juiste persoon. Als deze twee nummers samen op een huis staan, kan dat rijkdom brengen voor de juiste persoon. Als de geboortedatum samenvalt met de energie van Mars, zal het huis winstgevend zijn; anders zal het in het ziekenhuis en/of bij de dokter belanden.

Nummer Zeven

Het getal 7, dat Neptunus vertegenwoordigt, komt in vele vormen voor: 7 op zichzelf, 16, 25, 34, 43, 52, 61, 79, 88 en 97. Dit zijn nummers van magie en mysterie als ze op huizen staan. Dit zijn nummers van magie en mysterie als ze op huizen staan en ze zijn net zo krachtig als ze als naamnummers staan. Deze energie verschijnt ook bij veel beroemde zangers, muzikanten, voedselondernemers en -kenners, filmacteurs en metafysici. Neptunus kan bedrieglijk en moeilijk zijn, maar als het synchroon loopt met iemands energie, levert het veel succes op. Mensen die geboren zijn met Neptunus energie zijn van nature intuïtief en zijn altijd succesvol als ze in de buurt van water werken of wonen, of het nu stilstaat of stroomt.

Zeven

Een woonplaats met nummer 7 is alleen Neptunus.

Eén Zes

Het getal 16 heeft de energie van de Zon + Venus. Het is een moeilijke energie om mee om te gaan in een huis. Gezondheid en geld zijn altijd uitdagingen. Dit soort energie staat onderaan de "numerologisch wenselijke" schaal van energieën. Als de energie van 16 echter op een geboortedatum of naam voorkomt, heeft het tegenovergestelde kwaliteiten. Veel beroemde filmsterren, politici, muzikanten en metafysici hebben deze energie in hun geboortedatum en/of naam.

Twee Vijf

Dit nummer heeft de energie van de Maan + Mercurius en verschijnt vaak op huizen die plaatsen zijn van groot spiritueel leren en genezen.

Drie Vier

34 heeft de energie van Jupiter + Uranus. Dit belichaamt Neptunus op zijn best. Het is de energie van Hollywood - Jupiter voor expansie en Uranus voor magie en media - die ons naar films en fantasie leidt.

Zes Een

61 heeft de energie van Venus + de Zon, wat een negatieve energie oplevert. Het zorgt voortdurend voor gezondheidsproblemen en problemen met geld.

Zeven Negen

79 heeft de energie van Neptunus + Mars. Dit is een omslachtige combinatie op een huis, maar als dezelfde energie verschijnt op een naamnummer, brengt het opmerkelijk succes. De energie draagt nog steeds de toon van misleiding (door de aanwezigheid van Neptunus), en de Mars energie zal de drager van een naam met deze energie zeker een bijna-dood of soortgelijke intense ervaring brengen.

Nummer Acht

Het getal 8, dat Saturnus vertegenwoordigt, komt in vele vormen voor: 8 op zichzelf, 17, 26, 35, 44, 53, 62, 71, 89 en 98. Saturnus energie is even lastig als krachtig. Saturnus vertegenwoordigt grote zaken, bedrijven en onroerend goed. Het heeft ook de neiging om Uranus en Venus energieën aan te trekken in geboortedata en naam nummers. Als ze samenkomen, zijn deze combinaties zeer destructief.

Mensen die geboren zijn met Saturnus geboortedata of met Saturnus naam nummers stijgen naar succes en worden gezien en gekend door de wereld. Veel beroemde persoonlijkheden, zoals Barbara Walters, Tom Cruise, Bill Maher, Howard Stern, Katie Couric, Michael Jackson en Imran Khan (een beroemde cricketspeler) hebben (of hadden, toen ze beroemd werden) deze energie in hun naam.

Het getal 8 vertegenwoordigt Saturnus en is op zichzelf al machtig genoeg. Het brengt succes en rijkdom in grote delen naar de juiste mensen. Ik heb veel mensen uit het Verre Oosten over het getal 8 horen praten en het blindelings gekozen. Ik heb ook een aantal beroemde numerologen in programma's horen praten over het getal 8 en hun luisteraars vertellen dat ze "een getal 8" in hun portemonnee moeten schrijven om geld binnen te halen. Dit heeft geen zin: iedereen met Saturnus energie op zijn/haar naam of woonplaats zou heel snel de negatieve effecten van Saturnus voelen door extra Saturnus energie te gebruiken, zelfs een getal 8 in een portemonnee.

De energie van Saturnus vraagt om discipline en *karumdatta* (de plicht om karmisch correcte en vereiste acties te volgen en te voltooien). Een alternatieve naam voor de planeet Saturnus is ook "Karumdatta." Als naamgetal kan het grote roem en succes brengen.

Acht

Een woonplaats met nummer 8 is alleen Saturnus. In tegenstelling tot veel geloofsovertuigingen in het Oosten kan het getal 8 zowel positief als negatief werken. Veel mensen met een Chinese of Japanse achtergrond beschouwen het getal 8 als een geluksgetal. Het kan geluk brengen, maar niet altijd. Als 8 alleen als huisnummer staat, kan het veel verdriet, energieblokkades en zware energie met zich meebrengen, zodat de bewoners altijd het gevoel hebben dat ze "bergopwaarts werken".

Een Zeven

Het getal 17 heeft de energie van de Zon + Neptunus en is een krachtig getal als het verschijnt op namen en huisnummers. Het is een getal van roem en succes en werkt heel goed met alle Mercurius geboortedata en naamnummers.

Twee Zes

26 heeft de energie van de Maan + Venus. Het is heel krachtig als het verschijnt in een naam en, in veel gevallen, een geboortedatum. Het brengt echter veel ongeluk als het in welke vorm dan ook op een woning verschijnt. Het brengt gezondheidsproblemen, geldverlies en relatieproblemen met zich mee - zonder mankeren.

Drie Vijf

35 heeft de energie van Jupiter + Mercurius. Als ze samenkomen op een residentie, richten ze een ravage aan.

Zes Twee

62 heeft de energie van Venus + de Maan. Dit is een extreem zwakke energie voor een huis. Het brengt financiële rampen en gezondheidsproblemen met zich mee. Maar als deze energie op een naam staat, werkt het heel anders: het is gunstig voor iedereen en brengt roem van wereldklasse. Veel beroemde Hollywoodsterren hebben de energie van Venus + de Maan in hun naam.

Zeven Een

71 heeft de energie van Neptunus + de Zon. De energie is vergelijkbaar met die van 17, maar een beetje lager op de energieschaal.

Acht Negen

89 heeft de energie van Saturnus + Mars en kan een zeer krachtig getal zijn als het in een naam voorkomt. Het kan net zo gelukkig zijn op een adres, afhankelijk van de persoonlijke numerologie van de bewoners.

Nummer 9

Het getal 9, dat Mars vertegenwoordigt, komt in vele vormen voor: 9 op zichzelf, 18, 27, 36, 45, 54, 63, 72, 81 en 99. Mars brengt veel energie, conflicten, woede, kracht en ongelukken met zich mee. In het Vedische systeem staat Mars voor dinsdag en zijn kleur is rood. Hindoes bezoeken vaak tempels op dinsdag om Mangal ("Mars" in het Hindi) gunstig te stemmen. Het is bekend in de Vedische traditie dat als de planeet Mars niet goed in een horoscoop staat, het eindeloze problemen, lichamelijk letsel en zelfs gevangenisstraf kan veroorzaken. Een sterke Mars hoort bij machtige wereldleiders, zowel in hun horoscoop als in hun naam. De namen van veel beroemde politici, sporters, artsen en wetenschappers bevatten deze energie.

Negen

Een woonplaats met nummer 9 is Mars op zichzelf, in zijn hoogste vorm.

Een Acht

Het getal 18 vertegenwoordigt de Zon + Saturnus en is Mars in zijn moeilijkste vorm. Deze energie staat voor verwondingen, juridische problemen, scheiding en echtscheidingen. Als het op huisnummers verschijnt, is het verwoestend en professioneel gezien hebben alleen mensen op medisch gebied er baat bij.

Twee Zeven

27 heeft de energie van de Maan + Neptunus. In tegenstelling tot de vorige schaduw van Mars is deze energie meer verheven en gunstig, afhankelijk van de geboortedatum waarop het verschijnt. Mensen die in twee huisnummers van zeven wonen, komen vaak in de verleiding om te gokken,

wat ze beter kunnen vermijden omdat ze zullen verliezen als ze zich met gokken gaan bezighouden. Dit is geen energie die geld zal aantrekken.

Deze energie is goed voor mensen die iets met metalen te maken hebben: fabricage, reparatie, kunst. Het is ook een woonplaats voor professoren en leraren, omdat deze energie staat voor een briljante geest.

Drie Zes

36 heeft de energie van Jupiter + Venus en is een gunstige combinatie. Deze Jupiter + Venus combinatie brengt succes en geluk voor alle bewoners.

Vier Vijf

45 heeft de energie van Uranus + Mercurius. Dit is een diepgaande manifestatie van de energie van Mars. Het is een geweldig getal voor mensen die in de entertainmentbusiness zitten. Als huisnummer brengt het financieel succes en geluk voor degenen wiens energie ermee verenigbaar is, maar zoals altijd kan het strijd, geldproblemen en/of een slechte gezondheid brengen voor degenen met energie die er niet mee verenigbaar is.

Vijf Vier

54 is een iets lagere trilling van 45.

Zes Drie

63 heeft de energie van Venus + Jupiter. Dit is een overtuigende combinatie van Mars energie. Het brengt succes, zowel financieel als persoonlijk, als de energie overeenkomt met iemands eigen numerologie. Het is een van de hogere manifestaties van Mars energie.

Iets over stenen

Het gebruik van stenen in ringen en hangers is ook gebruikelijk om de negativiteit van een ongelukkige combinatie af te weren. Als een huis bijvoorbeeld nog steeds gevuld is met ruzies, ruzies en strijd, zelfs nadat het huisnummer gesynchroniseerd is, wordt deze ongelukkige energie opgewekt door Mars. Zulke disharmonische energie kan gekalmeerd worden door rode koraal in goud te dragen, gecombineerd met parel in zilver aan een vinger ernaast. Deze combinatie vermindert het effect van de strijdlustige energie van Mars.

Als het financieel niet goed gaat met iemand, kan die energie in balans worden gebracht door de Saturnusvinger te versterken door het dragen van een blauwe saffier of een hoefijzerring. (Let op: met "hoefijzerring" bedoel ik er een die gemaakt is *van* een hoefijzer; niet dat het de vorm ervan heeft). Om betere cijfers te halen op school - naast het regelmatig maken van je huiswerk - draag je een smaragd aan je rechter pink om je intellect te versterken en je cijfers aanzienlijk te verbeteren. Er zijn ook stenen die je kunt dragen om roem en succes te bereiken. Negatieve energieën die ziekte in families veroorzaken kunnen ook worden gecorrigeerd door kristallen en stenen in ringen en hangers te gebruiken. Hoofdstuk 14 geeft uitgebreide informatie over sieraden en penningen die gedragen of gedragen kunnen worden om energie te verschuiven.

Nummers, dat wil zeggen *planeten*, houden *zelf* de energie vast. Laten we in detail leren over de kwaliteiten van elk nummer en elke planeet en hoe ze met elkaar corresponderen.

Hoofdstuk 2

Mijn speciale systeem van nummers maken

Energie verschuiven

De methode die ik het meest gebruik om energie te verschuiven is nummer patching[1]. Met nummerpatching bedoel ik het toevoegen van een nummer (of meerdere nummers) aan het bestaande straatnummer van een bepaald huis en het verschuiven van de energie om positief te vibreren met de bewoners van het huis. Het nummer of de nummers die worden toegevoegd zijn planeten die krachtig resoneren en eventuele disharmonische energie corrigeren. Het is als het afstemmen van een radiozender. In de loop der jaren heb ik duizenden huizen opgelapt met succesvolle resultaten. Met vallen en opstaan leerde ik wat werkte en wat niet; welke nummers elkaar aanvulden en welke elkaar afstootten en problemen veroorzaakten. In de loop der jaren heb ik mijn systeem verfijnd en zo betrouwbaar en onfeilbaar mogelijk gemaakt. De beste creaties komen voort uit ervaring; ik moest een bepaald pad bewandelen om dit systeem te ontdekken.

Elke keer als ik naar de huisnummers van klanten kijk en "patches" voorstel - nummers die toegevoegd moeten worden om de vibratie van het huis te verbeteren - is de verbeterde adressenenergie altijd verbonden met dezelfde naam, geboortedatum of andere energieën, of de mensen nu een

---

[1] Jesse Kalsi heeft het handelsmerk/servicemerk "nummers patchen" geregistreerd voor commerciële doeleinden. Alle anderen mogen de zin niet commercieel gebruiken om zakelijke of financiële adviesdiensten aan te bieden.

huis of een auto willen kopen, en het heeft direct invloed op hun bestaan en verbeterde omstandigheden, zowel persoonlijk als financieel. Hoewel nummers kunnen optellen tot een significant aantal voor iemand die met een ander numerologisch systeem werkt, geldt dat voor mij:

- Elk nummer stelt een planeet voor,
- de volgorde van nummers/planeten belangrijk is, en
- Het is absoluut cruciaal om nummers te matchen met geboortedata en namen om een compatibele opstelling te krijgen.

Deze tabel laat een aantal kenmerken zien waarmee ik rekening moet houden als ik naar het huisnummer van een klant kijk.

1	De Zon		Roem, het mannelijke, logica.
2	De Maan		Mensen, het vrouwelijke, emoties.
3	Jupiter		Uitbreiding, geluk, reizen, rechtssysteem.
4	Uranus		Wetenschap, technologie, onderzoek, eerlijkheid, rechtvaardigheid (moeilijke energie; werkt meestal beter met Zon en Neptunus).
5	Mercurius		Intellect, reizen.
6	Venus		Liefde, geld.
7	Neptunus		Paranormale gaven hebben; energie die "verder kijkt".
8	Saturnus		Big business; extreem moeilijke energie; Uranus + Saturnus trekken altijd aan elkaar en kunnen erg storend zijn.
9	Mars		Boosheid, conflicten; veel energie (kan negatief of positief zijn).
0	(versterker)		Extreem krachtig, afhankelijk van het aantal nullen; versterkt alle aanwezige energie, zowel negatief als positief.

Ik heb jarenlang nummerpatches onderzocht en ontwikkeld. De details zijn mijn intellectuele eigendom, maar ik vind dat ik de verantwoordelijkheid heb om anderen te laten weten dat het patchen van nummers werkt en dat het de beste manier is om het geluk in een bepaald huis veilig te stellen.

Een stilstaand nummer (3591)

Bepaalde nummercombinaties leiden tot stagnatie. Een huis tegenover een van mijn investeringen in Fremont, Californië, had het nummer 3591 (18, Mars). Ik herinner me de koper. Toen ik naar zijn huisnummer keek, vroeg ik me aanvankelijk af waarom hij dat specifieke huis had gekocht. Na verloop van tijd kwam ik erachter dat hij uit Hong Kong kwam en dat nummer had gekozen vanwege een 8-trilling (gezien de 8 in 18). Na de eerste internethausse hebben veel huiseigenaren - waaronder ikzelf - hun eigen vermogen gemaximaliseerd en zijn uit het gebied verhuisd. Sommige oorspronkelijke eigenaren bleven daar wonen, in de veronderstelling dat hun vermogen zou blijven toenemen, maar dat gebeurde nooit.

Op een dag, toen ik door die straat reed, zag ik een bord "Te Koop" voor het huis uit 3591 en uit nieuwsgierigheid ging ik voor het eerst naar binnen. De eigenaar had een magnoliaboom bij de ingang geplant met een enorme kei erachter voor feng shui redenen. Het interieur was heel eenvoudig en goed onderhouden, maar het gedeelte achterin had een enorme koivijver, waarvan ik dacht dat die op de verkeerde plek was geplaatst. Er zaten hele dure koi in, geïmporteerd uit Japan, vertelde de verkoper. Hij herkende me als vroegere buurman en vroeg of ik een koper kende die geïnteresseerd was in de aankoop van zijn huis.

Als makelaar en intuïtief zou ik persoonlijk nooit een klant meenemen naar een energie waar ik me zelf niet prettig bij voel, zoals hier het geval was. Het huis stond al een tijdje te koop en toen kwam het bordje "Te Koop" naar beneden. Maar het huis was niet verkocht; de verkoper had het gewoon van de markt gehaald. Hij en zijn vrouw verhuisden naar Oregon. Ik heb het huis sindsdien niet meer onderzocht, maar ik weet dat de eigenaar, toen ik er was, heel graag wilde verkopen en verhuizen. Later hoorde ik dat de eigenaren al hun eigen vermogen uit het huis hadden gehaald en dat het huis in beslag was genomen.

Dit verhaal zou een gelukkiger einde hebben gehad als de makelaar had geweten wat ze met nummers moest doen: als ze de huisnummers had opgelapt met wat Mercurius energie, zou het vrij gemakkelijk verkocht zijn en haar verkoper blij hebben gemaakt. Omdat ze geen verstand had van nummers, waren haar opties dure brochures en meerdere open huizen. Maar er verscheen nooit een koper.

Let op: Niet kopen! (81)

Er zijn combinaties, zoals Saturnus + de Zon, die net zo destructief zijn als het tegelijkertijd dragen van een rode robijn en een blauwe saffier. 81 (een Mars energie) was het huis van een vriendin wiens familie ik al vele jaren ken. Suzanne woonde in dit huis in een zeer prestigieuze buurt. Voordat ze dit huis betrok, was ze getrouwd met een zeer succesvolle ondernemer in de technologiesector. Ze waren erg gelukkig en financieel succesvol voordat ze in dit huis gingen wonen, maar binnen een paar jaar nadat ze dit huis hadden gekocht, waren ze gescheiden. Toen ik Suzanne voor het laatst zag, nadat ik haar een paar jaar niet had gezien, zag ze er vroegtijdig verouderd uit. Het huis had zijn tol geëist.

Ik vroeg haar naar de vorige bewoners, maar ze was niet op de hoogte van de bijzonderheden van hun leven. Nadat ik haar had verteld dat deze energie niet goed voor haar zou zijn, zei Suzanne dat ze al had besloten voordat ze mijn kantoor verliet: ze zou het huis verhuren en ergens anders gaan wonen. Ik stelde voor dat ze het huis zou voorzien van een nummer 6, waardoor het huisnummer op een Venus-trilling zou komen, zodat haar huurders geen soortgelijke problemen zouden ervaren.

Het is heel belangrijk dat alle makelaars kijken naar Saturnus + Zon energie op huisnummers voordat ze een contract schrijven voor hun klanten. Deze energie is professioneel winstgevend als je in de medische wereld werkt, maar het zal nog steeds persoonlijke problemen veroorzaken, zowel op het gebied van gezondheid als relaties.

Gered van executie (1390)

Inbeslagnames zijn de ergste nachtmerrie voor huiseigenaren, vooral tijdens economische recessies, en het volgende verhaal is een hartverscheurend voorbeeld van de strijd om te overleven. Gelukkig heeft dit verhaal een goede afloop. Wat kun je doen in deze situatie? Numerologie en nummers patching!

De voormalige eigenaars van 1390 Henderson Lane in Hayward, Californië, benaderden me voor een reading. Nadat ik ze een paar vragen had gesteld, wist ik wat het probleem was: het lag in de huisnummers van het huis. De eigenaren waren geschokt toen ik zei dat het huis hen in ernstige financiële problemen zou brengen en dat ze er beslag op zouden leggen. Geschokt door de waarheid - het huis was *al* in beslag genomen!- hielp ik de eigenaren het huis op de lijst te zetten tegen een lage commissie, zodat ze het snel konden verkopen. Ik stelde voor om een klein cijfer 1 toe te voegen voor het bestaande huisnummer (waardoor het 11390 werd). De energie verschoof naar een sterkere Mercurius-trilling en het huis werd niet alleen binnen 30 dagen verkocht, maar de eigenaren verhuisden ook naar een gunstigere locatie.

Ze vroegen me hen te helpen een ander huis te kopen op basis van de juiste nummers, wat ik deed. Via mijn kantoor hielp ik hen een uitstekende eengezinswoning met een 17-nummer te kopen. De vorige eigenaars hadden meer dan 30 jaar in dit "17" huis gewoond en dit huis had een vredige en kalme energie. Een paar maanden later ontving ik deze brief van de nieuwe eigenaren:

"We hebben ons huis verkocht en een nieuw huis gekregen. Kalsi heeft de nummers van dit nieuwe huis gecontroleerd en ons verteld dat de energie goed is. We houden van dit nieuwe huis: het heeft een betere energie en betere vibes. Op een dag ging ik naar Kalsi's kantoor en vroeg hem of ik een [bepaalde] baan zou krijgen, en hij zei ja, en dat het snel zou zijn. Ik verliet zijn kantoor en ongeveer 20 minuten later kreeg ik een telefoontje van de [werkgever]. Ze zeiden dat ze mensen aannamen voor de functie. Ik denk dat mijn ervaring met zijn lezingen ervoor heeft gezorgd dat mijn familie en ik geloven in de positieve energie. Ik heb accurate readings ervaren van Kalsi."

Binnen zes maanden was het eigen vermogen met meer dan $50.000 toegenomen. Wat ik toen niet wist, was dat de man des huizes de gewoonte had om naar het Cache Creek Casino te gaan om te gokken. Nadat hij zich realiseerde dat het eigen vermogen was toegenomen, zei hij dat hij "het huis moest verkopen" omdat hij "een aantal creditcards" moest betalen. Ik begreep niet waarom hij wilde verkopen. Zijn creditcardschulden waren niet extreem en ik adviseerde hem het huis *niet* te verkopen, omdat ik wist hoe goed dit "17" huis voor hem zou zijn. Maar hij stond erop en omdat ik me realiseerde dat hij al had besloten om te verkopen, stemde ik erin toe om het voor hem op de lijst te zetten. Het huis was heel snel verkocht. Maar ik was ongelukkig met die commissie, omdat ik wist dat hij het huis niet had moeten verkopen.

Na de verkoop verhuisde de man met zijn gezin naar Sacramento, waar zijn bedrijf naartoe was verhuisd. Het huis "17" werd later meer dan $ 100.000 duurder en de man verloor zijn baan in Sacramento. Daarna verhuisde hij terug naar de Bay Area, in precies dezelfde buurt waar ik hem oorspronkelijk had geholpen met de verkoop van het 1390 huis en tot overmaat van ramp leek de energie van het nieuwe huisnummer zo veel op die van het 1390 huis waar hij eerder had gewoond, dat ik denk dat het zijn *karma* was. De nieuwe eigenaren die het tweede ("17") huis hadden gekocht, hadden veel eigen vermogen opgebouwd terwijl mijn cliënt aan het verhuizen was en geen vooruitgang boekte. Helaas lijken sommige mensen, hoe hard je ze ook probeert te helpen, terug te vallen op oude gewoonten die uiteindelijk niemand anders dan henzelf schaden.

Verbeteringen in relaties

Jo-Michelle woonde in de buurt van Sacramento. Na het lezen van haar nummers gaf ik aan dat ze erg creatief en artistiek was, maar dat ze veel problemen had met relaties. Ze was het daarmee eens en op basis van haar geboortedatum stelde ik voor dat ze meer Saturnus energie zou toevoegen om haar leven te verbeteren. Omdat Jo-Michelle intuïtief is en voortdurend mediteert, had ze zelf soortgelijke energie opgepikt. Ze vertelde me dat ze het oneindigheidsteken (∞) had toegevoegd, maar dat het niet leek te werken. Maar ze was er zeker van dat de intuïtie die ze zelf had gekanaliseerd correct was. Ongetwijfeld klopte het, maar ze hoefde het alleen maar 90° te draaien om het op een 8 te laten lijken!

Tijdens de reading noemde ik ook een oefening die Jo-Michelle kon doen om de zonnevlecht (Derde Chakra) energie te openen. Ze lachte en vertelde me dat ze onlangs een tatoeage had laten zetten van een oog precies op haar zonnevlecht. Later vertelde ze dat ze kunstenares was. Ik zei dat ik op zoek was naar een bepaald soort schilderij en vroeg of ze het voor me kon schilderen. Dat deed ze en het was *precies* wat ik zocht. Interessant genoeg werd ik verbonden met andere leden van haar familie en had ik het gevoel dat ik ze in een ander verleden heb gekend, dat ze er allemaal zijn om me te helpen. Jo-Michelle e-mailde me en zei dat de veranderingen in haar leven "nieuw en opwindend zijn en dat het leven goed is".

Later schreef ze me: "Ik ben doorgegaan met een aantal veranderingen en toevoegingen die je me hebt voorgesteld. Er zijn twee mannen in mijn leven gekomen. Eén voor zaken en één voor romantiek! De eerste uit mijn mogelijke toekomst, omdat deze onderneming een prachtige zakelijke uitbreiding voor me lijkt te zijn die zowel mijn hart zou vervullen als me zou helpen om financieel succesvoller te zijn. De andere komt uit mijn verleden en onze timing was toen niet goed. Beide zijn nieuw en opwindend en het leven is goed! Bedankt voor je hulp." Vaak duwt onze intuïtie ons in de juiste richting, maar er is een andere intuïtieve persoon nodig om te bevestigen wat we al voelen en weten.

Resultaten uit de praktijk

Een aantal jaar geleden werd ik voorgesteld aan de lokale televisieproducent van een Farsi-talen televisieprogramma. De vrouw van de producent had over mij gehoord van haar vriendin. De vrouw belde me op en vroeg naar haar huisnummers en die van haar ouders, die ook in de Bay Area woonden. Ze was onder de indruk van mijn antwoorden en vroeg me of ik ooit televisieoptredens had gedaan. Ik vertelde haar dat ik geen tv-ervaring had, maar de afgelopen jaren wel op een paar radiostations was geweest.

De volgende dag nodigde ze me uit in de televisiestudio van haar man in Santa Clara en zodra ik naar het adres van de studio keek, zag ik dat het pand opgelapt moest worden. Ze vroeg snel: "Wat moet ik doen?" "Voeg een nummer 2 toe," antwoordde ik. Het was heel interessant om iemand voor het eerst te ontmoeten en haar binnen vijf minuten na het begin van ons gesprek te laten rennen om een nummer te zoeken. Ik ontmoette haar man kort, en ontdekte later dat hij een beroemde tv-anchorman uit Iran was die al bijna 40 jaar in het vak zat. De vrouw belde de volgende dag op en vroeg me of ik het serieus meende om op televisie te komen. Ik zei dat ik dat was en dat ik het prettiger zou vinden om live gesprekken aan te nemen en vragen te beantwoorden dan om gewoon een interview te doen en de hele tijd over mezelf te praten.

Nadat we een overeenkomst hadden getekend, wilde meneer Malik (de producent) diezelfde avond nog een kort interview. Zijn reden, vertelde hij me, was dat hij niet zeker wist hoe het publiek zou reageren, omdat hij "nog nooit zoiets had gedaan". Voor mij was het de eerste keer voor de camera, maar ik was verbaasd over hoe op mijn gemak ik me voelde en veronderstelde dat dit kwam door mijn ervaring bij de radio. Ik had me ook niet gerealiseerd dat dit kabeltelevisiestation zo'n groot wereldwijd publiek had in de Perzische gemeenschap.

Kort nadat het interview was begonnen, stelde de producer me een aantal vragen over numerologie: over huizen, zaken en alles wat hij maar kon bedenken. Hij vroeg me ook naar bepaalde spirituele nummers die in de Koran voorkomen. Hij was geïntrigeerd toen ik hem vertelde over het getal 786 en de betekenis ervan, *bismillah*, wat hem en het studiopubliek schokte, omdat het afkomstig was van een Sikh uit New Delhi. Toen vertelde hij het publiek dat ik een nummer 2 buiten de studio had gezet. Hij vroeg me: "Meneer Kalsi, weet u zeker dat u uw naam en reputatie hier op het spel wilt zetten door deze dingen tegen de hele wereld te zeggen?" Ik antwoordde: "Absoluut."

Terwijl we nog in de lucht waren, zei hij een paar woorden in het Farsi tegen het publiek. Ik kon niet verstaan wat hij zei, maar al snel begonnen de telefoonlijnen te knipperen. Toen zei hij: "Meneer Kalsi, bent u klaar om wat vragen te beantwoorden?" Toen kwam de eerste beller, en de tweede, en de derde, enzovoort tot onze tijd om was. Meneer Malik was volledig geschokt en zei dat hij niet had kunnen voorzien dat zijn internationale publiek zo'n belangrijke en onmiddellijke respons zou krijgen.

Na de show zag ik een grote uitdrukking van opluchting op zijn gezicht, alsof er een grote last van hem was afgevallen; misschien wist hij niet zeker hoe zijn publiek me zou ontvangen. Toen ik wegging, zei hij tegen me: "Oh, de Perzen gaan miljoenen van je boeken kopen!"

Twee dagen later kwamen we weer bij elkaar voor mijn reguliere show, zoals we eerder hadden afgesproken. Binnen een paar minuten waren alle lijnen weer bezet. Zijn vrouw, die in een achterkamer op een monitor zat te kijken, probeerde haar eigen vader door te verbinden met de studio. Ze probeerde ook te bellen met haar mobiele telefoon om te zien wat er aan de hand was. Maar ze kwam er met geen mogelijkheid doorheen; alle lijnen waren bezet. We hadden een uitstekende show! Meneer Malik was dolblij. Het weekend daarop nodigde hij me bij hem thuis uit voor de lunch en terwijl we aan het eten waren, belde hij de studio en vroeg hij of ze de show van de vorige avond wilden herhalen, zodat ik die kon bekijken. Het was erg bevredigend om te zien hoe de informatie werd doorgegeven en ontvangen. Veel bellers hadden rechtstreeks in het Engels met mij gecommuniceerd en sommigen hadden hun vragen door meneer Malik laten vertalen van Farsi naar Engels.

Sindsdien hebben mensen mij gebeld vanuit landen waar het signaal van zijn station wordt uitgezonden. Het verkeer op mijn website is vele malen groter geworden dan het was en ik hoop alleen maar dat ik de taak aankan om iedereen persoonlijke en correcte informatie te geven.

Strijd om gezondheid en huwelijk (632)

Een paar zomers geleden nam Catherine, die in Los Angeles woont, contact met me op. Ze was naar me doorverwezen door een andere intuïtieve persoon die goed bekend stond in de omgeving van Hollywood. Ik ging twee keer naar haar huis om opheldering te doen op haar uitnodiging. Catherine woont in huisnummer 632 in een zeer welvarende buurt in Zuid-Californië. Ze heeft een zeer sterke geboortedatum met veel Venus en Mercurius energie. Zij en haar man woonden in het Verre Oosten toen ze dit huis tegenkwamen en wisten dat ze het moesten kopen. Het huisnummer dat ze kozen was 632.

Enkele maanden later, nadat Catherine en haar man in deze nieuwe woning waren getrokken, begonnen ze romantische problemen en andere uitdagingen te ervaren. Nadat ik haar huis numerologie en persoonlijke nummers had bekeken, stelde ik voor dat het gebruik van een nummer 4 tussen de 3 en de 2 heel goed zou zijn om de energie van de hele ruimte in balans te brengen. Op dat moment stond ze er helemaal voor open om "alles te doen wat nodig is" om de vibratie van het huis te verhogen en haar persoonlijke leven beter te maken. Haar man heeft veel Saturnus energie en toen ik haar vroeg naar zijn maagstreek, zei ze dat zijn galblaas was verwijderd, wat heel logisch was, omdat Saturnus over de maag en de lever heerst. Ik kon zien dat ze een serieuze en plichtsbewuste echtgenote was, die haar huwelijk en huishouden bij elkaar probeerde te houden.

Bij mijn tweede bezoek aan haar prachtige huis zag Catherine er veel gelukkiger uit en vertelde ze me dat alles "beter was dan voorheen".

Geldproblemen (11)

Ik werd benaderd door een gerenommeerde oogchirurg, Dr. Lawrence, die woont en werkt in het zuiden van Californië. Nadat ik telefonisch een reading voor hem had gedaan, nodigde hij me uit om naar zijn huis te komen en een persoonlijke analyse van zijn eigendom te maken.

Tijdens mijn eerdere reading aan de telefoon en op basis van zijn informatie had ik hem voorgesteld om een getal 4 te gebruiken tussen de twee 1'en van zijn huisnummer, 11. Ik kon aan de hand van zijn woningnumerologie zien dat het getal 11 de geldstroom naar zijn huis beperkte en ook persoonlijke uitdagingen creëerde. Ik zei gekscherend tegen hem dat alle Venus energie rond zijn geboortedatum veel vrouwen naar hem toe zou trekken. Hij antwoordde: "Ik wou dat ik jonger was!"

Toen ik bij hem aankwam, had Dr. Lawrence een andere van zijn vrienden, een zeer gevestigd medium, uitgenodigd om me te ontmoeten en me (vermoedelijk) te onderzoeken. Terwijl we ons ontspanden en wat dronken, voelde ik de energie van deze vrouw heel sterk. Ze zat vlak naast me en wilde mijn rechterhand zien, wat ik een vreemd verzoek vond, maar omdat ik een gast was, accepteerde ik het beleefd.

Nadat ze mijn hand had onderzocht, vertelde ze de dokter dat mijn intuïtielijn *heel* sterk was en dat ik daarom zo goed nummers kon lezen. Dr. Lawrence was ook benieuwd naar welke lijn ze verwees. Toen ze klaar was, vroeg ik haar: "Wie zijn je cliënten en wie consulteer je?" Ze vertelde me dat ze "topmanagers uit het bedrijfsleven" consulteerde, waarna ik haar vroeg: "Heb je deze lijn ook in je hand?" Ze zei van wel, maar dat hij kleiner was dan die van mij. Ik koos ervoor om haar hand niet te onderzoeken.

Hoe sterk de intuïtielijnen op mijn hand ook waren, ik was blij om te horen dat nadat Dr. Lawrence's woning was opgelapt, zijn vorderingen soepeler begonnen binnen te stromen en zijn cashflow van maand tot maand voorspelbaarder werd. Later verwees hij me door naar een andere oogarts, een naaste medewerker van hem, die zijn eigen nieuwe kliniek aan het opzetten was.

Nieuwe medische praktijk (160)

Bij mijn tweede bezoek aan Dr. Lawrence had ik de kans om Dr. Martin te ontmoeten, zijn professionele collega, die zijn eigen praktijk aan het opzetten was op een nieuwe locatie. Toen ik het nummer 160 op de deur zag, vroeg ik Dr. Martin wie de vorige bewoner van deze plek was geweest, aangezien deze trilling niet bevorderlijk was voor medisch werk. Er werd mij verteld dat "een dokter die hier voor [hem] was geweest de praktijk om onvoorziene redenen moest sluiten." Ik wist dat die "redenen" de nummers 160 op de deur waren. Gelukkig had Dr. Martin de keuze om twee andere nummers in hetzelfde gebouw te gebruiken, omdat hij drie suites had samengevoegd om zijn kantoor te creëren, en 165 was een van die suites. Het getal 165 heeft sterke planetaire energie, samengesteld uit de Zon, Venus en Mercurius, die volledig synchroon liepen met Dr. Martin's geboortedatum. Hij had nooit gedacht dat het suite nummer van zijn nieuwe praktijk een verschil zou maken! Een paar maanden later belde ik op om te vragen hoe het ging en kreeg een positief antwoord van Dr. Martin.

Geen verbintenis kunnen vinden (327)

Ik kreeg een telefoontje van een vrouw die in de buurt van Sacramento woonde. Ze was doorverwezen door een van haar familieleden, die mij eerder had geraadpleegd. Ze wilde me iets vragen over haar zoon, van beroep arts, en zijn numerologie. "Hoe werkt dit?" vroeg ze me. "Ik lees nummers," antwoordde ik. Ze vroeg: "Kun je alsjeblieft met mijn zoon praten, die arts is?"

Haar zoon, Dr. Desai, vroeg me: "Werkt dit *echt*?" Ik antwoordde: "Ik kan alleen voor mezelf spreken. Je kunt zeker mijn naam googelen en meer over me te weten komen, maar ik kan alleen voor mezelf spreken." Hij maakte een afspraak en kwam samen met zijn tante naar mijn kantoor. Na het bekijken van Dr. Desai's numerologie en zijn woningnummer, kon ik zien dat hij voor persoonlijke uitdagingen stond. Hij liet er geen gras over groeien om me te vertellen dat hij al een tijdje op zoek was naar een huwelijk, net terug van de Oostkust nadat hij een vrouw had ontmoet met wie hij al maanden online had gechat in de hoop dat zij de ware voor hem was. Hij was er kapot van toen hun afspraakje maar een paar *minuten* duurde en ze gewoon wegliep, waardoor Dr. Desai er helemaal kapot van was.

Ik kon zien dat dit niet alleen persoonlijk zwaar op hem drukte, maar dat het ook zijn werk beïnvloedde. Gebaseerd op mijn kennis van nummers, deed ik enkele suggesties aan deze jongeman, die bij zijn elegante tante zat en Nummer 9. Nadat ik een aantal veranderingen had aangebracht en het nummer van Dr. Desai's woning had aangepast (van 327 naar 3273), ging het aanzienlijk beter met hem. Hij nam onlangs contact met me op en zei dat hij zich "elke dag beter voelde". Ik ben blij dat de uitgestrektheid van mijn carrière me in staat stelt om mensen uit alle lagen van de bevolking te ontmoeten, van gewone vouwen tot professionals - mensen die naar de universiteit zijn geweest, maar die zich zijn gaan realiseren dat er veel meer nodig is om succesvol te zijn dan alleen maar een opleiding te volgen.

De dynamiek van nummers

De energie van nummers is overal van toepassing - op sport, op bedrijven, persoonlijk en op edelstenen en kristallen die altijd gedragen kunnen worden. Huizen en woningen zijn niet het enige facet van het leven waar nummers ons beïnvloeden.

Hoewel dit boek zich richt op woonnummers, is het geen "how-to" boek. Ik word vaak gebeld door mensen die me vragen: "Hoe kan ik dit systeem uit een boek leren? Ik wil graag hetzelfde patchen voor mezelf en mijn vrienden."

Voor mij is het patchen van huizen als het beschrijven van een vingerafdruk: het is zo ingewikkeld dat ik die vraag nog niet heb kunnen beantwoorden, omdat deze "vingerafdruk" dynamisch is en verandert met de bewoners van het huis: nieuwkomers (door geboorte of verhuizing), mensen die overlijden of die verhuizen. De energie van en in het huis verandert voortdurend en natuurlijk draagt het huis zijn eigen vooraf toegewezen straatnummer.

Ik heb veel andere mensen (intuïtieven) gezien die dezelfde techniek probeerden toe te passen om nummers te patchen - zonder de eigenlijke term "nummers patchen" te gebruiken - terwijl ze zich niet realiseerden hoe serieus deze zaak is. Het toevoegen van een nummer is als het toevoegen van een hele planeet aan een huis, en die planetaire energieën leven en vibreren te allen tijde. Eén verkeerde patch kan het schip laten zinken!

Een andere reden waarom ik nog steeds geen formule heb die door anderen gebruikt kan worden om huizen te patchen, is omdat deze informatie heel diep gaat. De verschillende energieën van geboortedata, voor- en achternamen van mensen, bewoners van het huis (of regelmatige bezoekers), de relaties tussen de bewoners in het huis en de nummers op het huis zijn zeer dynamisch; deze elementen heb ik niet kunnen terugbrengen tot een kant-en-klare formule. Veel cliënten die in de loop der jaren positieve veranderingen in hun leven hebben aangebracht en daardoor succes hebben gehad, willen dat ik lessen en seminars geef, maar ik heb nog geen formule voor het patchen van nummers. Veel lezers hebben me verteld dat ze dit boek meerdere keren hebben gelezen en hun familie en vrienden bewust hebben gemaakt van de huisnummers (energieën) waarin ze leven. Een paar gelukkige lezers hebben hun huizen kunnen oplappen en verkopen.

Hoofdstuk 3

De Zon: Nummer 1

De Zon wordt vertegenwoordigd door het getal Eén. Hoewel de Zon leiderschap en kracht kan geven in een huisnummer, brengt te veel Zon op een woonplaats relaties en acties uit balans. Wanneer nummer 1, de Zon, twee keer voorkomt in een huisnummer (bijvoorbeeld 11), zal dit altijd relatieproblemen met zich meebrengen. Als het nummer drie keer voorkomt in een huisnummer (bijvoorbeeld 111), brengt het de energie van het grote geld met zich mee. Banken en financiële instellingen hebben vaak adressen waar drie keer 1 in voorkomt. Als het vier keer voorkomt (bijvoorbeeld 1111), brengt het veel succes, zowel monetair als metafysisch.

Een

Eén komt in vele vormen voor: 1 zelf, 10, 19, 28, 37, 46, 55, en hun reflecties zijn allemaal schakeringen van Eén, de Zon. Hieronder staan verschillende casestudies die ik heb uitgevoerd over verschillende schakeringen van Eén.

Voorbeeld 1 (1, versterkt)

Nina woonde in een huis met nummer 10, een prachtig, bosrijk landgoed. Ze woonde op een heuvel met een geweldig uitzicht. We leerden elkaar voor het eerst kennen toen een wederzijdse vriend me uitnodigde voor een bijeenkomst en vroeg of ik naar Nina's energie en naar de nummers van alle aanwezigen wilde kijken. Nina woonde alleen in haar woning 10, die op zichzelf geen geld zou opleveren. Een 10 is het huis van een leidinggevende, een zakenman, maar geen "zwendelaar".

Nadat ik Nina had ontmoet, merkte ik dat ze krap bij kas zat, ook al woonde ze op een groot landgoed. Ze was in de war en wist niet wat ze wilde doen. Nadat ik haar basis numerologie had bekeken, stelde ik voor dat ze een getal 4 aan de 10 zou toevoegen om van het huis een 104 te maken. Dit versterkte de Zon + Uranus energie vanwege de 0 in het midden. In een mum van tijd kwam haar bedrijf op gang en werd ze bij veel nieuwe klanten thuis uitgenodigd om haar metafysische business te demonstreren. Ze was verbaasd dat door het aanbrengen van een kleine sticker op de voorkant van haar huis, de energie volledig veranderde en haar veel succes bracht, zelfs na het verlies van haar man. Zij en ik werden goede vrienden door ons werk samen en we houden nog steeds contact.

Voorbeeld 2 (1, versterkt)

Een Oost-Indische familie in Fremont benaderde me voor een reading van hun huis. De ouders hadden financiële problemen en het was ook een 10-woning. Zowel de man als de vrouw hadden een baan bij een plaatselijk bedrijf en hun beide dochters, die Jupiter energie hadden, bleven weg uit het huis, wat veel onrust veroorzaakte bij hun ouders.

Dit gezin had veel relatieproblemen. De oudste dochter was al gescheiden en ze was nog geen 25 jaar oud. (De Jupiter energie hield de dochters uit huis en de moeder was in de war omdat ze niet begreep waarom). Gebaseerd op de numerologie van alle vier de familieleden, voegde ik wat Neptunus energie toe aan het huis door een 7 aan het eind te plaatsen om het huisnummer 107 te maken. Ik vroeg de moeder ook om een parelring die ze aan haar middelvinger, de Saturnusvinger, droeg, te verwijderen en in plaats daarvan aan haar linker pink te doen. Sindsdien is de familie verhuisd en wonen ze veel gelukkiger in hun nieuwe huis, samen met hun dochters.

Voorbeeld 3

Esther vond me op internet en vroeg om een consult. Ze woonde in een woning nummer 1 in de San Francisco Bay Area. Tijdens ons telefoongesprek kon ik zien dat haar naam totaal niet synchroon liep en niet overeenkwam met haar geboortedatum of woonplaats. Ik vroeg naar haar meisjesnaam die, als hij aan haar huidige naam zou worden toegevoegd, de vibratie volledig in haar voordeel zou veranderen. Ik stelde met klem voor dat ze deze naamscorrectie zou maken. Anders, legde ik uit, konden haar relaties en financiële situatie niet verbeteren. Ze antwoordde: "Oh, daar heb je gelijk in." Ik stelde ook voor dat ze bepaalde nummers aan haar woning zou toevoegen om haar energie te verbeteren.

Soms stellen klanten veel vragen om meer te weten te komen over het patchen van nummers. Tijdens dit proces komen veel "waarom's" naar boven. Als de cliënten eenmaal de redenering achter de "waarom's" leren kennen, verandert hun perceptie van nummers. Esther werkte voor een provinciale reclasseringsafdeling in de Bay Area en vertelde later dat ze veel schulden had. Ik legde uit hoe de nummers in haar huis ertoe bijdroegen dat ze schulden had en stelde voor dat als ze een huis wilde kopen, dit een goede manier zou zijn om haar schulden kwijt te raken, omdat haar nettowaarde zou toenemen door de waarde van het huis. Toen we klaar waren met onze lezing, kon ik zien dat de informatie die ik had gegeven bij haar aansloeg en Esther raadpleegde me later nog eens over deze vastgoedkwestie.

Voorbeeld 4 (1, versterkt)

Nancy woonde in een huisnummer 2014 in de Wine Country in Californië. Ze had me al twee keer eerder geraadpleegd. Deze keer had ze gebeld over haar dochter Alice, die naar de oostkust was verhuisd. Alice was onlangs verhuisd naar een woning met nummer 10. Ik herinnerde me dat ik eerder met haar moeder over haar had gesproken. De dochter leed aan de ziekte van Lyme en bereidde zich voor op haar MCATs. Nadat ik haar nummers opnieuw had gecontroleerd, vertelde ik de moeder dat Alice nog vijf maanden nodig zou hebben om te herstellen. Ik vertelde haar ook dat Alice halverwege het jaar klaar zou zijn voor haar MCAT-examens, dankzij de ondersteuning van de zonnetrilling op haar deur, die in overeenstemming was met haar eigen energie.

Deze informatie werd bevestigd door Nancy, omdat ze al iemand anders had geraadpleegd voordat ze mij zag en die andere persoon had soortgelijke informatie gegeven. Ze wilde weten waar haar dochter medicijnen zou gaan studeren: aan de oostkust, de westkust of in het midden van het continent. Ik zei New York, waarop Nancy grinnikte en zei dat haar dochter het Sloan-Kettering Instituut in New York overwoog. Het antwoord klonk logisch voor haar en het was voor mij een extra bevestiging dat ik in staat was om haar de juiste richting te geven. Nancy zei ook dat haar andere dochter, Roberta, ook in New York woonde en het daar niet naar haar zin had, maar ik verzekerde haar dat dat niet het geval zou zijn met Alice omdat haar energie uniek voor haar was.

Eén Nul

Als de som van de componenten van een adres 10 is, is het een Zon-adres, zelfs als het Zon-aspect niet duidelijk is.

Voorbeeld 1

Donna had een zeer sterke Zon residentie, 22501. Ze had Neptunus energie op haar geboortedatum. Ze was gelukkig in haar woonplaats, maar ik stelde voor dat ze het nummer kon patching door meer Mercurius + Uranus te gebruiken, met het idee om het "naar het volgende niveau" van Zonne-energie te tillen. Ze vond het idee van patching erg leuk en het verbeterde veel aspecten van haar leven.

Voorbeeld 2

Tom had een zeer krachtige geboortedatum, wat duidde op karma uit vorige levens. Hij was verhuisd naar het gebied rond Seattle en woonde in een woning met nummer 1810. Mijn ervaring is dat wanneer Saturnus energie verschijnt met Zon energie, dit zeer conflictueus is. Tom vertelde dat hij dit adres had gevonden toen hij op internet zocht en dat hij er al drie maanden woonde. Omdat hij deze plek alleen maar huurde, stelde ik voor dat hij zou verhuizen en een betere vibratie zou zoeken. Hij stemde toe en zei: "Ik voel me hier niet op mijn gemak," en hij leek te popelen om weer op zoek te gaan.

Voorbeeld 3

Ik heb een klant die al vele jaren bij me komt voor onroerend goed. Hij woonde in een huis met nummer 5113. Hij diende namens zijn familie, waaronder zijn dochter en schoonzoon, een aanvraag in voor een immigrantenvisum en zij woonden nu met hem in dit huis.

Onlangs kreeg ik een telefoontje van hem. Hij was erg verontrust en vertelde me dat alle familie waar hij om had gevraagd nu bij hem woonde, maar dat zijn schoonzoon overweldigd was door de overvloed die er in Amerika was en "constant" begon te drinken.

Mijn cliënt, een hardwerkende man, was erg boos omdat hij een dronken schoonzoon in huis had, een schoonzoon waar hij zo hard voor had gevochten. De schoonzoon kreeg informatie van zijn "maatjes", die al in dit land waren, die hem vertelden problemen in zijn familie te veroorzaken en zelfs geld van zijn schoonvader af te pakken.

Ik had nooit geweten waar mijn cliënt woonde, omdat ik nooit zijn persoonlijke numerologie had gedaan, maar als je goed naar het getal 5113 kijkt, staan Mercurius en Jupiter respectievelijk aan het begin en aan het eind. Deze twee planeten staan volledig tegenover elkaar. De twee zonnen in het midden veroorzaken relatieproblemen. De situatie in dit huis werd dus heel goed beschreven door de nummers op de deur.

Voorbeeld 4

Een familielid in Canada drong erop aan dat ik een heer zou ontmoeten die politiek gezien veel connecties had. Ik ontmoette hem kort, vroeg op de dag. Kort nadat ik mijn lunch op had, belde hij en vroeg of ik naar zijn huis wilde komen. Toen we voor zijn huis parkeerden, keek ik naar zijn huisnummer en de energie maakte me meteen ongemakkelijk. Het nummer was 1018 en ik kon zien dat de Zon + Saturnus die buiten het huis botsten veel problemen zouden kunnen brengen, waaronder verwondingen en ongelukken, naast financiële uitdagingen.

Na een glas water te hebben gedronken, nodigde meneer Richards me snel uit in zijn kantoor aan huis en vroeg me wat ik van zijn huisnummer vond. Ik keek naar zijn naam energie, die was erg sterk, en zijn geboortedatum, die was vooral de reden waarom hij zo goed verbonden in nationale en internationale kringen. Ik schreef alles op een papiertje zodat hij het kon zien.

Toen ik hem vervolgens vertelde dat deze eigenschap hem ziekenhuistijd kon opleveren, tot en met een operatie, werd hij plotseling helemaal stil. Hij ging snel naar buiten en riep zijn vrouw om bij ons te komen zitten. Heel aarzelend vertelde hij me dat hij, kort nadat hij in dit huis was komen wonen, zijn hond achterna zat omdat die de straat op rende. Zowel hij als de hond werden aangereden door een auto die uit de tegenovergestelde richting kwam. Zijn rechterscheenbeen brak in tweeën en de hond liep ook een beenwond op. Mr. Richards begon zich langzaam open te stellen en vertelde me dat, ondanks dat hij financieel adviseur was, veel connecties had en succesvol was in zijn bedrijf, zijn boeken altijd in het rood stonden. Hij had nooit begrepen waarom.

"Wat moet ik doen?" vroeg hij. Ik zei: "Dit huis moet in het begin worden opgelapt met wat Uranus energie en dan zo snel mogelijk op de markt worden gebracht." Hij had al overwogen om te verkopen, maar mijn informatie bevestigde hem in zijn beslissing. Ik sprak ook met de andere familieleden, die blij waren met de informatie die ze kregen. Ik was blij dat ik weer een vriend had gemaakt en een ander mens had kunnen helpen.

Voorbeeld 5

In de loop der jaren heb ik me gerealiseerd dat alleen bepaalde energieën je laten groeien en groeien. Deze constructieve energieën bieden je voortdurend andere mogelijkheden. Maar andere zijn alleen maar struikelblokken; je blijft het proberen en valt steeds weer naar beneden.

Bill had zwakke Jupiter energie op zijn naam staan en woonde in een huis met nummer 2431 in San Jose. Zodra hij mijn kantoor binnenkwam, kon ik zijn sterke persoonlijkheid en energie voelen. Nadat hij begon te praten over zijn nummers en een beetje over zijn huisnummer, vertelde hij me dat hij een leidinggevende was voor de *San Jose Mercury News*. Hij had me verschillende keren op de radio gehoord en had ook mijn artikel in die krant gelezen. Hij zei dat de laatste keer dat hij me op de radio had gehoord, hij zich aangetrokken had gevoeld om me te komen ontmoeten.

Bill schreef voor het advertentiegedeelte van de krant over onroerend goed en probeerde ook op agressieve wijze onroerend goed voor zichzelf te kopen, maar om de een of andere vreemde reden had hij het gevoel dat hij werd tegengewerkt. Hij zei dat hij altijd het geld had, maar dat zijn vrouw het niet aankon om te proberen te investeren in onroerend goed; ze zei dat ze er "nerveus" van werd. Ik stelde voor dat hij wat meer Neptunus energie aan zijn huis zou toevoegen om het beter te laten passen bij zijn geboortedatum. Ik sprak ook een beetje over zijn dochter, die een zeer krachtige geboortedatum had, maar die zich ook ongemakkelijk voelde in het huis, en ik stelde voor om haar voornaam te herformuleren.

Voorbeeld 6

11512 was het huisnummer van een ouder echtpaar dat vanuit Sacramento naar mijn kantoor kwam voor advies. Ze waren aan me voorgesteld door een van mijn vrienden, die toevallig familie van hen was. Het huis was gekocht in 2003. Op het moment dat ik de nummers zag - drie zonnen - en hun geboortedata, kon ik de hitte op hun woonplaats en geboortedata voelen: te veel Zon op de basis energieën. Ik vroeg de dame: "Wie woont hier nog meer?" Ze zei: "Twee van mijn dochters." Ik begon te zeggen dat deze plek heel moeilijk was voor iedereen die er woonde, omdat de energie van de Zon, die drie keer op het adres stond, nog eens versterkt werd door hun namen en geboortedata.

Toen vertelde ze me het hele verhaal: kort nadat ze in dit huis waren komen wonen, was ze plotseling ziek geworden en moest een van haar nieren worden verwijderd. Sindsdien was ze ziek geweest en moest ze elke maand een bloedtransfusie krijgen. Haar beide dochters waren erg gefrustreerd omdat ze wilden trouwen, maar geen geschikte partner konden vinden. De echtgenoot, de enige man die in het huis woonde, zweeg tijdens haar verhaal, maar zei uiteindelijk: "Dit huis is voor ons allemaal een heel moeilijke plek geweest."

Ik vroeg naar hun vorige huisnummers; het waren allemaal erg zwakke Jupiter- en Neptunustrillingen. Hun verblijf in dit land was een voortdurende nachtmerrie geweest. Hun huis was rechtstreeks van een projectontwikkelaar gekocht, niet via een makelaar. Ze waren de eerste familie die erin woonde, maar omdat ze de energie van huisnummers niet begrepen, hadden ze een verschrikkelijke ervaring. Ik adviseerde een tijdelijke patch en suggereerde ook dat het een goed idee zou zijn als ze van woning zouden veranderen.

Voordat ze mijn kantoor verlieten, ruimde ik hun persoonlijke ruimte op met salie en de dame zei dat ze zich "een beetje lichter" voelde toen ze op weg naar huis gingen.

Voorbeeld 7

Olivia werkt voor de California Highway Patrol in Oakland, Californië, en woont in huisnummer 3115. Haar man heeft een zeer sterke Mars energie op zijn geboortedatum. Olivia nam contact met me op via een van haar partners, die ook een klant van me was, voor een reading van haar huis. In deze combinatie botsen alle planeten: Jupiter + twee keer de Zon + Mercurius. Olivia zei dat haar leven was geworden "extreem stressvol," zowel persoonlijk als professioneel, kort nadat zij en haar man verhuisd naar het huis. Ik stelde voor dat ze van huis zou veranderen, maar daar was ze niet toe bereid. Ik stelde toen een patch voor, terwijl ik heel goed wist dat het de botsende combinatie van planeten op haar huis niet kon overwinnen.

Olivia kon de stress niet aan en verhuisde uit het huis, waar haar man bleef wonen. Hij had haar naar haar nieuwe carrière geleid en ze hield van hem, maar het huis had haar verdreven. Toen Olivia verhuisde, kreeg ze ook een promotie naar een machtigere positie. Ze vond het jammer voor haar man, maar begon een andere man op haar afdeling te zien.

Op een dag belde ze me op en wilde dat ik haar man zou ontmoeten, omdat ze dacht dat ik hem advies zou kunnen geven. Haar man, realiseerde ik me, was zelf zeer intuïtief en toen ik hem vertelde dat hij hier in de Bay Area geen werk zou vinden en het beter zou doen in Zuid-Californië, reageerde hij door te zeggen dat hij daarheen ging. Het was echter heel moeilijk voor hem om weg te gaan van zijn jonge dochter (toen pas 3 jaar oud).

Kort daarna kwam Olivia weer naar me toe en vertelde me dat de man met wie ze omging zijn ware aard had laten zien. Hij had haar positie gebruikt om een betere baan voor zichzelf te krijgen binnen de afdeling, maar dan in de wijnstreek. Ze voelde zich gebruikt en ellendig. Toen ik haar vertelde dat haar man nog steeds graag aan haar zijde zou staan, stemde ze toe. Zoals we uit dit voorbeeld kunnen zien, kunnen huizen en de planetaire energieën daarin plotseling levens verwoesten. Maar in dit geval zou het me niet verbazen als Olivia en haar man zich verzoenen en bij elkaar blijven, omdat geen van beiden nu in de destructieve energie van hun oude huis leefde.

Voorbeeld 8

Ik werd benaderd door een numerologiecliënt, die contact met me opnam nadat ze me had gehoord in een radioprogramma. Naomi had een huisnummer van 1801. Na het bekijken van haar geboortedatum - een heel intuïtieve - kon ik zien dat haar basis energie vibreerde met Zon + Mercurius. Het huisnummer opgeteld door een traditionele numeroloog, zou dit het getal 10 opleveren. Maar er was een groot probleem met het getal 1801 in dit geval.

Nadat ik Naomi gesproken had, zei ik dat, hoewel ze een basistrilling van de Zon had voor haar geboortedatum en het getal 1 over het algemeen goed voor haar was, het desastreus was in het geval van haar huis. Zon + Saturnus versterkt, zoals te zien op haar huisnummer, produceert een tegenstrijdige energie. De Zon en Saturnus hebben tegenstrijdige energieën en wanneer ze samen verschijnen, slaat de tragedie toe in de vorm van relaties, ziekte en/of vroegtijdige dood.

In de Vedische traditie is de steen voor nummer 1 een robijn en voor 8 een blauwe saffier. Deze worden nooit samen gedragen. Als je een robijn met een blauwe saffier draagt, zal elke Vedische astroloog of numeroloog die zijn zout waard is je vragen om een van de twee onmiddellijk te verwijderen. Naomi droeg een robijn die haar man haar als huwelijkscadeau had gegeven en zij had hem op haar beurt een blauwe saffier als huwelijkscadeau gegeven. Welnu, de blauwe saffier bracht de echtgenoot roem, want hij was advocaat, maar die twee - stenen of mensen - konden niet samen in hetzelfde huis blijven. Naomi en Mark waren getrouwd, maar de stenen dreven hen uit elkaar. Ze woonden in dezelfde straat, maar Naomi woonde alleen en Mark woonde bij zijn moeder! Naomi zei dat ze van Mark hield en dat hij veel respect voor haar had, maar om de een of andere reden konden ze gewoon niet bij elkaar in de buurt komen. Toen ik haar meer vragen stelde over de andere kristallen die ze droeg, vertelde ze dat ze graag een ketting van blauwe saffier droeg.

Naomi voelde zich vaak depressief. Haar basis energie, die Mercurius bevatte, had haar tot onderwijzeres gemaakt. Maar de blauwe saffier die ze als halsketting droeg, was voortdurend in tegenspraak met de robijn op haar hand. Deze combinatie - de robijn op haar hand en de blauwe saffier in haar nek - gaf haar een melancholische energie. Ze realiseerde zich dit pas toen ze mij raadpleegde, en ze had zich niet gerealiseerd waarom haar jonge zoon, van wie ze zo veel hield, was omgekomen bij een auto-ongeluk.

Om de energie van Naomi's huisnummer te verschuiven, stelde ik voor dat ze een 5 zou toevoegen tussen de 8 en de 0 om het huisnummer 18501 te maken. Ik koos de 5 omdat 8 voor Saturnus staat en 5 voor Mercurius. Ik heb de 5 afgeleid uit Naomi's eigen basis numerologie en gebruikt om het huisadres te versterken.

Voorbeeld 9

415 was het huisnummer van een klant die in de buurt van San Mateo woonde. Linda nam contact met me op nadat ze me op de radio had gehoord. Ze woonde in een "10", als je het traditioneel optelt. Maar 415 heeft de energie van Uranus + de Zon + Mercurius, die op zichzelf goed stroomt. Linda's basis energie was de planeet Jupiter, maar die botste met het huisnummer. Ze begreep niet waarom de thuis numerologie niet voor haar werkte. Nu moet worden opgemerkt dat de Zon + Jupiter, de nummers 1 en 3, allebei afzonderlijk heel krachtig zijn, en elke keer dat ze samenkomen, of het nu op een geboortedatum, een naamnummer of een huisnummer is, kunnen ze veel wrijving veroorzaken. Iemand met een Jupiter huis + basis Zon energie, of omgekeerd, zal het erg moeilijk vinden om de gewenste vooruitgang te boeken. Linda was al een tijdje werkloos, maar had geen relatieproblemen. Ik stelde haar voor om het juiste kristal voor haar energie te dragen en haar huisnummer te patchen met Venus + Saturnus om obstakels uit haar leven te verwijderen. Ik hoorde later van haar en ze zei dat alles "heel goed" ging.

Voorbeeld 10

Zo nu en dan bellen mensen die met me op de radio hebben gepraat weer terug en proberen ze me te "betrappen" op een andere oplossing. Een man belde naar een tv-programma waarin ik te gast was. Hij gaf me zijn zakelijk adres, zijn geboortedatum, de geboortedatum van zijn vrouw, de geboortedatum van één kind en zijn thuisadres. Ik vroeg hem welk adres hij wilde weten. "Mijn bedrijf," antwoordde hij. "Wat voor soort bedrijf heb je?" vroeg ik. Hij had een zaak in Perzische tapijten op nummer 121.

Toen vroeg ik hem: "Heb je al eerder gebeld? Heb ik je nummers eerder gedaan?" "Ja, dat heb ik gedaan, maar." Ik vertelde hem dat "dit absoluut geen nummer is voor Perzische tapijten; je moet een cijfer 2 toevoegen." "Moet ik het cijfer 2 vooraan of achteraan de nummers toevoegen?" Ik zei dat ik het vooraan moest toevoegen, om er 2121 van te maken.

Toen zei de beller: "Mag ik u nog een vraag stellen?" Hij zei niet wiens verjaardag 16 september was, maar het bedrijfsadres in kwestie was nu 108. Ik antwoordde hem: "Dit nodigt uit tot juridische problemen en gekibbel tussen werknemers."

Daarna vroeg hij naar zijn huis, nummer 118. "Dit is weer een zeer stressvolle energie." Ik adviseerde hem om een nummer 5 aan het einde toe te voegen. De gastheer zat naast me en vroeg zich af wat er aan de hand was. Kort nadat ik de beller had voorgesteld om het nummer 5 toe te voegen, zei de beller: "Nou, je bent vandaag geslaagd voor je test! Ik heb twee keer eerder gebeld en wilde even controleren of je consequent bent en me hetzelfde vertelt."

Toen zei de gastheer: "Heb je eerder gebeld? En vertelde hij je hetzelfde?" De beller zei: "Ja." De producer was erg opgelucht, alsof hij dacht dat zijn kijkcijfers omhoog zouden schieten.

Voorbeeld 11

Elizabeth woonde met haar partner, een professor, in huisnummer 1135 in Contra Costa County. Nadat ik naar haar naamnummer en haar geboortedatum had gekeken, realiseerde ik me dat de energieën volledig synchroon waren. Haar partner had een uitstekende numerologie en het verbaasde me niet dat hij professor was. Elizabeth wilde meer weten over de nummers op hun huis.

Als je goed naar het getal 1135 kijkt, zie je dat het twee keer de Zon heeft, gevolgd door Jupiter en dan Mercurius energie. In mijn ervaring met het bestuderen van huisnummers heb ik geleerd dat deze combinatie extreem stressvol is, omdat alle planeten met elkaar botsen. Elizabeth vertelde me dat ze astroloog was en "planeten heel goed begreep", maar dat ze de energie van het huis niet kon achterhalen.

Ze vroeg me naar een kat waar ze al 19 jaar mee samenleefde. De kat huilde constant. Elizabeth had andere mensen geraadpleegd en die zeiden haar allemaal dat "de kat weg moest". Na het lezen van de nummers pikte ik intuïtief op dat het de kat was die de energie van de nummers meer voelde dan Elizabeth of haar partner.

Ik stelde voor dat het voor alle drie een goed idee zou zijn om het huis te verlaten, omdat ik het gevoel had dat de kat de botsende energie van de huisnummers/planeten oppikte. Omdat het nummer 1135 naast de deur stond, stelde ik ook voor dat ze het nummer 203 op de voordeur zouden gebruiken en de 1135 tijdelijk zouden bedekken.

Naast het patchen stelde ik ook bepaalde kristallen voor, die de energie voor zowel Elizabeth als haar partner beter zouden laten stromen. Elizabeth zei toen dat ze "veel van olieverfschilderen hield". Voordat we de reading afrondden, stelde ik voor dat ze een Venusbeeldje bij haar bed zou zetten. Later, toen ze mijn honorarium elektronisch verstuurde, ondertekende ze het met "Venus" in plaats van Elizabeth.

Een Negen

1 + 9 is de energie van Zon + Mars. Elke keer dat ze samen verschijnen, als 19 of 91, brengen ze veel succes, geluk en geluk.

Voorbeeld 1

Janet belde op een avond naar de radioshow. Ze had de show een jaar eerder gebeld, maar ik herinnerde me haar niet. Toen ze eerder had gebeld, had ze een huurhuis gehad met een zeer krachtige Jupiter energie. Ze vond het erg moeilijk om van huurders af te komen die niet weg wilden. Ik had haar geholpen om een bepaald nummer te gebruiken om de huurders "aan te moedigen" om te vertrekken. Ze herinnerde me eraan dat ik haar eerder had geholpen en dat ze nu meer wilde weten over haar eigen huis, nummer 676.

Hoewel deze energie synchroon was met Janets basis numerologie, was het niet erg goed voor het creëren van geld, wat ze wilde. Ik stelde voor dat ze een nummer 5 aan het einde zou toevoegen om over te schakelen naar meer Venus energie, die beter zou stromen in het creëren van geld voor haar. Nadat ik deze suggestie voor haar eigen huis had gedaan, gaf ze me een getuigenis over het resultaat met het huis waar de huurders hadden gewoond. Het is altijd fijn om terug te horen van mensen die kunnen bevestigen en erkennen wat er is gebeurd nadat de energie in hun huis is opgewaardeerd.

Voorbeeld 2

Een cliënt kwam naar me toe nadat ze de radio had gehoord en nadat ik de numerologie van haar en haar man had bekeken, bleken ze allebei synchroon te zijn. Toch leek ze veel problemen te hebben.

Haar huisnummer was 4438. In deze combinatie verschijnt Uranus twee keer, met Saturnus aan het eind. Opgemerkt moet worden dat Uranus en Saturnus altijd de neiging hebben om samengetrokken te worden. Als ze samen verschijnen, is het alsof je in drijfzand stapt. Vreemde ervaringen, zoals brand in huis, een plotselinge dood, ongekende woede-uitbarstingen of politiebezoeken aan het huis, komen vaak voor.

Ik lapte deze energie op door de twee 4'en te breken en een 5 in het midden toe te voegen, gebaseerd op de numerologie van het stel, om het huisnummer te verschuiven zodat het meer harmonieus zou zijn met de bewoners.

Een paar maanden later kreeg ik een telefoontje van de vrouw dat er een verschil was in de energie van het huis. Ik heb geleerd dat veel meesters die uit het Oosten komen het getal 8 graag aan het eind of ergens in de numerologie willen hebben. Ik geloof dat de uitspraak van het woord "veel geluk" betekent. Maar ik heb geleerd dat wanneer 8 (Saturnus) verschijnt met het getal 4 (Uranus), er altijd problemen zullen zijn. De reden is dat, ook al trekken Saturnus en Uranus naar elkaar toe, ze erg explosief kunnen zijn. Deze combinatie kan daarom destructief worden.

Als iemand de nummers 4+4+3+8 bij elkaar optelt, lijkt het een zeer krachtige energie te zijn: 19. Echter, 19 zelf heeft de energie van de Zon + Mars, wat extreem krachtig is. Maar als het wordt opgesplitst in andere combinaties, zoals 44 en 38, kan deze 19 nog steeds desastreus zijn. Dezelfde vrouw vertelde dat ze, voordat ze in dit huis woonde, in een 2440 had gewoond en dat het daar net zo erg was. Het verbaasde me helemaal niet dat, met Uranus die zich twee keer herhaalt op een Zon energie, haar leven ontwricht was.

Voorbeeld 3

Een Aziatische klant met een krachtige geboortedatum (de 19e van de maand) benaderde me voor een reading. Ze woonde in een woonplaats met nummer 1468. Een traditionele numeroloog zou gewoon zeggen, "Oh, dit is opgeteld 19," maar deze energie vertegenwoordigt de Zon + Uranus + Venus + Saturnus. Wanneer Uranus, Venus en Saturnus samen verschijnen, zal het huis ongelukkig zijn. Scheuren, verwondingen, ongelukken en onenigheid binnen de familie zijn wat deze planeten brengen. Toen ik deze klant vroeg naar de vorige eigenaars van het huis, beaamde ze dat zij ook soortgelijke problemen hadden ervaren. Dus toen ik haar vroeg waarom ze voor dit nummer had gekozen, zei ze dat het getal 8 op het einde "geluk" bracht.

Het getal 8, Saturnus, staat voor grote zaken. Het kan ook melancholie en een sombere houding met zich meebrengen. Saturnus heeft altijd de neiging om Uranus (nummer 4 in dit geval) aan te trekken en elke keer dat de twee samenkomen, werkt de energie als drijfzand: het is extreem destructief en het zal je laten zinken, hoezeer je je er ook tegen verzet. Deze situatie werd nog gecompliceerder doordat de Venus energie in het midden verscheen (het getal 6); dit was een erg moeilijke plek voor mij om op te lossen. Uiteindelijk stelde ik voor dat de cliënt van huis zou veranderen en naar een nieuwe woning zou verhuizen. Dit was niet moeilijk voor haar, dus stemde ze toe. Eenmaal in haar nieuwe huis had ze veel meer rust.

Voorbeeld 4

Molly belde op een dag met *Contact Talk Radio* in Seattle. Ze gaf me haar volledige naam, geboortedatum en huisnummer: 16228. Ik vertelde haar dat de woning bij haar niet goed vibreerde. Ze was het er meteen mee eens. "Wat moet ik doen?" vroeg ze. Ik zei: "We moeten de woning voorzien van een bepaald nummer," wat ik haar net wilde geven, toen er plotseling een gedachte door mijn hoofd flitste. Ik vroeg haar: "Wie woont er nog meer in dit huis?" Ze zei: "Mijn zoon." Ik vroeg haar naar de geboortedatum van haar zoon. Toen ze me de datum vertelde, merkte ik dat hij een krachtige

Zon + Neptunus energie had. Ik reageerde door te zeggen: "Dit huis is goed voor je zoon." Molly lachte en zei: "Dat is zo waar, het is goed voor hem, maar niet voor mij!" Dus in plaats van het huis op te lappen, stelde ik voor dat ze een bepaald kristal als hanger om haar nek zou dragen en haar zoon zou laten genieten van de energie van het huis.

Bij het in balans brengen van nummers is het uiterst belangrijk dat er rekening wordt gehouden met elk lid van het huishouden. Vaak werken de namen van energieën en het huis niet samen en wordt het vinden van de beste trilling soms erg ingewikkeld. De beller leek blij toen ze haar gesprek beëindigde, omdat ze een gunstig antwoord voor haar zoon had gekregen en een nuttig antwoord voor haarzelf.

Voorbeeld 5

De eerste beller in mijn *Contact Talk Radio* show was een man met een krachtige geboortedatum, net als zijn vrouw. Hij woonde in huisnummer 3718 in de buurt van Seattle. Nadat ik naar zijn basisvibraties en het huisnummer had gekeken, stelde ik een patch voor hem voor. Maar tegelijkertijd vertelde ik hem dat het een goed idee zou zijn als hij op zoek zou gaan naar een nieuwe plek. Hij reageerde met een begrijpend gegrinnik en zei: "Weet je wat? We zijn al aan het kijken om hier weg te gaan. We wonen hier nu vijf jaar en het is erg onrustig." In dit huisnummer, 3718, trilt het laatste deel van het nummer met negatieve Mars energie en dat was de bron van de verontrustende energie. Hij eindigde zijn telefoontje met een grote "Dank je wel!" en zei dat hij in zijn nieuwe huis op zoek zou gaan naar een beter nummer.

Voorbeeld 6

Jeri belde naar de show in Seattle en gaf me de namen, geboortedata en het huisnummer van haar en haar man, 1909. Terwijl ik deze reading deed, voelde ik me erg ongemakkelijk. Ik vind het moeilijk om mensen in de uitzending te vertellen dat de energie giftig is als ik me ongemakkelijk voel bij het nummer. De presentator voelde het ook en kwam tussenbeide met de vraag: "Jesse, denk je dat het een goed idee is om het huis te veranderen?". Ik zei: "Ja. Als ik jou was, zou ik dat doen." Ik stelde ook patching voor als tijdelijke oplossing en we beëindigden het gesprek.

Voorbeeld 7

Mevrouw White, het hoofd van een East Bay middelbare school, woonde in een huisnummer 5374 in een van de grootste East Bay steden. Ze was eind december geboren en had een sterke Maan energie vanwege haar geboortedatum. De voornaam die ze gebruikte was niet haar geboortenaam; die was haar gegeven door een vorige minnaar, maar door in huis 5374 te wonen en de "nieuwe" voornaam te gebruiken, die negatieve Mars energie met zich meedroeg, botste ze met de energie van haar man. Nadat ik haar ervan overtuigd had dat ze haar naam anders kon spellen maar wel hetzelfde kon uitspreken, stemde ze toe om het te proberen. Ze was verbaasd dat haar relatie met haar man harmonieuzer werd.

Hoewel een huisnummer krachtig kan zijn, kan een persoon met negatieve energie van een naam problemen veroorzaken in een bepaald huis. Mrs. White, met haar sterke persoonlijke energie, gebruikte veel van die energie om te vechten tegen haar nieuwe naam. Toen ze eenmaal de naam had veranderd, hoefde ze haar energie niet langer te gebruiken om te vechten; ze kon gewoon van haar leven genieten.

Voorbeeld 8

Alix nam contact met me op via een radioprogramma. Ze woonde in een huisnummer van 3637 in San Francisco. Heel interessant, haar naam (die de energie van Saturnus, Uranus en Neptunus had) kwam heel goed overeen met haar huisnummer. Nadat ik haar nummers had gedaan en haar had gezegd: "Je naam en je woonplaats zijn op elkaar afgestemd; er zou iets goeds moeten gebeuren", was ik verrast toen ze me vertelde dat ze door een beroemde uitgever was gevraagd om een boek te schrijven over metafysische gezondheid! Haar positieve energieën manifesteerden het aanbod om een boek te schrijven. Jupiter die twee keer in een nummer verschijnt is vaak een plek waar onverwachte rijkdom binnenstroomt. De waarheid is dat dit niet "zomaar" gebeurde: haar naam en haar woonplaats waren toevallig op elkaar afgestemd.

Voorbeeld 9

Meneer Wong kwam me opzoeken in de herfst. Hij kwam met zijn broer, een succesvolle zakenman die mij het jaar daarvoor had geraadpleegd.

De Jupiter geboortedatum van meneer Wong botste met een krachtige residentie, 676, en zijn naam energie. Dit zorgde voor een botsing in drie richtingen.

Toen ik naar zijn gezondheid vroeg, zei hij dat hij onlangs een zware beroerte had overleefd, dat zijn vrouw van hem was gescheiden en dat twee van zijn getrouwde zonen wilden dat hij zijn grote landgoed zou verkopen. Hij was onvervuld in zowel zijn persoonlijke leven als zijn professionele leven en had veel vragen over investeringen die hij had gedaan in een aantal startende bedrijven.

Ik hielp hem met het verbeteren van zijn naamvibratie en lapte het huisnummer op. Zijn broer vertelde me dat, kort nadat hij zijn leegstaande gebouw een jaar eerder had gepatcht, het eindelijk werd verhuurd.

Twee Acht

Dit is een nieuwe tint van het getal Eén. 28 heeft de energie van de Maan + Saturnus, wat extreem krachtig is. Als 28 op een naam of geboortedatum staat, is het het getal van zeer invloedrijke en machtige mensen. Beroemde staatshoofden, leidinggevenden en entertainers hebben Maan + Saturnus in hun naam en geboortedatum. Maar als 28 op een woonplaats verschijnt, veroorzaakt het problemen met geld en relaties. Het is dus de *woonplaats* die de energie volledig verandert van de manier waarop een naam en/of geboortedatum kan worden beïnvloed.

Voorbeeld 1

Het huisnummer van een vriend in de San Francisco Bay Area was 36667. Als je goed naar dit nummer kijkt, zie je dat het Jupiter aan het begin heeft, drie keer Venus in het midden en dan Neptunus aan het eind. Deze energie is vreemd, en sinds de familie van mijn vriend in dit huis is komen wonen, hebben er vreemde dingen plaatsgevonden: bij de jongste zoon is een hartkwaal geconstateerd, bij de vader een instabiele bloeddruk van onbekende oorsprong, en de familie is plotseling hun baan kwijtgeraakt en heeft te maken gehad met algemene instabiliteit.

Nadat ze mij hadden geraadpleegd, stelde ik voor dat ze de energie van de drievoudige Venus in het midden zouden breken door een 5 toe te voegen na de eerste 6 om het effectieve getal 365667 te maken. Sindsdien is alles tot rust gekomen en is er minder stress in huis. De familie lijkt gelukkiger te zijn. We moeten ook opmerken dat "666" in de christelijke theologie "het getal van het beest" uit Openbaringen 13:18 is. Veel westerlingen geloven dat het sowieso een goed idee zou zijn om deze drie 6'en te scheiden.

Voorbeeld 2 (28, versterkt)

Ik werd benaderd door Coral, die me een paar maanden eerder had gehoord op *Seeing Beyond*. Ze woonde in een woning met nummer 208 en was in de war over haar leven. Ze had een zeer spirituele geboortedatum en vertelde dat ze het moeilijk had met haar familie, vooral met haar moeder en haar zus. Ze ging uit met een man, maar wist niet zeker of hij de "juiste" was. Ik stelde voor dat ze meer Maan energie op haar woning zou gebruiken om de energie gunstig te verschuiven. Coral tekende een contract voor de aankoop van een appartement aan het water in een nieuw, prestigieus project in San Francisco. Zij en haar vriend reserveerden elk een appartement voor zichzelf. Ze vroegen allebei of ik hen kon helpen met het kiezen van de juiste nummers. Ik herinner me dat de man me belde vanuit zijn kantoor en alle beschikbare nummers doornam die de vertegenwoordiger had verstrekt. Daarna kozen we de twee meest gunstige nummers voor elk van hen, respectievelijk 518 en 618.

Coral moest haar huis in San Diego verkopen om deze transactie te voltooien. Maar de markt in San Diego begon te krimpen en ze werd nerveus over de aankoop van het condominium. De transactie in San Francisco zou binnenkort afgerond worden, maar Coral maakte zich zorgen omdat haar huis in San Diego niet verkocht werd. Ik stelde een paar dingen voor die ik normaal gesproken doe om huizen te verkopen, wat ze deed, en ik vertelde haar dat haar huis op tijd in escrow zou zijn om haar nieuwe huis te kopen.

Ze antwoordde: "Nou, Jesse, ik ga je voeten tegen het vuur houden," en ik kon de hitte voelen. Op de avond van de 15e belde ze me op van een feestje. Ik kon zien dat ze blij was en ze vertelde me dat de koper van de drie huizen in dezelfde straat haar huis had uitgekozen! Ik was opgelucht dat te horen en voelde natuurlijk dat dit weer een bevestiging was van mijn werk met nummers. Kort daarna sloot Coral de nieuwe transactie af in San Francisco en vertrok voor een korte vakantie.

Voorbeeld 3

Een beroemde directeur die in de buurt van Monterey woonde, had een huisnummer 208. Edward en een zakenpartner begonnen een nieuw biotechnologisch bedrijf. Edward had eerdere ervaring en contacten en begon geld in te zamelen van veel investeerders voor zijn nieuwe bedrijf. Na ongeveer twee jaar ontdekte een van de investeerders een aantal twijfelachtige activiteiten met betrekking tot de aandelen in het bedrijf en gaf het bedrijf aan bij de plaatselijke officier van justitie. Er leek maar geen einde te komen aan Edwards juridische problemen.

Wanneer 2 en 8 samenvallen, kunnen ze niet alleen juridische problemen met zich meebrengen, maar ook scheidingen, zowel persoonlijk als professioneel. Dit is precies wat er met Edward gebeurde. Edward was een wijs en vrijgevig man en dit probleem was niet zijn schuld. Maar zijn huisnummer, met de Maan + Saturnus, versterkt, veroorzaakte deze onvoorziene problemen. Helaas sloeg hij mijn advies in de wind en bleef hij, voor zover ik weet, zulke ontberingen ervaren.

Voorbeeld 4

5869 in Richmond, Californië, was het huisnummer van Matthew. Dit was een iets ander aspect van de Zon: Jupiter en Mars botsten onder de Zon. Matthew's naam had Jupiter energie en de voornaam van zijn vrouw had Mars energie. Ze woonden al twintig jaar samen, maar waren niet getrouwd. Matthew voelde zich verward over de energie van zijn huis.

Nadat ik had uitgelegd wat er aan de hand was, begreep Matthew het. Hij zei ook dat hij "om gezondheidsredenen marihuana gebruikte". In een situatie als deze is het heel begrijpelijk, maar het is gewoon een planetaire botsing veroorzaakt door het leven in een huisnummer dat niet vibreert met je eigen basisenergie. Gezondheidsproblemen en relatieproblemen zullen de kop opsteken, hoe je er ook mee om probeert te gaan. Ik stelde voor dat hij aan het begin van het nummer meer Mercurius energie in zijn huis zou stoppen om de energie in beweging te krijgen.

Voorbeeld 5 (28, tweemaal versterkt)

Marilyn woonde in een huis met huisnummer 2800. De energie van de Maan + Saturnus op een huis brengt altijd uitdagingen in relaties:

scheidingen, echtscheidingen en vaak juridische problemen. Nadat we elkaar ontmoet hadden om haar nummers te bespreken, kwam ik erachter dat er niets mis was met haar naam, maar Marilyn's geboortedatum en haar 2800 woonplaats vertelden me dat ze zeker moeite zou hebben met haar primaire relatie.

Mijn eerste vraag was: "Hoe is jullie relatie?" Er kwamen meteen tranen in haar ogen. Ze vertelde dat haar man van vele jaren onlangs was overleden, na jaren ziek te zijn geweest. Terwijl ik met haar praatte, voelde ik plotseling een energie vlak achter mijn stoel staan en zei tegen haar: "Ik voel dat je man misschien vlak achter me staat." Marilyn begon met haar hoofd te knikken "Ja, hij loopt de hele tijd met me mee," zei ze. Nadat ik wat energie voor haar had vrijgemaakt, merkte ze op dat ze overwoog om naar een ander land te verhuizen en dat ze iets wilde weten over nummers die ze tijdens haar recente bezoek had gezien.

Haar zoon leed aan een soortgelijke kwaal als zijn vader had gehad en ze maakte zich zorgen over zijn welzijn. Ik stelde een patch voor haar huis voor en toen we klaar waren, realiseerde ik me dat haar eigen energie was verschoven en ik voelde dat er misschien een gewicht van haar schouders was gevallen. Toen ze wegging, zei ze: "Ik voel me nu anders. Ik voel me veel lichter," wat geruststellend was om te horen.

Drie Zeven

Deze Jupiter + Neptunus energie is metafysisch en ook vriendelijk. Het brengt ook veel erkenning en partnerschappen met zich mee. Maar de energie van 3 + 7 is ook mystiek door de dans tussen Jupiter en Neptunus; geen wonder dat het zoveel geluk en expansie geeft aan iedereen die een naamcombinatie van 3 + 7 heeft!

Voorbeeld 1

Een klant van mij die een Ayurvedische praktijk heeft, hoorde me op de radio en benaderde me voor een reading. De woonplaats was in dit geval 37. Nadat ik de reading had gedaan, vertelde ik haar dat de energie al synchroon was met haar geboortedatum en dat het een plek was van veel geluk en veel partnerschappen. Ze was het daar meteen mee eens: haar kleine familie (zoon en dochter) zijn allebei in hetzelfde huis opgegroeid en zijn allebei professionals. Ze waren altijd een hecht gezin dat elkaar voortdurend hielp. Haar man heeft een succesvol bedrijf en maakt deel uit van een grote organisatie. De Jupiter + Neptunus energie, die expansief en metafysisch is, brengt mensen gelukkig samen.

Vier Zes

Uranus + Venus (4 + 6) of Venus + Uranus (6 + 4) op een huisnummer vertegenwoordigt een seksueel schandalige energie.

Voorbeeld 1

Een Filippijnse benaderde me een paar jaar geleden voor een reading via een doorverwijzing van een vriend van me. De dame woonde 46 jaar in de East Bay. Toen ze bij me kwam, was ze erg depressief en ongelukkig en, interessant genoeg, toen ik naar haar geboortedatum, naam en andere dingen keek, was er niets aan de hand. Maar op het moment dat ze het over haar woning 46 had, begon ik over "seksueel schandaal" en begonnen de tranen over haar wangen te rollen.

Nadat ze zich had herpakt, legde ze uit dat ze in woning 46 had gewoond nadat ze van haar man was gescheiden. Toen ik haar vroeg wat voor werk ze deed, zei ze dat ze massagetherapeute was. Ze is gediplomeerd verpleegster, maar de woning verwoestte haar huwelijk omdat ze in veel relaties verwikkeld raakte. Nadat ik haar een oplossing had voorgesteld door een nummer op de deur te plakken, ging het beter met haar. Ze belde terug om te zeggen dat ze blij was dat ze me had ontmoet en was verbaasd over hoe het plaatsen van een klein nummer op de deur "zo'n verschil" kon maken in de energie.

Voorbeeld 2 (46, versterkt)

Een andere vrouw, die via vrienden contact met me opnam, woonde toevallig in Daly City. Maar ze had niet alleen een ongunstige geboortedatum, ze had ook een 460-nummer en was gescheiden van haar man en had veel relatieproblemen. In dit geval stelde ik voor dat ze van woning zou veranderen, omdat er een vacature was in haar gebouw en het nieuwe nummer voordeliger zou zijn. Het nieuwe nummer van de woning veranderde hun leven. De hele familie kwam bij me op bezoek en was erg blij en dankbaar dat ze zich konden herenigen.

Vijf Vijf

Nummer 5 staat voor de planeet Mercurius. Mercurius is intelligentie. Als 5 twee keer verschijnt en de Mercurius energie versterkt, vertegenwoordigt het een vergrote intelligentie.

Voorbeeld 1

Anamika Singh, een familielid van mij in New Delhi, India, woonde in een woning met twee 5'en in het adres. Anamika is een zeer getalenteerde danseres en kan anderen leren dansen terwijl ze zelf danst. Ze heeft een gerenommeerde dansacademie in New Delhi. Ze is nu in de 30 en runt de academie al sinds haar 18e. In 2000 werd ze zelfs gekozen tot beste danseres in een nationale show in New Delhi uit 2000 deelnemers. Naast het hebben van een krachtige geboortedatum en een sterke naamtrilling, heeft de energie van Mercurius die twee keer op Anamika's naam staat haar al op jonge leeftijd bekendheid op nationaal niveau gegeven. Ze heeft in krantenartikelen en tijdschriften gestaan.

Hoewel ze blij en verrast was met haar succes, realiseerde ze zich nog steeds niet hoe krachtig haar huisnummer was. Interessant genoeg was een deel van dit huis ooit verhuurd aan een vriend van de familie die ook binnenhuisarchitect was. In slechts een paar jaar dat hij in dit huis woonde, kreeg hij nationale bekendheid omdat hij connecties maakte met beroemde en succesvolle mensen. Hij heeft nu naam gemaakt als binnenhuisarchitect in India.

Anamika regisseerde een show in het Rode Fort in New Delhi, een historisch fort dat dateert uit de tijd van het Mogolrijk. De afgelopen 350 jaar had niemand toestemming gekregen om op te treden in de *diwana khas*, of het nu ging om zingen, dansen, voordragen of acteren. Aan het begin van het jaar had ik de datum voor haar optreden uitgekozen en naarmate de tijd naderde, vielen de dingen heel geleidelijk op hun plaats. Anamika was erg nerveus en een beetje bang, zowel vanwege haar leeftijd als vanwege het organiseren van een ongekend evenement. Ik had de eer om eregast te zijn en zat naast een zeer beroemde filmproducent uit de Indiase filmindustrie.

Voordat de show begon, was Anamika een beetje nerveus, omdat het geluid niet goed opnam en er nog wat andere kleine haperingen waren. Ik liep vroeg de ruimte in, zoals ze had gevraagd, met een saliestok. Anamika, haar moeder en ik liepen naar de naburige moskee en baden dat de show goed zou verlopen. Ik stak mijn salie aan bij de deur van de moskee en daarna liepen Anamika's moeder en ik door de hele omtrek van de optredende ruimte. Binnen een half uur was het geluid heel duidelijk te horen. Haar Mercurius energie hielp haar om een spectaculaire show neer te zetten.

Zes Vier

Deze energie is vergelijkbaar met de 46 vibratie, maar iets zwakker, omdat de planeetposities verwisseld zijn.

Voorbeeld 1

Nadat ik in het *Appadana* TV programma was geweest, leek het alsof de hele Perzische gemeenschap plotseling mijn telefoonnummer had. Omar bereikte mijn mobiele telefoon uit Iran terwijl ik in mijn auto zat. Ik stopte om hem mijn volle aandacht te geven en naar zijn verhaal te luisteren.

Hij woonde in een huis met nummer 64. Nadat hij me de geboortedata van hem en zijn vrouw had gegeven, wist ik meteen dat er iets niet klopte met het huis. In mijn ervaring heb ik geleerd dat wanneer Venus en Uranus samenkomen in een huis of in een naam, ze voor veel complicaties zorgen. Dit komt door de tegenstrijdige energie van Uranus en Venus; 4 en 6 kunnen gewoon niet met elkaar overweg.

Ik was niet verbaasd toen Omar me vertelde dat hij en zijn vrouw al jaren probeerden een kind te krijgen, maar dat het nog niet gelukt was. Deze Venus + Uranus energie vertegenwoordigt ook veel relaties. Ik stelde voor dat hij een nummer 5 zou gebruiken om de energie op zijn vibratie te brengen. Ik hielp hem ook met informatie om zijn kledingzaak te verbeteren door zijn bedrijfsnummer te patchen.

Het gesprek was erg interessant. Omar sprak Farsi, maar er waren veel woorden die ik kon oppikken (ik kom uit India) en zonder veel Engels te spreken, konden hij en ik onze punten aan elkaar overbrengen.

Na mijn eerste optreden op televisie belde ik mijn moeder in New Delhi en vertelde haar dat ik in mijn eerste tv-show had meegedaan. Ze was erg blij en wilde dat ik haar een dvd van de show zou sturen. Terwijl ik met haar sprak, realiseerde ik me dat mijn vader, die zijn master in de Pashto taal had gehaald, alles zou kunnen ontcijferen! We hebben thuis altijd Punjabi gesproken, maar Pashto en Urdu, die nauw aan elkaar verwant zijn, zijn ook nauw verwant aan Farsi, dus ik had duidelijk wat Pashto (en misschien ook Farsi?) in mijn oren rondgelopen vanaf mijn kindertijd, toen mijn vader zijn taalkundig werk deed. Het was een heel vreemd besef dat deze taalkundige connectie misschien wel het verschil maakte in mijn vermogen om Omar te helpen.

Negen Een

Deze planeetcombinatie lijkt op die van 19, maar is minder sterk.

Voorbeeld 1

91 is het huis van een van mijn vrienden die toevallig metafysica is. Ze woont in Daly City vlakbij de Stille Oceaan. Rhonda was een van de bellers naar mijn radioshow. Ze maakte een afspraak om me te zien en faxte de informatie waar ik om vroeg: haar naam, haar geboortedatum en haar huisnummer. Ik herinner me dat Rhonda me een half uur eerder belde, terwijl ik me klaarmaakte om een reading te doen, en ze vroeg me wat ik van haar numerologie vond. Na het bekijken van haar naam en haar geboortedatum en, natuurlijk, haar huisnummer, zei ik tegen haar: "Ik weet niet wat ik je moet zeggen, Rhonda; alles klopt hier."

Zodra ik dat zei, lachte ze hardop. "Ik was je net aan het bekijken!" Rhonda heeft een grote klantenkring en ze vertelde dat ze, toen ik de eerste keer op de radio was, Tarotkaarten over me had getrokken en aan het mediteren was en veel informatie over me had gekregen, die we later hebben uitgewisseld.

Hoofdstuk 4

De Maan: Nummer 2

Het getal 2, dat de Maan voorstelt, komt in vele vormen voor: 2 op zichzelf, en de nummers 11, 20, 29, 38, 47, 56, enz. Vanaf daar weerspiegelt het patroon zich: 65, 74, 83, enz. Ik heb de energie van de Maan gelezen op namen, geboortedata en huizen in mijn readings met talloze cliënten. Ik heb zelf geleerd dat de energie van de Maan veel sterker werkt op namen en geboortedata dan op huizen. Als je op zoek bent naar succes in je leven - en goede relaties - blijf dan uit de buurt van de energieën die ik in dit hoofdstuk heb beschreven, mochten ze in je huisnummer voorkomen!

Twee

Twee is alleen de energie van de Maan.

Voorbeeld 1

Ik werd benaderd door een Oost-Indiase vrouw, Adita, die over mij had gelezen in de *San Jose Mercury News*. Ze kwam naar me toe voor numerologie. Ik kon zien dat deze vrouw verdrietig en ongelukkig was met haar leven. Haar man, die een Ph.D. heeft en in Albany, New York woont, is al vele, vele jaren in dit land. Hun huwelijk was ellendig en haar beide zonen, die in dit land geboren en getogen waren, waren het voortdurend oneens met haar en kozen de kant van hun vader in familieruzies. Ze was het zat en verhuisde naar Californië om dicht bij haar eigen familie te zijn, vooral bij haar zussen.

Na het bekijken van al haar huisnummers, inclusief het huidige, een nummer 2, waar de familie een paar jaar geleden naartoe was verhuisd, kon ik zien dat dit huisnummer een complete "zinker" was voor hun familierelaties. Adita was erg onvermurwbaar en wilde graag dat ik met haar man sprak en hem mijn visie op numerologie gaf en uitlegde hoe huisnummers trillen. Haar man belde me een paar keer vanuit New York, maar ik was niet in staat om tijd met hem aan de telefoon door te brengen vanwege conflicten in de agenda.

Terwijl de man en twee zonen op bezoek waren, maakte Adita een afspraak voor hen om mij zonder haar te zien. Onze eerste ontmoeting was heel formeel en we leerden elkaar gewoon kennen. Later wilde deze meneer me weer zien, alleen. Hij was heel specifiek met zijn vragen over numerologie, omdat hij mijn website had onderzocht na onze eerste ontmoeting. Ik vertelde hem dat zijn huisnummer in Albany, New York (de 2), niet overeenkwam met zijn geboortedatum en dat hij problemen zou krijgen met geld en relaties. Hij opende zich. Hij vertelde me dat hij, ondanks zijn Ph.D. en een prestigieuze baan bij de Amerikaanse overheid, "centen had geteld". Hij zei dat zijn beide zonen, midden dertig met diploma's in bedrijfskunde en chemische technologie, erg in de war waren en met soortgelijke problemen te kampen hadden. "Dus wat moet ik doen, meneer Kalsi?" vroeg hij me.

Ik vroeg hem om twee nullen en een vier toe te voegen na de 2 (2004) op zijn huis. Ik deelde ook mijn ervaring in onroerend goed met hem en goede gebieden waar hij zou kunnen investeren in het kopen van onroerend goed. Als makelaar sta ik er soms versteld van hoe verschillend mensen tegen onroerend goed aankijken. Ik heb veel klanten die niet zo hoog opgeleid zijn als deze meneer, maar die wel miljonair zijn en begrijpen hoe onroerend goed werkt. Maar voordat deze man wegging, kon ik zien dat hij een gevoel kreeg van metafysica, van het Onbekende. Hij vroeg of ik hem wat lijsten wilde geven van potentiële gezinswoningen in de omgeving hier, wat ik deed. Vlak voordat hij wegging, zei hij: "Ik zal zeker contact met je opnemen."

In augustus stond Adita's huis aan de oostkust te koop. De familie had het opgelapt zoals ik had voorgesteld. De echtgenoot voelde zich nu beter om naar Californië te verhuizen en dit was precies wat ik hem had verteld toen we elkaar eerder hadden ontmoet. Op dat moment overwoog hij om met pensioen te gaan in Florida. Zijn beide zonen waren aanvankelijk terughoudend om naar Californië te verhuizen. Maar één zoon was al hierheen verhuisd, op zoek naar een baan in Silicon Valley, en de andere hielp zijn vader met het op de markt brengen van het huis aan de oostkust.

Voorbeeld 2 (2, tweemaal versterkt)

Tracie belde nadat ze me op de radio had gehoord, en na het horen van haar bedrijfsadres-200 in de buurt van Pleasanton wist ik meteen dat ze een zakelijk probleem had. Ze woonde ook in een huisnummer dat weinig geld opbracht. Het enige dat voor haar werkte was haar eigen naam, die haar door deze rommelige numerologische situatie duwde. Nadat ze me had verteld dat haar bedrijf een bloemenwinkel was, stelde ik voor dat ze de energie zou versterken door het te combineren met meer Venus, die heel goed zou vibreren met bloemen, de Taal van Liefde. Ik sprak haar later, en de zaken begonnen te verbeteren. Dit verbaasde me helemaal niet, want nummers vertellen altijd de waarheid.

Voorbeeld 3 (2, versterkt)

Ik zat in een groep met een paar vrienden en leerde verschillende wichelroedelooptechnieken. Toen de sessie voorbij was, stelde de gastheer me voor aan de andere aanwezigen en beschreef wat ik doe. Ze hadden allemaal al eerder van me gehoord en één bijzonder mooie, in het blauw geklede dame was erg nieuwsgierig. Ze werkte op dat moment voor een metafysische winkel in Walnut Creek en ik vroeg naar haar huisnummer en geboortedatum. Ze woonde in een huisnummer 20 en haar geboortedatum was ook een zwakkere trilling. Ik antwoordde door te zeggen: "Relaties en geld zijn allebei krap." Op het moment dat ik dit zei, was ze het er helemaal mee eens en ik stelde voor dat ze een getal 4 na de 20 zou gebruiken. Interessant genoeg controleerde de dame die de wichelroedelooples gaf deze informatie met haar instrument en bevestigde dat dit de juiste patch was voor de woning!

Voorbeeld 4 (2, versterkt)

Een moeder en dochter uit Sydney, Australië, die de Bay Area bezochten, kwamen me opzoeken. Ze waren familie van een cliënt, dus toen ze aankwamen stond de cliënt erop dat ze bij mij kwamen. Nadat ik de numerologie van hun namen en geboortedata had bekeken, gevolgd door het huisnummer 20, wist ik meteen dat relaties in dit huis zeker een probleem zouden zijn.

In mijn onderzoek en ervaring is Maan energie erg zwak als het op een huisadres komt. Het werkt heel sterk als hetzelfde nummer staat voor een zakelijk adres, maar niet als het staat voor een woning. Interessant is dat als een naam Maan energie heeft, het immense kracht geeft aan de mensen die hem dragen. En parels, als ze gedragen worden met de Maan als stijgende energie, brengen grote publieke aandacht en roem naar de drager.

Nadat ik had gezegd dat de Maan energie van het huis zwak was op relaties voor zowel de moeder als de dochter, bevestigden ze precies wat een Maan adres doet: de moeder had een moeilijke relatie met de echtgenoot. Hoewel ze onder hetzelfde dak woonden, leefden ze niet als een stel. En de dochter, die al drie jaar erg verliefd was op een jonge man, begreep niet waarom hun relatie niet werkte.

Ik stelde voor dat ze meer Uranus energie aan het huisnummer zouden toevoegen om zowel hun financiën als hun relaties te verbeteren, en dat ze allebei gouden topazen aan hun rechterwijsvinger zouden dragen om "de overhand" te hebben in die relaties.

Voorbeeld 5 (2, versterkt)

Een kennis belt me regelmatig en vraagt me naar nummers. Ze belt al een hele tijd en stelt vragen namens anderen die ze kent. Ze belt me ook over elke nieuwe stap die ze van plan is te zetten: het kopen van onroerend goed of het doen van investeringen. Haar familie heeft een zeer succesvol bedrijf in British Columbia. Ik herinner me dat ze een paar jaar geleden op een ochtend belde om te vragen naar een man die effectenmakelaar was. Ze kende hem al een tijdje en had zijn gegevens voor me.

Nadat ik de woonplaats en de naam van deze man had bekeken, vertelde ik haar dat er twee Saturnus energieën op ramkoers met elkaar lagen. Maar ze bleef maar aandringen en wilde steeds meer weten. Het enige wat ik haar vertelde was dat het een conflictueuze combinatie was die vernietiging zal veroorzaken. Nadat ik haar dat verteld had, zei ze: "Deze man was vanmorgen in San Francisco. Hij was zo depressief door zijn zaken dat hij in het hotel is doodgesprongen." Ik was geschokt, maar niet verrast. Zijn dubbele Saturnus energie en zijn zakelijke problemen hadden deze man ertoe aangezet om zijn eigen ondergang te bewerkstelligen.

Eén Eén

Dit getal vertegenwoordigt twee keer de energie van de Zon. Het getal 11 staat bekend als een "meester" getal. Het is een naamgetal voor veel beroemde mensen, waarvan sommigen te zien zijn op televisie of op het witte doek. Geboortedata en namen met de energie van 11 zijn extreem krachtig; beroemde acteurs, tv-persoonlijkheden en atleten hebben dit naamgetal. Politici met deze energie hebben te maken met sterke tegenstand, maar zegevieren altijd.

Maar wanneer deze energie in een woonplaats verschijnt, brengt dat serieuze relatieproblemen met zich mee. Wat er gebeurt is dat de energie van het getal 11 in welke vorm dan ook, met welke planeten dan ook, relatieproblemen veroorzaakt. In de loop der jaren heb ik andere metafysisch geëvolueerde mensen ontmoet die mijn vrienden zijn geworden. Velen kozen deze "11" energie voor hun woonplaats, zich realiserend hoe krachtig een hoofdgetal kan zijn, maar zich niet realiserend dat het een ravage kan aanrichten op een huisnummer.

Voorbeeld 1

Ik werd benaderd door een zeer succesvolle zakenvrouw die op het schiereiland Monterey woonde. Sheila belde me voor een lange sessie en gaf alle nummers van de huizen waar ze in het verleden had gewoond. Haar vorige woning, nummer 1163, was degene waarvan ik aangaf dat ze waarschijnlijk problemen had gehad met relaties. Ze beaamde dat en zei dat ze daar meer dan zes jaar een relatie had gehad, maar dat die ondanks al haar inspanningen uit elkaar was gevallen.

Ze verhuisde toen van 1163 naar nummer 502, waar ze haar nieuwe man ontmoette. Hoewel het geen ideaal nummer voor haar was, was 502 voordeliger dan 1163. Sheila's leven was verbeterd door haar nieuwe huwelijk, maar haar gedachten waren nog steeds bij haar mislukking in het verleden. Toen ik haar uitlegde dat het niet haar schuld was, maar de energie van de planeet op de deur, voelde ze zich opgelucht en stopte ze met zichzelf de schuld te geven. Sindsdien heb ik talloze readings voor haar zussen gedaan en Sheila raadpleegt me altijd als ze een grote financiële stap overweegt.

Voorbeeld 2

Dora hoorde me in een radioprogramma in Seattle en zei dat ze een sterke drang voelde om me te bellen. Ze wist niet waarom, ze moest het gewoon doen. Na het bekijken van haar naamnummers en haar vorige huisnummer in Sacramento was het duidelijk waarom ze gescheiden was en al lange tijd eenzaam was. Ze had een zeer krachtige geboortedatum, met veel Venus energie, en was een vriendelijk en liefdevol persoon. Ze vroeg zich af waarom zij en haar man niet met elkaar overweg konden en waarom ze naar Seattle moest verhuizen. Interessant genoeg had het adres van het huis in Sacramento twee keer de energie van de Maan en haar naam, hoewel een stamnummer, had twee keer de energie van Uranus. Deze planetaire combinatie verklaarde haar situatie. Ik stelde voor dat Dora bepaalde kristallen zou dragen en nummers op haar deur in Seattle zou zetten.

Sindsdien heeft Dora een nieuwe baan gevonden. Toen ik voor het laatst van haar hoorde, gaf ze aan dat ze aan het kijken was of ze kon verhuizen naar een nieuwe plek dicht bij het water. Ze heeft me niet bijgepraat over haar relatie met haar ex-man, maar ik weet dat het adres waar hij nu woont (twee keer de Maan) niets zal veranderen aan zijn huidige situatie: alleenstaand en eenzaam zijn.

Voorbeeld 3

Het huisnummer was 7202. Een software-ingenieur in Silicon Valley nam contact met me op nadat hij over me had gelezen in een publicatie. Nadat ik naar zijn geboortedatum, zijn basistrillingen en zijn huisnummer had gekeken, was ik niet verbaasd dat hij een paar jaar eerder van zijn vrouw, ook een software-ingenieur, was gescheiden. Ik stelde voor dat hij meer Uranus energie aan zijn nummer zou toevoegen om het gunstig te verschuiven. Ik hoorde een paar dagen later van hem, toen hij zei dat hij mijn advies had opgevolgd en nu veel meer op zijn gemak was met zijn situatie.

Voorbeeld 4

Ria, die met haar man in de Central Valley woonde, nam contact met me op via een vriendin met wie ik al eerder had geconsulteerd. Ria woonde op huisnummer 3512 en had een zeer intuïtieve geboortedatum. Ze was een hardwerkende vrouw en betaalde alle rekeningen in huis. Haar man kon geen werk vinden en zat haar altijd dwars. Na het bekijken van de basis energieën voor zowel Ria als haar man, stelde ik een bepaald nummer voor om de energie van het huis te verbeteren.

Een maand later nam haar man contact met me op en vertelde dat hij een nieuwe baan had gevonden en een huis wilde kopen. Omdat ik zelf hypotheekadviseur ben, gaf ik hem voorlichting over zijn opties en zorgde ik voor de financiering. Interessant genoeg vonden ze, nadat ze de nummers op het huis hadden verschoven, precies dezelfde trilling in dezelfde buurt. Het was een woning die te koop stond bij een eigenaar (FSBO), waar hij echt van hield en die hij, met mijn hulp, kon kopen.

Voorbeeld 5

Een dame met de naam Laura, die contact met me opnam nadat ze van een aantal van haar vrienden over me had gehoord, woonde in huisnummer 632, was gescheiden en had een tienerdochter die bij haar woonde. Nadat ik naar haar huisnummer en haar geboortedatum had gekeken, stelde ik voor om Laura's naam te veranderen en ook het huisnummer te veranderen. Haar dochter, die niet aanwezig was toen de moeder mij bezocht, weigerde alles te geloven wat ik de moeder vertelde. Een paar maanden later hoorde ik van een andere cliënt dat Laura's dochter met de verkeerde mensen was omgegaan en was vertrokken met een man die een slechte invloed op haar had. Het verraste me helemaal niet. Nummers liegen nooit; ze onthullen gewoon nieuwe kanten aan een verhaal.

Voorbeeld 6

Een vrouw genaamd Lakshmi nam contact met me op nadat ze me had gehoord in het radioprogramma *Seeing Beyond*. Ze woonde in huisnummer 155 (Zon en Mercurius) in het Richmond gebied. Van beroep was ze gediplomeerd verpleegster en een zeer nobele en vriendelijke geest, een gevende vrouw. Haar man daarentegen was een alcoholist die Lakshmi heel slecht behandelde en hoewel ze in hetzelfde huis woonden, leefden ze als vreemden. Na verloop van tijd, zei ze, vond haar man een andere vrouw. Op dat moment scheidde ze van hem en de man hertrouwde.

De energie in het huis, twee keer Zon + Mercurius, veroorzaakte ernstige relatieproblemen. Zelfs als dit het huis was geweest van iemand anders met een positieve numerologie, is het onvermijdelijk dat soortgelijke moeilijkheden op een gegeven moment zouden zijn ontstaan.

Voorbeeld 7

Melissa was een zeer intuïtieve vrouw en nam contact met me op nadat ze me in mijn radioshow had gehoord. Na het lezen van haar naam en haar basis energie, realiseerde ik me dat ze spiritueel erg ontwikkeld was. Ze was bezig met het maken van een metafysische film voor HBO. Later vertelde ze dat ze met veel andere intuïtieven had overlegd over haar situatie.

Melissa woonde in een nummer 11, dat ze als woonplaats had gekozen omdat het een meestergetal was. De energie van het getal 11 op haar deur had voor haar het tegenovergestelde effect: het creëerde veel blokkades. Ze realiseerde zich niet waarom haar projecten niet vooruitgingen. Nadat ze met me gesproken had, adviseerde ik Melissa om meer Mercurius + Saturnus energie naast haar huisnummers te gebruiken om haar projecten in de gewenste richting te sturen door een 5 en een 8 in een specifieke opstelling op haar deur te plaatsen. Ik stelde ook voor dat Melissa een bepaald kristal op haar wijsvinger zou dragen om de energie van expansie en geluk aan te trekken.

Zoals ik al eerder heb aangegeven, creëert het problemen met relaties als de Zon twee keer in een huisnummer verschijnt: er ontstaat dan een vorm van echtelijke onenigheid. In eerste instantie gaf ik Melissa aan dat haar primaire relatie wat wrijving had. Ze hield haar privacy, maar aan het einde van ons gesprek liet ze doorschemeren dat er misschien relatieproblemen waren. Tegen het einde van de reading begon ze uit zichzelf over relaties te praten, zonder enige aansporing van mij. Ze leek zich vooral zorgen te maken over haar seksleven. Ik adviseerde haar een kunziet kristal te dragen, dat krachtig is in het opruimen van seksuele blokkades, om haar in deze situatie te helpen.

Jaren later nam ze weer contact met me op en zei dat ze zich meer "gesetteld" voelde dan voorheen. Melissa zei dat ze erg tevreden was met de veranderingen die we hadden doorgevoerd en liet me weten dat haar projecten veel beter opschieten.

Voorbeeld 8

Ik ontmoette Hiroko nadat ze me had gehoord op een lokaal radiostation. Ze wilde heel graag een reading. Haar woongetal was 335 en ze woonde in een chique buurt. Nadat ik haar nummers had gelezen, pikte ik een energie op van verdriet, van algeheel ongelukkig zijn, die uit haar naam kwam. Haar woonplaats, die Jupiter tweemaal + Mercurius had, vertelde me dat ze financieel succesvol was. Ze was het daarmee eens, maar vertelde hoe haar man, met wie ze enkele jaren eerder getrouwd was, juridische problemen had en veel tijd in het ziekenhuis doorbracht. Ik keek naar zijn energie. De man had Mars, wat niet erg gunstig was, op zijn geboortedatum staan en ik was helemaal niet verbaasd over wat Hiroko me vertelde. Ik stelde voor dat ze de eerste vier letters van zijn naam zou gebruiken om de negatieve energie van zijn naam te verminderen en de energie op haar huisnummer te verschuiven. Op dat moment had ze een groot huis op de lijst staan, maar haar makelaar was er niet in geslaagd om het te verkopen. Ik stelde voor om bepaalde nummers op het huis te gebruiken voor de verkoop.

Hiroko nam drie maanden later contact met me op. Ze was erg blij en vertelde me dat het huis voor bijna de vraagprijs was verkocht.

Voorbeeld 9

Een echtpaar raadpleegde mij toen ze op zoek waren naar een huis in de buurt van Sacramento. Ze wilden per se nummer 128 kopen, waarvan ze allebei vonden dat het "een geweldige locatie" was. De vrouw belde en vroeg wat ik ervan vond; ik vertelde haar dat het geen goede keuze was, omdat het hun relatie zou beïnvloeden. De man was het niet eens met alles wat ik hen probeerde te vertellen over het huisnummer. Ze gingen verder en sloten de escrow.

Ongeveer zes maanden later belde de vrouw me vanuit de Bay Area. Later ontdekte ik dat ze samenwoonde met een andere man. Ze wilde het huis in Sacramento snel herfinancieren. Ik regelde de taxatie. Toen de taxateur naar het huis ging, liet de man hem niet binnen omdat het stel al uit elkaar was. De energie had hen zo snel gescheiden dat ze al bezig waren met een echtscheiding. Hoewel de herfinanciering voor hem financieel voordelig zou zijn geweest, dacht hij met zijn hart en niet met zijn hoofd en wilde hij het de vrouw moeilijk maken, zonder rekening te houden met de moeilijk-heden die hij voor zichzelf zou creëren.

Voorbeeld 10

Diana was een projectmanager in onroerend goed, verantwoordelijk voor de verkoop van huizen in een nieuwe wijk. Ze was toevallig ook een erg aantrekkelijke vrouw. Ik had een aantal potentiële kopers meegenomen naar deze huizen en een aantal escrows met haar geopend. Elke keer drong ik aan op bepaalde nummers in de onderverdeling. Ze was nieuwsgierig waarom ik op bepaalde nummers stond voor mijn klanten. Op een dag vroeg ze me wat de reden hierachter was. Ik gaf aan dat het heel belangrijk was dat mijn klanten in de juiste energieën leefden, energieën die goed pasten bij hun naam en geboortedatum, voor welvaart en geluk.

Ik vroeg haar: "In welk nummer woon je?" Ze vertelde me haar nummer en ik zei tegen haar: "Je hebt veel relatieproblemen." Het raakte meteen een snaar en ze raakte geïnteresseerd om meer te weten te komen. Ze woonde al 21 jaar in het pand en was gescheiden. Ze had veel relaties gehad, vertelde ze me later, maar was altijd erg nerveus en onzeker. Een paar jaar daarvoor had ze een *feng* shui-meester ingehuurd, die haar veel geld vroeg voor zijn diensten. Hij herstelde haar "relatiehoek" door een bepaalde kleur te gebruiken en specifieke voorwerpen op die plek te plaatsen. Ik stelde voor dat ze een bepaald nummer op de deur zou zetten, gebaseerd op haar basis energie. Ik vertelde haar ook dat ze na nog een jaar op zoek moest gaan naar een nieuw huis. Diana nam drie maanden later contact met me op en sprak af dat we samen zouden ontbijten. Ze was eindelijk gelukkig: ze had iemand gevonden, een ontwikkelaar, en de relatie bloeide op. Ze voelde zich op haar gemak met de manier waarop haar leven nu verliep. Na vele jaren was haar leven eindelijk veranderd door het gebruik van de juiste nummers. Opnieuw hadden de nummers hun magie gedaan! Diana en ik zijn sindsdien goede vrienden. Ik hoor regelmatig van haar en kan rekenen op updates.

Voorbeeld 11

Ik werd benaderd door een televisieproducent in Noord-Amerika die haar eigen onderzoek deed naar metafysici. Ze was nieuwsgierig naar de numerologie voor woningen en bedrijven die ik met mijn cliënten doe. Terwijl ik met haar praatte, realiseerde ik me dat haar kennis over numerologie erg algemeen was. Ze had veel vragen over wat ik doe en hoe ik het doe. Ze overwoog om mij deel te laten uitmaken van een tv-programma dat door een groot publiek gezien zou worden.

Ik vroeg haar wat haar huisnummer was. Op het moment dat ze zei: "Eén één", schoot ik terug en vertelde haar dat dit geen goed teken was voor relaties. Ze was nogal verbaasd en vroeg me: "Hoe lossen we dit op?" Ik gebruikte 5 en 7 (Mercurius + Neptunus) om haar relatie met haar man te verbeteren en haar werk energie te versterken, omdat ze verbonden was met de media.

Voorbeeld 12

Woning 11 in San Francisco is toevallig weer de woning van een familielid. Deze mooie dame is één keer per week te zien op een lokale televisiezender als vervangster van de weervrouw. Ze is ook een back-up voor een station in de omgeving van Monterey. Haar naam numerologie is uitstekend om op het televisiescherm te zijn, ook al was ze niet zelfverzekerd voor de camera.

Haar nummers in de woning waren niet productief voor relaties. Hoewel ze er goed uitziet, getalenteerd en slim is, is ze er niet in geslaagd de juiste man te vinden om mee te trouwen en heeft ze moeite om meer zendtijd te krijgen. Helaas staat haar huisnummer haar in de weg. Ik heb haar een paar keer ontmoet in gezelschap van haar andere vrienden, die zeer populaire presentatoren op televisie zijn. Hoewel we het nooit over numerologie hebben gehad, weet ik dat het heel gemakkelijk zou zijn om de energie van haar woning te verbeteren door meer Jupiter energie aan het nummer toe te voegen. Als mensen maar aandacht zouden besteden aan de nummers rond hun huis, zou het veel gemakkelijker zijn om hun doelen te bereiken.

Voorbeeld 13

Ik ontmoette Rhea bij een andere klant thuis in Orinda, waar een groep hooggeplaatste intuïtieve vrouwen bijeen was gekomen. Een van mijn vriendinnen, die goed energie kan lezen, was ook op de bijeenkomst en stelde me voor aan Rhea, die sceptisch was over de kracht van nummers. Ze zat achterin de bijeenkomst, in haar eentje, naar me te kijken terwijl ik mijn presentatie hield voor deze groep. Ik begon met het vragen van de huisnummers van alle aanwezige dames. Toen ik bij Rhea aankwam, vroeg ik naar haar nummer. Ze zei: "Elf." Ik vroeg naar haar geboortedatum en antwoordde toen: "Je hebt toch relatieproblemen?"

Sommige vrouwen die haar heel goed kenden, vertoonden reacties die mijn verklaring bevestigden. Rhea was meteen geïnteresseerd in wat ik te zeggen had. Nadat ik klaar was, kwam ze naar me toe en vroeg: "Welk nummer moet ik aan mijn huis toevoegen?" Ik stelde de juiste lap voor en ik heb sindsdien van onze wederzijdse kennissen gehoord dat haar relatie met haar man enorm is verbeterd.

Voorbeeld 14

Op een ochtend werd ik gebeld door Michaela. Ze zei dat ze me vaak op de radio had gehoord. Ze belde me vanaf een strand in het Big Sur gebied. Ze zei dat ze mijn telefoonnummer op een boek had geschreven en dat ze een sterke drang had om van daaruit contact met me op te nemen. Michaela had een krachtig huisnummer en er was niets mis mee. Het probleem was haar getrouwde achternaam, die de energie van 11 had, twee keer de Zon. Ik vroeg haar snel naar haar achternaam en zei: "Hebben de andere vrouwen die deze achternaam hebben ook problemen met hun man?" Michaela was erg opgelucht; ze had het antwoord gekregen dat ze nodig had. Ik heb in mijn readings bij veel mensen gezien dat namen die overmatig veel Zon energie dragen voor vrouwen verschrikkelijke namen zijn om als getrouwde naam te hebben, omdat hun relatieproblemen met hun echtgenoten nooit lijken op te houden.

Voorbeeld 15

Tijdens het schrijven van dit boek kreeg ik een brief van een vrouw die me op de lokale radio in Seattle had gehoord. Ze woont nu in een huisnummer 11018 maar heeft een zeer sterke Saturnus geboortedatum. Zodra ik naar het huisnummer keek, wist ik dat de Zon + Saturnus - een combinatie die moeilijkheden veroorzaakt in relaties en uitdagingen in het algemeen - haar tegenwerkte. Ze schreef: "We hebben financiële uitdagingen en ik probeer [mijn dochter] te helpen. Ik heb ook ernstige juridische problemen sinds mijn man tweeënhalf jaar geleden plotseling overleed." In deze specifieke combinatie op het huisnummer, omdat de Zonne-energie drie keer verschijnt en botst met het getal 8 (Saturnus), manifesteerde zich de situatie waarin ze zich tweeënhalf jaar geleden plotseling bevond. Ik consulteerde haar en stelde voor dat ze van woonplaats zou veranderen naar een gunstig huisnummer.

Voorbeeld 16

Ik werd benaderd door een dame die in Marin woonde. Ze was doorverwezen door een vriend die een beroemde astroloog is. De klant is binnenhuisarchitecte en was nieuwsgierig naar haar zakenadres, een zwakke Jupiter energie die verbeterd moest worden door meer Jupiter en Venus, om te kunnen stromen met haar binnenhuisarchitectuur. Ik vroeg naar haar huisnummer en ze antwoordde: "1406."

Aan haar geboortedatum en huisnummer kon ik meteen zien dat deze dame serieuze relatieproblemen had. Ik vroeg haar: "Hoe gaat het met je relaties?" Ze antwoordde: "Ik heb er al tien jaar geen meer gehad." Ik was niet verbaasd, want dit huisnummer heeft veel Uranus + Venus energie die, in combinatie met de Zon, relatieproblemen veroorzaakt. In dit geval, hoewel ze al tien jaar geen vaste relatie had gehad - zoals ze zei - brachten deze nummers haar in die tijd veel kleinere, mindere relaties. Ik heb haar nummers aangepast om de relaties te stabiliseren en haar meer geluk te brengen. Ze is heel blij met het resultaat.

Ik heb me in de loop der jaren gerealiseerd dat het voor zakelijk succes van het grootste belang is dat je ook een sterk thuisadres hebt. In het geval van de binnenhuisarchitecte had een zwak thuisadres haar belemmerd in het bereiken van echt succes in haar bedrijf.

Voorbeeld 17

3350 Hillcrest Road, El Sobrante, Californië, is het adres van een Sikh Tempel (*gurdwara*). Dit nummer heeft de energie van tweemaal Jupiter + Mercurius versterkt, en Jupiter + Mercurius op een adres veroorzaken altijd vernietiging. Deze tempel werd voor het eerst opgericht in 1993 en heeft minstens twee gewelddadigheden op zijn terrein meegemaakt.

Ik herinner me twee specifieke voorvallen die deze energie met de tempel verbinden. Het eerste incident vond plaats in 1985 en betrof een priester met de naam Shamsher Singh, die ook de broer was van een beroemde popzanger, Daler Mehndi. Meneer Singh was tijdens een preek in deze tempel betrokken bij een woordenwisseling met zijn collega-priesters. Hij loste een paar schoten in de lucht, maar werd overmeesterd door de andere leden van de groep, die ook de politie belden.

Het tweede en veel gruwelijker incident vond plaats op 23 januari 2000 en verpersoonlijkt de botsende energie in deze tempel vanwege de nummers erbuiten. Een geliefde wiskundeleraar, Ajmer Singh Malhi, die een gebedsleider was, werd van heel dichtbij neergeschoten met een AK-47 geweer door een man genaamd Joga Singh Sandher, die later ontoerekeningsvatbaarheid claimde maar uiteindelijk werd veroordeeld tot 50 jaar tot levenslang.

Omdat ik zelf Sikh ben, ben ik één keer in deze tempel geweest. Omdat ik begrijp hoe nummers werken, vind ik het eng om te overwegen ooit nog in een congregatie in dit gebouw te zijn, omdat dezelfde energie in de tempel blijft hangen.

Voorbeeld 18

146 is het huisnummer van een Nepalese klant die ook een vriendin is. Ik ken haar nu bijna twintig jaar. Toen ik in het Indiase leger diende bij de Gurkha's, moest ik Nepalees leren als ik in het land gestationeerd was.

Ik kreeg een telefoontje van deze klant. Ze wilde heel graag dat ik haar vader zou vertegenwoordigen bij het kopen van een huis in de buurt van Hayward. Ik accepteerde het verzoek en liet mijn assistenten natuurlijk een flink aantal aanbiedingen in de buurt ophalen om aan hem te laten zien. Eén woning, met het adres 146, leek de aandacht van de hele familie te trekken. Nadat ik me realiseerde dat ze een bod op het huis wilden uitbrengen, vertelde ik mijn vriend dat het, op basis van mijn ervaring, geen goed huisnummer was. Later vertelde de makelaar van de verkoper me dat dit huis al drie keer in escrow was geweest en dat het elke keer was mislukt. Om de een of andere reden luisterde mijn vriendin - ook al wist ze dat ik het beste met haar voor had - niet naar me. We gingen door met de transactie en sloten de deal. Dit is een van die zeldzame situaties waarin mensen contact met me opnemen voor hulp bij het kopen van onroerend goed op basis van mijn numerologische expertise, maar nog steeds niet naar mijn advies luisteren. Ik weet dat deze familie na verloop van tijd veel persoonlijke problemen zou krijgen in het huis. Hoewel ik een commissie verdiende op de verkoop, voelde ik me nog steeds ongemakkelijk om erbij betrokken te zijn, omdat ik wist dat het misschien niet het beste was voor de familie. Maar mijn agressieve klant stond erop om in dit huis te zijn, dus wat kon ik doen? Misschien is het gewoon hun karma om hier te wonen, ondanks mijn inspanningen.

Voorbeeld 19

Ik heb me gerealiseerd dat wanneer ik de huisnummers van mensen heb opgelapt, het altijd voor hen heeft gewerkt. Deze techniek, die ik zelf heb bedacht en onder de knie heb gekregen - misschien met hulp van het Goddelijke - is een goede manier om cliënten te helpen zonder hun leven te verstoren door ze naar een "beter nummer" te laten verhuizen. Het betere nummer kan naar hen toe bewegen.

Een vrouw die ik al een paar jaar ken vroeg mijn advies over haar persoonlijke leven. Ze probeerde steeds de juiste man te vinden, maar vond steeds de verkeerde en zocht een uitweg. Ze raadpleegde voortdurend andere metafysici, helderzienden en andere energiemedewerkers, maar kreeg van geen van hen het "juiste antwoord".

Ze kwam naar me toe omdat ze een nieuw huis had gekocht met een 317 nummer. Nadat ik naar haar geboortedatum en haar naam had gekeken, vertelde ik haar dat dit getal haar relatieproblemen niet zou oplossen. Ik stelde ook voor dat ze een klein getal 8 aan het eind zou toevoegen om de Zonne-energie op haar geboortedatum te versterken. Een paar maanden na haar eerste consult ontmoette Karen me op een plaatselijke sociale bijeenkomst en zei dat ze onlangs een man had gevonden en dat ze "met elkaar omgingen". Deze man (die ik ook ken) was aan het scheiden en had goede bedoelingen met Karen. De band tussen deze twee was erg goed en Karen vertelde me dat ze elkaar kort nadat ze het huisnummer had gepatcht hadden ontmoet.

Ik ontmoette Karen weer in de lente van dat jaar en ze vertelde me dat ze om de een of andere reden niet met haar nieuwe partner praatte. Ze zei ook dat ze erg in de war en onzeker over hem was. Ik vertelde haar dat hij nergens heen ging en dat ze beter bij hem kon blijven. Al snel zag ik haar weer. Deze keer was ze blij. Ze kwam lachend binnen en zei: "Je had gelijk!" Het stel heeft hun meningsverschillen bijgelegd en is nu van plan om te gaan trouwen. Ze willen samen in een nieuw huis gaan wonen. Ik heb haar ook geholpen om haar naam een beetje te veranderen en ik heb er alle vertrouwen in dat deze veranderingen haar leven zullen verbeteren.

Voorbeeld 20

Als cliënten mij consulteerden en hun situatie verbeterde door het gebruik van stickers, kristallen of andere technieken die ik voorstelde, waren ze blij en gingen ze door met mijn suggesties. Maar andere veranderingen die ze zelf maakten, leidden ertoe dat ze me weer moesten zien. Veel mensen beseffen niet hoe ingewikkeld nummers plakken eigenlijk is. Ik kijk altijd naar nummers als planeten en ik patch nummers met behulp van deze kennis. Anderen die de nummers gewoon optellen, realiseren zich al snel hoe verwoestend deze "nummers" kunnen zijn. Veel cliënten zijn bij mij op consult gekomen en hebben geprobeerd mijn kantoornummer voor zichzelf na te bootsen. Maar het werkt vaak niet, omdat individuele nummers in een samenstelling de energie laten gebeuren en niet het samengestelde resultaat op zichzelf.

Ik ken Gillian al vele jaren. Ze ontmoette me een paar jaar geleden toen ze getrouwd was met haar (nu ex-) man en in huisnummer 191 in San Jose woonde. Gillian had over mij gehoord van een aantal mensen in de Sikh gemeenschap en kwam mij raadplegen over haar nummers. Ik vertelde haar dat ze problemen zou krijgen met relaties en dat had ze op dat moment ook. Haar man was een dwangmatige gokker die alles wat hij op zak had zou uitgeven in het nabijgelegen casino. Op een gegeven moment gaf hij zelfs de akte van het huis aan het casino! De zaak werd later via advocaten geregeld, maar het huwelijk eindigde in een scheiding. Op dat moment was ik bij haar thuis gaan lunchen. Ik herinner me dat ik een nummer 5 op het einde van het huis zette en dat de dingen ten goede begonnen te veranderen voor haar, haar broer en haar moeder, die allemaal in het huis woonden. Gillian ontmoette ook een andere man met wie ze een jaar later trouwde.

Die zomer kwam Gillian plotseling terug in mijn leven na een afwezigheid van drie of vier jaar. Ze wilde haar huis herfinancieren en ik hielp haar daarbij, maar op het moment dat ze de aanvraag had ingevuld, kwam ze meteen naar mijn kantoor en vroeg me haar nummers opnieuw te doen. Nadat ze me herinnerde aan haar adres, herinnerde ik me dat ik het had gepatcht met een 5. Ik begon met haar te vragen: "Staat het nummer 5 er nog?" Ze zei: "Nee, ik weet niet waar het gebleven is." Toen vroeg ze naar haar nieuwe man en zijn nummers. Ik zei: "Nou, er is eigenlijk geen verschil; bij hem is het net zo erg." Gillian was het daarmee eens. Ze zei dat haar leven "een puinhoop" was, omdat deze man lange dagen werkte om te proberen de afbetalingen voor haar te doen, en dat dat de reden was waarom ze was gekomen voor de herfinanciering. De man en de vrouw hadden veel meningsverschillen en maakten voortdurend ruzie, waarbij ze allebei niet konden begrijpen waarom de ander bepaalde dingen deed.

Ik herinnerde haar eraan dat dit precies was wat er in haar vorige relaties was gebeurd en dat dat de reden was dat ik het huis voor haar had opgelapt. Ze droeg ook een paar nieuwe kristallen, die ik haar vroeg te verwijderen omdat ze niet voor haar werkten. Kort nadat we gestopt waren met praten, vertelde ze me dat ze naar de bouwmarkt ging om nog een sticker te kopen en haar huis meteen te repareren.

Voorbeeld 21

Nicole woonde in huisnummer 119 en had een sterke Vissen energie. Ze belde naar mijn radioshow. Nadat ze me haar naam had gegeven, wilde ze weten wat ik van haar huisnummer vond. Ik antwoordde dat dit niet goed zou zijn voor haar relaties, zowel persoonlijk als professioneel. Plotseling kwam de presentator van de show tussenbeide en zei: "En, hoe zijn je relaties, Nicole?" Ze antwoordde: "Dit huis staat in het centrum van Seattle en is ongeveer honderd jaar oud, en we hebben veel strijd en pech gehad in het huis." Ze runde ook een salon vanuit het huis als thuisbedrijf, maar was erg verward en ongemakkelijk.

Ik hielp haar het huisnummer op te waarderen naar het volgende niveau van Zonne-energie, waarvan ik wist dat het goed bij haar en haar man zou passen. In mijn readings heb ik me gerealiseerd en geleerd dat veel mensen een huis kopen op basis van de locatie en geschiedenis van het huis, maar zich niet bewust zijn van wat het huisnummer voor (of met) hen doet.

Voorbeeld 22

Een feng shui-meester, die ook wichelroedeloper is en wiens man ruimtewetenschapper is, nam contact met me op via een doorverwijzing. Paula was makelaar op het schiereiland van San Francisco en wilde een dienstenruil doen voor een reading. Dit is niet mijn gebruikelijke praktijk, maar in dit geval dacht ik: "Nou, waarom niet," en ging ik aan de slag. Nadat ik haar huisadres-1091 had bekeken, wist ik dat het het huis was van machtige mensen, maar mensen die in verschillende richtingen bewogen.

Toen Paula voor het eerst kwam voor een reading, was haar man op zoek naar werk. Hij was ontslagen bij een groot bedrijf. Gebaseerd op de geboortedata van het stel, stelde ik voor dat ze de nummers 5 en 7 aan hun huisadres zouden toevoegen op een plek voor welvaart en geluk.

Nadat ik Paula's huisadres en haar persoonlijke nummers had bekeken, leek het me niet logisch dat ze in onroerend goed zat. Paula had veel Neptunus energie op haar geboortedatum en haar vermogen om *feng shui* voor anderen te doen was meer in overeenstemming met deze energie. Ze vertelde dat ze "heel succesvol was in het helpen van mensen *met het feng shui maken van* hun huis", maar om de een of andere reden niet succesvol was in het verkopen van onroerend goed. Nadat ik haar had voorgesteld om de 5 en 7 toe te voegen aan haar huisadres, liet ik haar de informatie voor zichzelf verifiëren via een slinger die ze bij zich had. De slinger was het onmiddellijk eens met de nummers die ik had aanbevolen als een patch voor haar huis.

Nadat ik klaar was met mijn reading, wichelde Paula door mijn kantoor en zuiverde de energie. Toen ze klaar was, vroeg ik haar dezelfde pendel te gebruiken op de nieuwe nummers die ik had voorgesteld voor haar huis en me dan te vertellen wat de pendel te zeggen had. Op het moment dat ze de pendel rond haar nieuwe adres zwaaide, meldde ze dat ze een rilling over haar rug voelde gaan die haar liet weten dat dit de juiste oplossing voor haar huis was.

Paula belde me een paar maanden later weer op en vertelde me dat ze de nummers zelf had veranderd. Ze zei ook dat ze "veel aanbiedingen was kwijtgeraakt" nadat ze de nummers had veranderd. Vaak realiseren mensen zich niet dat er, naast het aanpassen van de nummers, nog andere factoren zijn die het succes (of het gebrek aan succes) van een verkoper beïnvloeden. Ze belde een derde keer met andere vragen over nummers en deze keer stelde ik voor dat ze de nieuwe nummers eraf zou halen en een andere combinatie zou gebruiken die ik haar had gegeven. Ze leek tevreden met de informatie.

In de loop der jaren heb ik me gerealiseerd dat, naast het wonen in het juiste huisnummer, naamnummers net zo belangrijk zijn om zaken aan te trekken. Om een succesvolle makelaar te zijn, moet de naam vibreren met een sterke Mercurius of Saturnus energie. De naam van deze dame vibreerde met Uranus energie, wat een succesvolle carrière in de makelaardij in de weg zou staan.

Twee Nul

20 bevat de energie van de Maan, ongeacht welke nummers er in het adres staan.

Voorbeeld 1

Virginia nam contact met me op nadat ze over me had gehoord op de radio. Ze was chiropractor en praktiseerde haar praktijk al meer dan 20 jaar. Ze woonde in een huisnummer 983 in de buurt van San Jose en ondanks dat ze elke dag vele uren werkte, vond ze het altijd moeilijk om geld te verdienen. Toen ze naar me toe kwam, kon ik duidelijk zien hoe moe ze was.

Het verbaasde me helemaal niet. De energie in haar huis blokkeerde de geldstroom en ze had ervoor gekozen om daar al meer dan 15 jaar te wonen. Na overleg met haar vertelde ik Virginia wat ze moest doen om haar geldstroom te verbeteren. Een paar maanden nadat ze haar huisnummer had gepatcht, nam ze weer contact met me op en zei dat ze haar praktijk wilde verhuizen naar Redding, omdat een andere chiropractor met pensioen ging en zijn zeer succesvolle praktijk aan haar wilde verkopen. Het verbaasde me helemaal niet. Het nummer dat we hadden gebruikt om haar woonplaats te patchen had zijn magie gedaan! Ze belde me op en was dankbaar voor de informatie die ze had gekregen.

Voorbeeld 2

Navneet hoorde over mij tijdens mijn radioshow in Seattle. Ze woonde in de buitenwijken van Seattle en woonde op dat moment met een aantal familieleden in een huis met het nummer 162092. Nog voordat ik haar kon vertellen wat ik had opgevangen over haar naam en haar huisnummer, vertelde ze me haar hele verhaal. Geld was altijd al een uitdaging geweest en haar kleine bedrijf - een fastfoodzaak die ze in haar eentje probeerde te runnen - deed het al jaren slecht. Haar Canadese man, die over de grens in Vancouver woonde, overwoog de aankoop van een coffeeshop.

Nadat ik had aangegeven dat haar nummers beter zouden werken met de coffeeshopzaak dan met haar fastfoodzaak, en dat het huisnummer van haar man beter voor haar was en winstgevender dan het nummer dat ze nu had, volgde ze mijn advies op en verhuisde. Een paar maanden later hoorde ik weer van haar. Het ging langzaam beter. In dit geval was het de verandering van woonplaats die de geldstroom voor haar verbeterde.

Voorbeeld 3

398 was het huisnummer van Don, die in de buurt van Monterey woonde. Hij voorzag in zijn levensonderhoud door hotdogs te verkopen op Cannery Row. Nadat ik naar Don's nummers had gekeken, gaf ik hem aan dat zijn geldstroom werd beperkt door de numerologie van zijn huis. Don, een recht door zee en spiritueel soort man, gaf aan dat hij heel blij was met het beetje dat hij elke dag verdiende, omdat dat genoeg was om zijn rekeningen te betalen. Ik stelde voor dat hij meer Mercurius energie zou toevoegen aan het einde van zijn huisnummer. Hij bedankte me en later hoorde ik van zijn zus, die nu een goede vriendin van me is geworden, hoe dankbaar ze was voor de informatie die ik haar broer had gegeven, omdat het zijn situatie had verbeterd en meer kansen had gecreëerd.

Voorbeeld 4

Sandra nam contact met me op via een radioprogramma in San Francisco. In eerste instantie deed ik een e-mailreading voor haar, maar op basis van de informatie die ik gaf, wilde Sandra een gedetailleerde reading, dus maakten we afspraken om elkaar te ontmoeten. Ze had een huisnummer 40466 en haar naam had Mars energie. Ik was niet verbaasd, gebaseerd op haar nummers, dat ze relatieproblemen wilde bespreken. Haar huisnummer had de energie van twee keer Uranus (versterkt) + twee keer Venus. Deze energie zou meerdere relaties brengen, maar geen van allen blijvend - precies wat er in haar geval gebeurde.

Sandra vertelde me dat ze al meer dan 30 jaar in dit huis woonde, dat ze single was en dat ze altijd relatieproblemen had gehad. Mars op een naam maakt langdurige relaties lastig. Sandra beaamde dat haar uiterlijk altijd mannen aantrok, maar dat het om de een of andere reden nooit standhield. Ik stelde voor dat ze meer Zon en Jupiter energie aan haar huisnummer zou toevoegen. Sindsdien heeft ze me gebeld om de positieve energieverschuiving in haar huis te beschrijven en ze heeft ook veel van haar vrienden naar me doorverwezen.

Voorbeeld 5

Door de juiste steen op de juiste vinger te dragen, wordt energie op de juiste manier geactiveerd. De stenen zullen positieve energieën naar je toe trekken; dingen waar je nooit aan gedacht zou hebben zullen zich manifesteren, omdat kristallen zeer krachtige geleiders van energie zijn.

Rubaina, wier familie ik al vele jaren ken, heeft me vaak gebeld. Ze woonde in huisnummer 2882 in Tracy, Californië. Door naar dit nummer te kijken, kon ik zien dat de Maan + Saturnus energieën problemen veroorzaakten met haar nieuwe relaties; ze was al weduwe, maar niet in deze woning. Ik stelde voor dat Rubaina een andere spelling van haar voornaam zou gebruiken om meer gunstige persoonlijke energie te creëren.

Kort na dit gesprek belde ze en zei dat ze op zoek was naar een nieuw huis. Ik overlegde graag met haar over een huisnummer in een nieuwe wijk in Livermore; ze was op zoek naar een zeer krachtig Venus-adres dat bij haar en haar familie zou passen. Ik stelde ook voor dat ze een blauwe saffier en een smaragd op haar rechterhand zou dragen om de energie verder te versterken. Nadat ze deze kristallen had gedragen, vertelde ze dat een bedrijf in Livermore haar een baan als boekhouder had aangeboden. Dit gaf haar een gevoel van voldoening en opluchting, als aanvulling op de verhuizing naar het nieuwe huis.

Nadat Rubaina in haar nieuwe huis was getrokken, verscheen ze plotseling op een zaterdagochtend, toen ik andere afspraken had, heel verontrust in mijn kantoor. Ze vertelde me dat ze haar huis in Tracy te koop had gezet en geen bod had gekregen. De reden dat ze nerveus werd, was dat ze al in haar nieuwe huis was getrokken en geen twee hypotheekbetalingen kon doen. Ik zuiverde haar energie en stelde een aantal methoden voor die de meeste makelaars niet kennen om haar te helpen haar huis te verkopen. Ik ontmoette haar een paar weken later op een feestje en zag haar blije en ontspannen gezicht. Ik was zelf erg opgelucht toen ik naar haar keek en voelde dat ik weer aan mijn karmische verplichting had voldaan om iemand in nood te helpen.

Voorbeeld 6

Roxanne had me al verschillende keren gehoord op *Seeing Beyond*. Ze kwam me raadplegen over een huis dat ze onlangs te koop had gezet, maar dat niet de juiste kopers aantrok; het viel steeds uit de escrow en werd nooit gesloten. Nadat ik het huis te koop had gezet, vroeg ik haar naar haar huisnummer. Ze zei dat ze in een nummer 299 in San Francisco woonde. Nadat ik de nummers had bekeken, vertelde ik haar dat dit een plek was die haar zeker in het ziekenhuis zou doen belanden, haar huwelijk zou verwoesten en (onder andere) haar beroep zou beïnvloeden als ze in een ander vakgebied dan geneeskunde zou werken. Ze was het met me eens; ze was verpleegster, zei ze, maar ze was het zat. Ze was gescheiden en had al een operatie achter de rug. Ik stelde voor dat ze meer Venus energie zou gebruiken om de Mars die twee keer op haar huisnummer stond glad te strijken.

Twee Negen

2 + 9 bevat de energie van de Maan + Mars en brengt altijd problemen met een relatie. Het beeld is er een van honing met bijen die eromheen

zwermen. Mensen met deze geboortedata of huisnummers hebben voortdurend problemen met een primaire relatie - of misschien wel te veel.

Voorbeeld 1

Ik werd benaderd door een Griekse vrouw, Sophia, die in een huis met nummer 9875 in de buurt van Sacramento woonde. Sophia had een stamnummer als geboortedatum, waardoor ze diep intuïtief was. Maar door in dit huis te gaan wonen, creëerde ze een reeks problemen voor zichzelf. Sophia was manager van een succesvolle Europese designerwinkel en was gescheiden van haar man, die toevallig een nieuwe relatie had gevonden. Tegelijkertijd ontmoette Sophia ook andere mannen! Hun levens gingen al snel uit elkaar, maar Sophia ontdekte toen ze contact met me opnam dat het niet haar of haar man's schuld was - het was de energie in huis die hun situatie had veroorzaakt.

Ik stelde voor dat ze meer Jupiter energie aan haar bestaande huisnummer zou toevoegen om de energie in overeenstemming met haar te laten stromen. Ze was erg dankbaar en zei dat de informatie die ik haar gaf "heel logisch" voor haar was. Dat verbaasde me niet, aangezien haar numerologie haar zelf tot een zeer intuïtief persoon maakte.

Voorbeeld 2 (29, versterkt)

Beatrice, die ook intuïtief is, heeft me vaak gehoord op *Seeing Beyond*. Ze vertelde dat ze, toen ze aan het channelen was voor een klant van haar, informatie oppikte dat haar eigen huisnummer verbeterd moest worden. Ze dacht aan mij en wilde me meteen komen opzoeken.

Beatrice woonde in een woning met nummer 209, wat niet goed samenging met haar geboortedatum. Toen ik haar vertelde dat dit een plek was voor veel relaties, stemde ze in. Ik stelde voor dat ze meer Saturnus en Mercurius zou gebruiken om haar huisnummer op te lappen, zodat het goed zou stromen met haar basis energieën. Beatrice had een zeer grote klantenkring met wie ze regelmatig overlegde, maar om de een of andere reden kon ze haar eigen woonplaats niet vinden. Voordat ze wegging, wilde ze me een reading geven over mijn werk in numerologie, met behulp van haar pendel. Ik vertelde dat ik bijna klaar was met het schrijven van mijn eerste boek. Na de wichelroede met de pendel vertelde ze me dat ik een uitgever zou vinden voor het boek.

Voorbeeld 3

Helena belde nadat ze via een gemeenschappelijke vriendin over me had gehoord. Voordat ze me kwam opzoeken, wilde ze meer weten over wat ik doe. "Raadpleeg je de computer?" vroeg ze. "Nee, dat doe ik niet; ik heb mijn eigen methode om naar nummers te kijken," verzekerde ik haar. "Dus wat ben je, een helderziende?" vroeg ze. Ik antwoordde: "Ik ben geen helderziende en kan ook de toekomst niet voorzien, maar ik kan zeker heel duidelijk nummers lezen." Ze zei: "Nou, wat bedoel je met nummers?" Ik legde toen AstroNumerologie uit en hoe planeten en nummers met elkaar verbonden zijn. Ik kon zien dat ze erg geïnteresseerd was om meer te weten te komen; het was iets anders voor haar, want ze zei dat ze in het verleden bij "veel andere helderzienden" was geweest.

Helena woonde in huisnummer 27929 in Hayward, Californië. Deze trilling beviel haar en haar familie niet. Ze vertelde dat ze bijna dertig jaar getrouwd was geweest, maar dat ze sinds hun verhuizing naar 27929 vele malen fysiek was mishandeld. Ze zei ook dat haar man omging met een andere getrouwde vrouw. Dit verbaasde me niet. Helena liet me niet uitpraten; ze wilde (misschien moest) alles zelf doen. Ik stelde een lapje voor het huis voor en zei ook dat ze haar Jupiter vinger (rechterwijsvinger) moest versterken met een gouden topaas. Ze was erg nieuwsgierig en vroeg me: "Hoe gaat dat mijn situatie helpen?"

Ik heb geleerd dat een sterke Jupiter altijd juridische problemen voorkomt en geweldig is voor zowel getrouwde als ongetrouwde vrouwen om meer coöperatieve partners te hebben. Helena was blij en tevreden met de informatie, want het hielp om veel energie op te ruimen die zich rond haar persoonlijke ruimte had verzameld.

Drie Acht

38 bevat de energie van Jupiter + Saturnus, een zeer krachtige planetaire combinatie. Helaas zorgen ze voor disharmonie als ze samen op een huisnummer staan.

Voorbeeld 1 (38, tweemaal versterkt)

Regina en Dirk woonden in de Central Valley van Californië in een huisnummer 3800. Ze waren naar me doorverwezen door een vriend. Ze hadden haast om me te zien, dus ontmoette ik ze in een weekend om hun nummers te lezen. Ze hadden al veel andere intuïtieven geraadpleegd van wie ze dachten dat ze konden helpen met hun relatie, die uit elkaar aan het vallen was. Ik keek naar hun basis energieën en stelde voor dat ze allebei bepaalde kristallen zouden dragen om de energie van aantrekking te creëren en dat ze hun huis zouden schoonmaken met steenzout en salie. Het belangrijkste was dat ik tegen dit stel zei dat ze de energie op hun huisnummer moesten verschuiven, omdat dat de belangrijkste reden was dat hun huwelijk op de klippen liep. Een maand later stuurde de vrouw me een bedankbriefje waarin ze vertelde hoe waardevol de informatie was die ik hen had gegeven. Hun relatie was al verbeterd en ze waren gelukkiger samen.

Voorbeeld 2 (38, versterkt)

Ik werd benaderd door een dame die onlangs was gescheiden. Ze had sterke Maan energie op haar naam staan en woonde in een 308 woning (Jupiter + Saturnus) met haar man in Larkspur, Californië. Ze vertelde me dat ze zelf helderziende was en al vele jaren mensen consulteerde. Haar 308 adres botste met haar naam en ik was niet verrast door haar scheiding. Ze maakte nog een negatieve verandering door een woning 108 (Mars: de Zon + Saturnus) te huren in Corte Madera, waar ze nu woonde.

Nadat ik haar nummers had bekeken, stelde ik voor dat ze de woning onmiddellijk zou herstellen door meer Venus energie te gebruiken. Ik werd bezorgd toen ik kinderen op de achtergrond hoorde. Ze vertelde me dat ze aan het babysitten was om de eindjes aan elkaar te knopen. Ik was bezorgd omdat Mars energie gevoelig is voor ongelukken en kinderen in huis hebben was geen goede manier voor haar om het extra inkomen te verdienen dat ze nodig had. De Mars energie bracht de kinderen onder haar hoede in gevaar. Ze vertelde dat het huis in Larkspur, dat ze net had verlaten, te koop stond en wilde weten wat er gedaan kon worden om de verkoop te verbeteren. Ik stelde voor dat ze wat Jupiter energie aan de bestaande nummers zou toevoegen om het huis snel te verkopen. Ze wist niet zeker hoe ze dat moest doen, omdat haar ex-man nog in het huis woonde, maar zei dat ze zou proberen om "stiekem" een sticker naast de nummers te plakken.

Zelfs met de negativiteit van deze Jupiter + Saturnus combinatie op een huis, als Jupiter + Saturnus energie op iemands *naam* verschijnt in plaats van op een huis, heeft het heel andere, positieve resultaten.

Vier Zeven

47 heeft de energie van Uranus + Neptunus, een krachtige combinatie, omdat beide planeten goed samenwerken. Deze combinatie is nog gunstiger bij een naam dan op een huisadres. Veel beroemde tv- en mediapersoonlijkheden hebben deze 47 energie in hun naam.

Voorbeeld 1

Yasmina, een Perzische vrouw, nam contact met me op nadat ze me in een Perzisch tv-programma had gezien. Ze woonde met haar man in een huis met nummer 47 in New York City en zowel de man als de vrouw waren arts. Ze waren ongeveer een jaar eerder in dit nieuwe huis getrokken en nadat ik haar nummers en die van haar familie had bekeken, vertelde ik haar dat deze woning niet werkte, vooral voor haar niet. Yasmina had een zeer sterke naam en een uitstekende geboortedatum. Ze probeerde wanhopig een nieuwe baan te vinden en was naar een paar sollicitatiegesprekken geweest, maar het lukte haar niet. Het huis, 47, had Uranus + Neptunus energie en zou een krachtige combinatie kunnen zijn. Als deze combinatie op naam nummers verschijnt, tilt het iemand op, als een meester energie. Mensen die hun lot volledig in eigen handen hebben en zeer gerespecteerd worden, dragen deze energie vaak met zich mee.

Nadat ik haar de energie van het huis had uitgelegd en een patch had voorgesteld, was Yasmina enorm opgelucht. Ik stelde ook voor dat ze bepaalde kristallen zou dragen en dat ze binnenkort zou worden aangenomen als arts. Ze was blij en dankbaar en zei dat de informatie "heel logisch" voor haar was.

In sommige gevallen heb ik hoogopgeleide mensen ontmoet (Ph.D., M.D.) die een niet-traditioneel standpunt niet in overweging nemen. Maar in dit geval luisterden zowel Yasmina als haar man naar wat ik te zeggen had. Dit was een teken van hun ruimdenkendheid en ik voelde me dankbaar voor hun vertrouwen in mij.

Vijf Zes

5 + 6 heeft de energie van Mercurius + Venus, een andere zeer krachtige planetaire combinatie. Ze kunnen magisch werken als ze samenkomen op geboortedata en naamnummers, en ze staan bekend om hun grote succes op het gebied van handel en financiën. Maar als ze op een huis verschijnen, brengen ze problemen met zowel geld als relaties.

Voorbeeld 1 (56, versterkt)

Louisa had een bloemenwinkel in San Francisco. Ze nam contact met me op nadat ze me had gehoord in de *Seeing Beyond* radioshow. Nadat ik haar nummers had gelezen, realiseerde ik me dat ze krachtige karmische energie had, maar dat het haar huisnummer 560 was dat haar problemen veroorzaakte. Ze had een hele tijd op een adres gewoond dat Mercurius + Venus versterkt had, en ze kon gewoon niet de juiste relatie vinden. Toen ik vroeg naar haar vorige verblijfplaats, was het vergelijkbaar en niet beter. Ik hielp haar door de energie op haar huisnummer te verschuiven, zodat het beter zou samengaan met haar naamnumerologie om haar geluk in een relatie en financieel succes met haar bloemenzaak te brengen. Ik heb een paar keer van haar gehoord en ze is veel gelukkiger dan toen ik haar voor het eerst ontmoette.

Hoofdstuk 5

Jupiter: Nummer 3

Het getal 3, dat Jupiter voorstelt, komt in vele vormen voor: 3 op zichzelf, en de nummers 12, 21, 30, 39, 48, 57, 66, enz. Vanaf daar weerspiegelt het patroon zich: 75, 84, 93. Jupiter is de planeet van expansie, geluk, hoger onderwijs, buitenlandse reizen en regelt ook zaken op juridisch gebied.

In het oosten van de wereld is het heel gebruikelijk dat mannen een gele saffier aan de rechterwijsvinger dragen en vrouwen aan de linkerwijsvinger, om geluk aan te trekken en juridische problemen tegen te gaan. Er wordt gezegd dat een gele saffier je uit juridische problemen houdt, en uit mijn ervaring is dat waar. Jupiter is ook de planeet van rijkdom en succes.

Drie

Een huisnummer 3 is alleen van Jupiter en heeft alle positieve kwaliteiten van de energie van Jupiter. Het is uiterst belangrijk dat bewoners van zulke huisnummers geen tegenstrijdige (vooral Zon) energie in hun geboortedata of namen hebben. De Zon en Jupiter staan altijd tegenover elkaar en gedragen zich als twee aanvoerders in één team.

Als de bewoners van het huis Jupiter en/of Venus energieën in hun geboortedata en namen hebben, zal het huisnummer 3 alle goede eigenschappen van de planeet Jupiter in hun huis brengen. Maar een sterke Zon combinatie op een naam of geboortedatum zal onnodige problemen en ongeluk veroorzaken.

Voorbeeld 1

Bij het uitvoeren van talloze readings voor klanten door de jaren heen heb ik een gemeenschappelijk patroon gezien: klanten die positieve numerologie op hun huisnummers hadden besloten dat ze "grotere en betere" huizen nodig hadden. In veel gevallen verhuisden ze naar de verkeerde adressen die ongeluk aantrokken. Onthoud dat als alles goed gaat in je huidige huis, het belangrijk is om een expert te raadplegen voordat je verhuist naar een nieuwe woning.

Een Sikh familie van drie broers, hun vrouwen en kinderen woonde in een huis met het adres 3 Lizabeth Road in Amritsar, India. De hele familie had de juiste vibraties, met Jupiter en Venus op hun geboortedata. Succes, rijkdom en geluk kwamen in dit huishouden.

Nadat ze daar vele jaren hadden gewoond en veel rijkdom hadden vergaard, besloot de familie te verhuizen naar Mumbai (Bombay), de commerciële hoofdstad van India, en bouwde een familiecomplex in een prestigieuze buurt.

Na zijn verhuizing naar dit nieuwe complex kreeg een van de broers een negatieve Saturnus energie op zijn adres. De andere twee broers bleven rijkdom vergaren omdat hun energieën hun nieuwe huisadressen aanvulden. Hun huizen werden zelfs regelmatig door de filmindustrie ingehuurd als opnamelocaties. Maar de derde broer, wiens numerologie niet in overeenstemming was met zijn nieuwe woonplaats en negatieve Saturnusadres, had enorme financiële problemen. Zijn mooie vrouw scheidde van hem en zijn financiën slonken. Een paar jaar nadat hij naar Bombay was verhuisd, kreeg hij een zware hartaanval die hem het leven kostte.

Voorbeeld 2

Een bekende radiopresentatrice woont in een woning met nummer 3 in de Bay Area. Hoewel ze het nummer niet bewust heeft gekozen, is het het juiste nummer voor haar basis numerologie (haar geboortedatum en naam). Tot nu toe is zij de enige intuïtieve die ik heb ontmoet die geen "stamnummer" op haar woning heeft. Ik voel dat ze spiritueel verheven is en sinds ze mijn pad kruist, zijn er veel deuren voor me opengegaan.

Voorbeeld 3

Catalina nam contact met me op via een collega makelaar die ik al een paar jaar ken. Ze was een lange, mooie vrouw die voorstelde om elkaar persoonlijk te ontmoeten. Ze had een zwakke Mars geboortedatum en een negatieve Neptunus energie op haar naam. Als klap op de vuurpijl botste haar woonplaats - een nummer 3 (Jupiter) - met haar naam. Ondanks al haar schoonheid leidde Catalina een ongelukkig leven. Sinds haar verhuizing van de Central Valley naar de Bay Area had ze vele relaties gehad, sommige met succesvolle en rijke mannen, maar geen enkele leek voor haar stand te houden.

Op haar verzoek bezocht ik Catalina's huis en lapte de energie op met meer Jupiter. Ik stelde ook voor dat ze haar tweede naam zou laten vallen en alleen haar voor- en achternaam zou gebruiken. Kort nadat ze de veranderingen had doorgevoerd die ik voorstelde, kwamen er een paar nieuwe relaties op haar pad, maar Catalina koos de verkeerde. Ze kreeg ook een nieuwe baan aangeboden, maar ze wilde niet overstappen. Het was moeilijk om naar haar voortdurende problemen te luisteren; Catalina had slechts een deel van mijn advies opgevolgd, dus slechts een deel van haar situatie veranderde. Als we ons inzetten om te veranderen, moeten we ervoor zorgen dat we ons volledig inzetten om onze werkelijkheid van alle kanten te verbeteren.

Voorbeeld 4

Daisy belde *Seeing Beyond* en was nieuwsgierig naar haar nummers. Ze had een sterke Mars geboortedatum (ze was een Ram) en woonde in een woning nummer 3.

Nadat ik naar haar basis energie had gekeken (ze had een sterk Mercurius naamnummer), realiseerde ik me dat haar woning botste met haar naamnummer. Later ontdekte ik dat ze naar een neuroloog ging voor gezondheidsproblemen. Daisy vertelde dat ze nooit eerder last had gehad van dergelijke problemen, maar sinds ze in de woning woont, zijn er vreemde dingen met haar gebeurd.

In dit geval botste een krachtige Jupiter met haar Mercurius energie. Mercurius beïnvloedt de geest en intelligentie, en dit is wat er met haar gebeurde. Daisy's situatie werd gecorrigeerd door meer Maan energie toe te voegen aan het nummer van de woning. Ze belde me later en was blij met het resultaat.

Voorbeeld 5 (3, tweemaal versterkt)

Het getal 30 alleen heeft de energie van Jupiter versterkt en is geen sterk getal om op een huisadres te zetten. Maar als de energie met meer dan één nul komt (300 of 3000), waardoor het twee of drie keer wordt versterkt, vermenigvuldigt het zich in kracht, zoals dit voorbeeld laat zien.

300 Gurdwara Road in Fremont is het adres van een Sikh tempel die rond 1980 is gebouwd. 300 heeft de energie van Jupiter versterkt, wat betekent dat het een bron van rijkdom is, een plaats waar voortdurend geld binnenstroomt. 300 vertegenwoordigt ook een plaats van grote politieke activiteit. Deze Sikh tempel is al vele jaren berucht en is voortdurend in de lokale media vanwege zijn politieke problemen en geldkwesties. Naar schatting gaat er elke maand een grote hoeveelheid donaties naar deze tempel. Leden die deze tempel al vele jaren leiden, worden er voortdurend van beschuldigd het geld te misbruiken voor hun eigen voordeel. De politie is tussenbeide gekomen op bijeenkomsten van de congregatie en elke keer draaide het om de vraag wie de donaties beheert.

Het verbaast me niets dat deze tempel, hoewel een plaats van aanbidding, eigenlijk de energie van een financiële instelling heeft. Geld zal altijd blijven stromen in deze numerologie, maar politieke problemen zullen nooit ophouden. De energie van 300 is ook terug te vinden in veel kredietverenigingen, banken en andere financiële instellingen.

Eén Twee

Wanneer Jupiter samen met de Zon verschijnt, gevolgd door de Maan, zoals in het getal 12, komen problemen met geld, pech, alcohol en drugsgebruik om de hoek kijken.

Voorbeeld 1 (12, versterkt)

Een beroemde mediapersoonlijkheid die op het schiereiland van San Francisco woonde, raadpleegde mij nadat ze me op de radio had gehoord. Voordat ze mij ontmoette, had ze al veel andere intuïtieven geraadpleegd, maar ze was nog steeds op zoek naar het juiste antwoord. Ze leefde in een nummer 120, maar had gelukkig een sterke Venus geboortedatum.

Nadat ik de numerologie van haar naam en geboortedatum had gecontroleerd, realiseerde ik me dat het haar eigen numerologie was die haar de zeven jaar dat ze in dit huis woonde overeind had gehouden. Geld was krap, ze had twee banen en er was constant gekibbel tussen haar en haar man. Bovendien werd ze geconfronteerd met een rechtszaak. Ik stelde voor dat ze de energie van het huis zou verschuiven door het te zuiveren met salie en steenzout en door meer Jupiter energie toe te voegen in de vorm van een nummer 3 aan het eind van het huisnummer, zodat het op 1203 zou lijken. Ik stelde ook voor dat ze de verandering direct boven haar voordeur zou aanbrengen en dat ze op een bepaalde dag een gele saffier om haar linker wijsvinger zou dragen, die geactiveerd zou worden door een specifieke mantra, om de rechtszaak te neutraliseren. Een paar maanden later verbeterde haar financiële situatie. Ze won de rechtszaak en haar relatie met haar man werd minder stressvol. Later werd ze een vriendin van me en ze heeft veel anderen naar me doorverwezen voor consulten.

Voorbeeld 2

Stephanie was een zeer ambitieuze dame met goede nummers op haar geboortedatum en haar naam. Haar man, Robert, had ook een zeer krachtige numerologie. Ze woonden in een huisadres van 525 en het verbaasde me niet toen ze me vertelde dat haar man twee nieuwe technologieën had uitgevonden (dit werd geholpen door de twee keer Mercurius in het huisadres). Maar de Maan energie van 2 in het midden van het huisnummer zorgde voor een blokkade: hoe ze het ook probeerden, ze konden niet verkopen wat hij had gecreëerd. Ik stelde een oplossing voor op basis van hun nummers. Ze belde me later om naar iets anders te vragen en gaf aan dat het nu veel beter met ze ging.

Voorbeeld 3

Shelly nam contact met me op via een verwijzing van een van mijn bestaande cliënten. Nadat ik haar basis numerologie had onderzocht (negatieve Mars in haar naam) en voordat ik haar aanvullende vragen stelde, kon ik zien dat ze relatieproblemen had. Ze bevestigde dit door te zeggen dat ze gescheiden was. Haar huisnummer, 11118, was rampzalig voor haar. Zoals eerder vermeld, wanneer de Zon en Saturnus verschijnen samen in een combinatie, ze ravage aanrichten, zoals in dit geval. Stel je voor wat *vier* zonnen samen deden!

Shelly was depressief. Ze wist niet waarom ze zulke beproevingen meemaakte. Ik stelde voor dat ze wat Jupiter energie zou toevoegen aan de voorkant van haar huisnummer om de energie naar Venus te verschuiven, omdat dit goed zou resoneren met haar geboortedatum en haar naam. Ik kreeg een telefoontje van mijn oorspronkelijke cliënt waarin stond dat de dingen voor Shelly waren verschoven en beide vrouwen waren dankbaar voor mijn hulp.

Voorbeeld 4 (12, versterkt)

Ilana woonde in Orinda in een heel groot landgoed. Ze was naar me doorverwezen door een andere cliënt die een goede persoonlijke vriend was geworden. Ilana studeerde bij een prestigieuze metafysische groep in de Bay Area.

Toen Ilana van Orinda naar huisnummer 120 in Brentwood verhuisde, verslechterde haar financiële situatie plotseling. Ze maakte een aantal verkeerde keuzes bij het kopen van aandelen en alles kwam tot stilstand. Tegen de tijd dat ze mij consulteerde, kreeg ze ook te maken met gezondheidsproblemen. Ik gaf aan dat dit allemaal kwam door de verandering van woning. Ze had in een nummer 3 in Orinda gewoond, wat een geweldig nummer voor haar was, en daar kwam al het geld vandaan. Toen ze naar het adres 120 verhuisde en geloofde omdat 1 + 2 = 3, dat de energie hetzelfde zou zijn, stortte alles in. Dit kwam omdat de planeten niet hetzelfde waren. Numerologie gaat niet alleen over nummers of het optellen van nummers; het gaat over de manier waarop de planeten die ze vertegenwoordigen gepositioneerd zijn en hoe ze op elkaar inwerken.

Diezelfde avond nog belde Ilana me namens haar dochter. Haar dochter woonde op een negatief Mars-adres. Toen ik Ilana vertelde dat haar dochter relatieproblemen zou krijgen, stemde ze in. Ik patchte het huisnummer van haar dochter met de juiste planeet. Kort daarna gaf Ilana aan dat de relatieproblemen van haar dochter waren opgelost.

Voorbeeld 5

Judith nam contact met me op nadat ze me op de radio had gehoord. Ze had een krachtige geboortedatum en een sterk naamnummer. Ze bezat veel onroerend goed dat ze had geërfd van haar vader, die bouwvakker was.

Onlangs was ze verhuisd naar een van haar huizen met huisnummer 1704. Het eerste wat er gebeurde was dat haar sterke geboortedatum Zon botste met de zwakke Jupiter energie op het huisnummer. Ze begon geldproblemen te krijgen, omdat het moeilijk werd om de huur te innen van een van de woningen die ze beheerde. Judith voelde zich ook af en toe ziek en haar zoon begon zich plotseling te misdragen. Dit werd veroorzaakt door de energie in het huis. Hoewel de numerologie in dit geval - Zon + Neptunus + Uranus (1704) - goed had moeten werken, was de energie negatief; dit veroorzaakte geld-, gedrag- en gezondheidsproblemen. Omdat Judith nog andere huizen bezat, stelde ik voor dat ze zou verhuizen naar het huis met nummer 3741.

Voorbeeld 6

Ginny nam contact met me op nadat ze me op de radio had gehoord. Ze was volhardend in het zoeken naar mijn advies en zei dat ze graag diensten zou uitwisselen door grafisch werk, waarin ze ervaring had, voor mij uit te voeren. Ik stemde ermee in om Ginny persoonlijk te ontmoeten op mijn kantoor en deed haar basis numerologie. Ik realiseerde me dat ze in een zeer negatieve woonplaats leefde. Het verbaasde me niet dat ze wanhopig was om haar situatie te veranderen. Hoewel ze in nummer 1425 woonde, was het eigenlijk het huis van haar zus, waar Ginny ook woonde. Geld was erg krap en Ginny deed haar best om werk te vinden. Ik stelde voor dat ze wat Saturnus energie aan haar huis zou toevoegen om haar geluk te veranderen.

Na enige tijd hoorde ik van haar en ze vertelde me dat ze werk had gevonden bij een uitgeverij in de buurt van Berkeley. Toen ik met haar praatte, was ik verbaasd te horen dat ze extreem veel kennis had over metafysica: ze volgde de radioprogramma's, kende de plaatselijke beroemdheden en had in de loop der jaren veel beroemde intuïtieven geraadpleegd. Ze was jaren daarvoor ook getrouwd geweest met een beroemde muzikant in New York. Op een bepaald niveau was Ginny zich heel bewust, maar ze kon gewoon niet begrijpen waarom haar eigen leven stagneerde in deze specifieke woonplaats.

Voorbeeld 7

Frederica, een makelaar, nam contact met me op nadat ze me op de radio had gehoord en vertelde me over haar werk. Toen ik Frederica ontmoette, bekeek ik alle huisnummers van de huizen die ze had bezeten. Ze had me gebeld om te vragen naar een nieuw huis dat ze ging kopen en waar ze erg enthousiast over was. Ik suggereerde dat het nieuwe huisnummer niet goed voor haar zou zijn, omdat het haar ongeluk zou brengen. Haar huidige huisnummer, 2361, had negatieve energie en haar toekomstige nieuwe huis had een soortgelijke energie.

Toen ik zei dat haar huidige huis haar succes in de weg stond, beaamde Frederica dat. Naast het verkopen van onroerend goed, vertelde ze dat ze bezig was met het schrijven van boeken en het moeilijk vond om samen te werken met de persoon die haar hielp met het overschrijven van het materiaal. Zulke dingen gebeuren altijd in huizen met een zwakke Jupiter energie. Ik stelde een oplossing voor haar huidige huis voor en het lukte haar om uit de lopende escrow te komen. Frederica belt me nu elke keer als ze een vraag heeft over een nieuw huis.

Voorbeeld 8

417 was het adres van een zeer rijke Sikh rancher. Voordat hij dit huis betrok, had meneer Singh jarenlang op een machtig Sun-adres gewoond. Hij vergaarde veel rijkdom en politieke invloed binnen de Sikh gemeenschap in de Verenigde Staten, en in feite over de hele wereld, overal waar Sikh gemeenschappen zich ontwikkelden.

Vele jaren geleden, toen ik in de V.S. aankwam, kwam ik in Yuba City terecht en ontmoette ik meneer Singh, die me (zo werd me verteld) kon helpen werk voor me te vinden. Maar toen ik in Yuba City aankwam, wilde meneer Singh niet met me praten. Het was erg ontmoedigend voor iemand die zijn hulp zocht.

Na verloop van tijd begon een plaatselijk radiostation reclame te maken voor mijn vermogen om nummers te lezen en veel mensen kwamen naar me toe. Om de een of andere reden probeerde meneer Singh, die de belangrijkste man in de stad was wat betreft de Sikh gemeenschap, mijn vaardigheden te kleineren. Eenmaal in de Sikh tempel probeerden leden van de tempelraad me belachelijk te maken door te zeggen dat numerologie tegen het Sikh geloof was. Het was erg verontrustend, maar tegelijkertijd realiseerde ik me dat sommige mensen daar, die al vele jaren in dit land woonden, nauwelijks Engels konden spreken. Ik hield voet bij stuk en nam niets persoonlijks van wat ze te zeggen hadden. Een maand later moest ik Yuba City verlaten om naar de Bay Area te verhuizen. Ik weet nog dat ik meneer Singh belde en tegen hem zei: "Wat je deed was ongepast. Op een dag zul je me nodig hebben."

Ik was niet verbaasd toen ik een paar jaar geleden een telefoontje van hem kreeg. Zijn stem was helemaal veranderd. Hij wilde me ontmoeten in de Bay Area. Tegen die tijd had ik met duizenden mensen overlegd. Meneer Singh zat in een financiële dip en was op zoek naar antwoorden. Elke astroloog en bezoekende prediker uit India had hem geraadpleegd, maar niemand kon hem helpen.

Op zijn uitnodiging ging ik naar zijn huis. Ik was niet verbaasd; zijn nieuwe huisnummer was een ongeluksnummer. We liepen een rondje om zijn huis en boven de voordeur zag ik een hoefijzer ondersteboven hangen. Ik vestigde zijn aandacht erop; hij had er geen idee van dat hoefijzers met de punten naar boven moesten worden opgehangen, om geluk te "vangen" in plaats van het eruit te laten vallen.

Veel van zijn eigendommen waren in beslag genomen en een paar van zijn nieuwe aankopen gaven hem juridische problemen. Zijn landgoed in Canada werd niet verkocht. Het was erg triest om te zien hoe een man in een paar jaar tijd plotseling zo oud was geworden en zo wanhopig op zoek was naar informatie. Ik dineerde met hem en stelde voor dat hij een nummer 7 zou toevoegen aan de 417 om er 4177 van te maken. Ik stelde ook voor dat hij een enorme radioantenne uit zijn huis zou verwijderen. Een paar maanden later had hij een aantal huizen verkocht in Canada en won hij een rechtszaak over een van zijn eigendommen in het centrum van Yuba City. Sindsdien is hij een goede vriend van me geworden en ik heb geen wrok tegen hem.

Voorbeeld 9

Mevrouw Miller woonde in een huis met negatieve Jupiter energie in Union City met haar man, die in de woningbouw zat. Ze waren gelukkig getrouwd en woonden samen met hun twee dochters. Eind jaren '80 inspecteerden Miller en zijn zwager een bouwplaats waar ze werkten. Terwijl ze over de bouwplaats liepen, stonden de mannen toevallig op een plek met een diepe put eronder, waar een grote stapel gebroken beton naast lag. Een van de mannen struikelde per ongeluk over een stuk beton en begon een aardverschuiving. Ze stierven allebei, levend begraven in de kuil onder het beton. Behalve dat ze in de negatieve Jupiter energie leefden, had de bouwplaats zelf ook negatieve Mars energie. De familie was er kapot van.

Terwijl ik India bezocht, kreeg ik een telefoontje van mijn vrouw, die me vertelde dat mevrouw Miller ook was overleden, wat de familie nog meer verdriet deed. Dit is een triest voorbeeld van Jupiter energie op zijn slechtst.

Voorbeeld 10

4431 is het adres van een ver familielid. Tijdens een bezoek aan Vancouver kreeg ik de kans om het huis te bezoeken en op het moment dat ik naar de nummers 4431 keek, wist ik dat er iets ernstig mis was. Na het diner die avond herinner ik me dat ik voorstelde om het huis te voorzien van een nummer 2, om de eigenaars duidelijk te maken dat dat goed zou zijn voor hun welvaart. De man des huizes geloofde niet zo in wat ik deed, maar de vrouw was geïnteresseerd in de mogelijkheden.

Een paar maanden later kwam ik erachter dat hun zoon betrokken was bij een bende en dat het huis was doorzocht door zijn vrienden, die naar hem op zoek waren, net als de politie. Interessant genoeg kreeg ik op dat moment een telefoontje van de ouders. De vader gaf aan hoe bezorgd hij was en vroeg me uiteindelijk: "Waar moet ik de 2 toevoegen? Voor of na?" Hij wilde ook precies weten waar hij een windgong moest ophangen die ik had voorgesteld.

Ik adviseerde de zoon toen ook om een gele saffieren ring en een hoefijzerring om zijn rechter middelvinger te dragen om de negatieve energie die hem omringde tegen te gaan. Kort daarna gaf de jongen zich over aan de politie. Hij deed mee aan een afleidingsprogramma en werd later wettelijk vrijgesproken. De familie is sindsdien verhuisd naar een nieuw huis met een krachtig Zon-adres en doet het emotioneel en financieel goed.

Zoals we kunnen zien kan het rampzalig zijn om Uranus twee keer op zo'n negatief adres te hebben. Het is niet de *slechtste*, maar misschien wel de *laagste* Jupiter energie die iemand op een adres kan hebben. Als je een nieuw huis koopt, is het noodzakelijk om een expert op het gebied van nummers te raadplegen en ze niet gewoon bij elkaar op te tellen, zoals deze familie deed. Toen de eigenaren dit 4431 huis kochten, dachten ze dat het opgeteld een positief getal 3 was.

Voorbeeld 11

Toen ik een contactpersoon voor een New Age festival probeerde te bereiken, herkende de vrouw die de telefoon opnam me aan mijn naam en stem. Ze zei: "Oh, ik weet wie je bent!" We spraken een paar minuten en toen moest ik haar natuurlijk vragen naar haar nummers. Ze lachte en zei: "Ik wist dat je me dat ging vragen!"

Ze was net terugverhuisd naar een vorige woning, een woning met nummer 372. Toen ik naar het huisnummer keek, kon ik zien dat dit een plek was met financiële verliezen, veel tegenslag en drugs- en/of alcoholmisbruik. Ze beaamde alles en zei dat haar dochter net was opgenomen in een afkickprogramma en dat ze in deze woning ook een diefstal hadden meegemaakt. Ik patchte haar huisnummer door drie verschillende planeten te gebruiken en omdat ze zelf erg intuïtief is, was ze het helemaal eens met mijn suggesties.

Bij een latere gelegenheid sprak ik haar en ze vertelde dat ze een vaste baan had gevonden nadat ze een citrien ring die ik haar had gegeven om haar Jupiter vinger was gaan dragen. Ze voelde dat haar leven in een stabielere richting ging dan voorheen, maar ze was nog steeds op zoek naar een romantische partner. Jupiter energie werkt heel anders als het op de namen van mensen staat in plaats van op hun huisnummers. Veel beroemde politici, filmsterren en staatshoofden hebben deze energie op hun naam staan. De twee manifestaties van deze energie kunnen zich gedragen als yin en yang.

Voorbeeld 12

Uma was een lange, godinachtige vrouw die contact met me opnam nadat ze was doorverwezen door een klant. Ze was ook makelaar en woonde in een huis met nummer 732 in de San Ramon Valley. Ik ontmoette haar toevallig op haar werk en ze was nieuwsgierig naar wat ik met nummers doe en hoe ik ze interpreteer. Nadat ik naar haar geboortedatum had gekeken - een krachtige Jupiter energie - en naar alle dure stenen die ze al droeg, vertelde ik haar dat haar huisnummer financieel zwak was. Uma's geboortedatum had haar gedragen naar het succes dat ze had ervaren, omdat haar naam ook een zwakke vibratie was. Ze had een scheiding achter de rug en een van haar dochters maakte het haar "erg moeilijk".

Ik zei tegen Uma dat het geweldig zou zijn als ze dit huis kon verkopen en naar een ander huis kon verhuizen. Ze zei dat het huis op dat moment al klaargemaakt werd om verkocht te worden. Ze stond te popelen om me bij haar thuis uit te nodigen om wat opruimwerk te doen. Ik wist dat het huis, nadat ik het had opgeknapt, heel gemakkelijk zou verkopen. Als ze dat wilde, zou ik haar graag helpen bij het vinden van het juiste huis om in te trekken.

Ik ben zelf makelaar en als ik kijk naar hoe andere makelaars huizen vinden voor hun klanten of voor zichzelf, realiseer ik me dat de meeste makelaars geen rekening houden met de numerologie van huizen. Ze hebben meestal haast om commissie te verdienen, zonder zich te realiseren hoe de kopers zullen reageren op de energie van de huizen die ze kopen. Uma nodigde me graag uit op haar makelaarskantoor en vroeg me om met de makelaars daar over nummers te praten.

Voorbeeld 13

2820 is het huis van een familie die ik ontmoette op een sociale bijeenkomst in San Francisco. Ze waren toevallig verre kennissen van mijn vrouw en wilden me graag ontmoeten om hun huisnummer te laten lezen. We maakten een afspraak en de familie kwam de week daarop naar me toe. Het huisnummer, 2820, draagt de Maan + Saturnus + de Maan, versterkt, en is geen sterke plaats voor een woning. Ik vertelde de familie dat de man te hard moest werken om het geld te verdienen om het huis draaiende te houden.

Hij was het daarmee eens en zei dat de reden was dat zijn bedrijf, op nummer 12505 (wat weer zwak was voor geld), langzaam ging.

De man is het soort klant waar ik graag mee werk, omdat zowel het huis als het bedrijf "in de put zaten" en er ruimte was voor echte hulp. Ik stelde voor dat hij zowel de woning als het bedrijf zou patching en stelde ook voor dat zowel de man als de vrouw bepaalde stenen op hun handen zouden dragen.

Nadat we klaar waren, wilden ze weten hoeveel ik reken, maar ik weigerde geld van ze aan te nemen omdat ze familie van me waren en zich in een slechte situatie bevonden. Maar het gebeurt altijd dat wanneer ik weiger geld van mensen aan te nemen, het op een andere manier naar me toe komt. De volgende dag kreeg ik een telefoontje van dezelfde meneer en hij vroeg me of ik commerciële leningen doe in mijn kantoor. Ik zei ja en toen stond hij erop dat ik hem zou helpen met de herfinanciering van zijn bedrijfspand. Ik stemde ermee in om samen met hem de beste lening voor zijn situatie te regelen.

Voorbeeld 14

Valerie woont in huisnummer 19020 (de Zon + Mars + de Maan, versterkt) in Castro Valley, Californië. Deze energieën stromen goed samen. Valerie, een schrijfster en persoonlijke vriendin, is erg bekend in de Bay Area. Omdat ze zelf intuïtief is, is ze geïnteresseerd in wat ik doe en elke keer als ik haar zie, zijn onze energieën synchroon. Ik stelde voor dat ze een nummer 3 zou toevoegen aan het einde van haar huisnummer om een Venus trilling te creëren.

Valerie vertelde dat ze, kort nadat ze de 3 had toegevoegd aan het einde van haar huisnummer, een "plotselinge verschuiving" voelde in haar bedrijf; het ging een stuk beter. Valerie werd door een televisienetwerk uitgenodigd als potentiële gast en staat nog steeds op hun lijst van toekomstige mogelijkheden. Ze vertelde me dat ze "overstelpt" werd met kansen op werk sinds ze de 3 aan haar huisadres heeft toegevoegd.

Ik stelde voor dat ze een blauwe saffier zou dragen om zeker te zijn van een optreden op televisie. Ze antwoordde dat ze een blauwe saffier had die van haar grootmoeder was geweest en ik vertelde haar hoe ze die moest gaan dragen en aan welke vinger voor een goed resultaat. Ik heb er alle vertrouwen in dat het slechts een kwestie van tijd is voordat Valerie een bekende televisiepersoonlijkheid wordt.

Voorbeeld 15

Ik was uitgenodigd bij een lokaal televisiestation om een aantal lezingen te geven aan medewerkers. Wayne was erg geïnteresseerd om met me te praten. Voordat ik aankwam, had hij een lijst met vragen voorbereid. Intuïtief pikte ik veel energie uit zijn verleden op die nog steeds boven hem hing. Ik begon met het opruimen van zijn blokkades uit het verleden, zoveel als ik kon in één sessie. Later ging ik terug naar de vraag over zijn huisnummer. Hij vertelde dat hij in een nummer 12 woonde in Marin County. Deze energie op een woning is extreem zwak. Het verbaasde me niet dat Wayne depressief was omdat hij probeerde zich te verzetten tegen de enorme blokkade die dit huisnummer op zijn pad had geworpen. Wayne zei ook dat hij zijn zelfvertrouwen en interesse in het leven aan het verliezen was.

Na het opruimen van zijn persoonlijke energie, stelde ik voor dat hij meer Neptunus energie op de deur van zijn woning zou gebruiken om in harmonie te komen met zijn naamsenergie. Een paar dagen later zei zijn vriendin - toevallig ook een vriendin van mij - hoe Wayne's energie aan het verschuiven was. Hij leek gelukkiger en was op zoek naar een nieuwe woning in San Francisco. Zijn zakenrelaties leken ook meer respect voor hem en zijn mening te hebben en zijn oude studievrienden zeiden dat hij "veel gelukkiger leek dan vorig jaar", toen ze hem voor het laatst hadden gezien. Het was meer dan bevredigend om deze bevestiging van mijn hulp te horen. Dit is waarom ik mijn werk doe: om mensen te helpen hun leven te verbeteren.

Twee Een

Als de Maan voorafgaat aan de Zon, zoals in het getal 21, stroomt de energie van Jupiter positief. Het volledige effect van de Jupiterenergie is voelbaar in huizen met deze getallenenergie.

Voorbeeld 1

Ik werd benaderd door een dame uit een prestigieuze wijk nadat ze me had gehoord op *Seeing Beyond*. Ze mailde me haar informatie voordat ik met haar sprak en toen ik haar nummers bekeek, vroeg ik me af waarom ze naar mij was gekomen. Haar naam, haar geboortedatum en haar huisnummer liepen helemaal synchroon! En ik kon zien dat haar energie er een was van extreme rijkdom. Toen ik met haar sprak, vroeg ik haar waarom ze mij wilde raadplegen, aangezien haar numerologie volledig in overeenstemming was. Ze was het met me eens en zei dat haar man een zeer succesvol bedrijf had. Maar de reden dat ze contact met me had opgenomen was dat ze zich klaarmaakte om een verandering door te voeren, om een nieuw huis te kopen in de wijnstreek. Dit is een voorbeeld waar de energie van Jupiter op zijn volst is, het meest expansief; een oneindige stroom van rijkdom. Haar verhuizing, mits zorgvuldig berekend en aangemoedigd door Jupiters energie, zou haar nog meer rijkdom en zekerheid kunnen brengen.

Voorbeeld 2

Harpreet benaderde me nadat ze me had gehoord op *Seeing Beyond*. Ze woonde in een huisnummer 4584 in Fremont. Haar basis numerologie (geboortedatum, naam) klopte, maar de planetaire combinatie op het huisnummer was storend. Wanneer Uranus en Saturnus in een huisnummer verschijnen, zoals in dit geval, brengen ze een verwarrende en verstorende energie met zich mee.

In Harpreet's geval had ze ernstige problemen met haar man, die haar bij vele gelegenheden fysiek mishandelde. Ik stelde voor dat ze een 2 toevoegde om extra Maan energie aan haar huisnummer te geven, zodat het 45842 leek te zijn, om de negativiteit tegen te gaan. Na een paar maanden nam ze contact met me op om mijn hulp in te roepen bij de verkoop van het huis, dat gemakkelijk verkocht werd. Haar man had een betere baan gevonden in de buurt van Phoenix, Arizona. Hij raadpleegde mij ook voor het juiste nummer voor hun nieuwe huis. Ik vond het juiste nummer voor hen zodat ze geluk en succes zouden vinden in hun nieuwe stad. Naast het patching van hun huis toen ik het verkocht, stelde ik voor dat ze bepaalde kristallen op hun vingers zouden dragen om geluk en voorspoed te vergroten. Sindsdien heb ik met veel van hun familieleden gesproken op zoek naar advies over hun eigen numerologie.

Voorbeeld 3 (21, versterkt)

201 was het nummer van de woning van een vriend, Sandeep, die in de buurt van Fresno woonde. Nadat Sandeep in deze woning was komen wonen, kocht hij een buurtwinkel en een jaar later een benzinestation in de buurt van Fresno. Zijn energie thuis, 21 versterkt, was uitstekend voor het creëren van rijkdom. Ik herinner me dat hij me een paar keer bezocht in mijn kantoor in Hayward en me vertelde hoe gelukkig en succesvol hij was.

Een paar jaar later ontmoette ik hem weer. Hij had zijn bedrijven verkocht en was verhuisd naar San Mateo, waar hij een nieuw huis kocht en een Indiaas restaurant begon. Beide adressen hadden een negatieve numerologie en binnen de kortste keren sloot zijn restaurant zijn deuren, scheidde Sandeep van zijn vrouw, nam het vermogen van zijn huis en vertrok naar India, zijn vrouw hulpeloos achterlatend. Nogmaals, de les is dat bepaalde numerologieën geen rijkdom creëren. Degene die dat wel doen, moeten worden gerespecteerd en constant worden gehouden omdat veranderingen die niet goed zijn doordacht vaak desastreuze gevolgen kunnen hebben.

Voorbeeld 4

Ik werd benaderd door een stel dat in de buurt van Palo Alto woonde. Ze hadden me vaak op de radio gehoord en na ongeveer een jaar besloten ze me op te zoeken. Ze waren eigenaar van een woning met vijf appartementen in de buurt van Hayward en hadden problemen met de woning sinds ze die gekocht hadden.

Naresh's huisnummer 777 - een krachtige en gelukkige Jupitertrilling - bracht hem rijkdom en geluk, maar zijn woning (een nummer 20325) had een zwakke Jupiterenergie. Op dat moment stond dit pand een paar keer leeg en de eigenaren hadden moeite om de hypotheek te betalen. Ik stelde hem voor om een klein cijfer 2 aan het einde toe te voegen en al snel waren de vacatures gevuld met betrouwbare huurders. Ik zei ook tegen de eigenaar dat dit een goed huis zou zijn om van de hand te doen, omdat het hem in de toekomst voortdurend problemen zou opleveren. De vrouw stond erop dat ik het pand voor hen zou verkopen. Het kostte me ongeveer acht weken om de juiste koper te vinden en een maand later waren we klaar om de sluitingspapieren te tekenen.

Vlak voor de eindinspectie overleed een van de huurders en de buurman, nerveus na de dood van zijn buurman, wilde verhuizen. De nieuwe koper voelde zich erg ongemakkelijk. Ik reed naar het gebouw en zag dat het nummer 2 dat we buiten hadden gezet, was weggehaald door een van deze twee huurders! Ik ging terug naar het gebouw en voegde een nieuw nummer 2 toe aan het adres en de deal werd gesloten. Ik sprak later met de makelaar van de koper om te vragen naar de nieuwe leegstand en hij vertelde dat beide eenheden waren verhuurd aan nieuwe huurders. Hij had het nummer 2 dat aan het pand was toegevoegd niet verwijderd.

Voorbeeld 5

Het getal 786 wordt in de islamitische wereld beschouwd als een religieus en krachtig getal. Het vertegenwoordigt de energie van Allah, de Verhevene; het staat ook bekend als *bismillah*. Als het op een huis- of zakelijk nummer staat, brengt het ingebouwd geluk met zich mee.

Ik werd benaderd door een man van de Fiji-eilanden. Toen ik naar de 786 op zijn huis keek, was ik blij voor hem. Alles in zijn leven ging goed: zijn werk, gezin en gezondheid. Maar deze man zat, ondanks dat hij alles in zijn voordeel had, achter een andere vrouw aan. De reden dat hij naar me toe was gekomen, was om een manier te vinden om "de koek op te eten". Hij belde me nog een paar keer, maar ik vond altijd een manier om hem niet veel van mijn tijd te geven. *Deze man had alles en ik vroeg me af waarom hij iets wilde doen wat niet de bedoeling was; hij profiteerde van het feit dat hij in een huis woonde met een krachtige en positieve vibratie, in plaats van er dankbaar voor te zijn.*

Voorbeeld 6

28830 was het huis van een jonge vrouw die ik al vele jaren als klant heb. Ze heeft me vaak geconsulteerd over verschillende onderwerpen. Ze woont met haar moeder en stiefvader in dit huis. Haar persoonlijke leven is al jaren een puinhoop; ze heeft nooit de juiste man gevonden, ondanks dat ze op zoek was. Ze heeft veel carrières geprobeerd, maar geen van alle "klikte". Ze kwam in september bij me en had problemen met haar rug en benen. Ik vroeg haar: "Wat doe je nu?" Ze zei: "Ik zit in een dansgroep," maar dat vertelde me dat haar leven niet de goede kant op ging.

In de loop der jaren heb ik gemerkt dat als Saturnus (8) twee keer voorkomt op een huisnummer (zoals in dit geval), dat geen goede aanwijzing is. Ook al denken de meeste mensen die getraind zijn in de Chinese en aanverwante tradities van wel, uit mijn ervaring blijkt het tegendeel. Ik suggereerde haar met klem dat het een goed idee zou zijn om van woning te veranderen en de energie te verschuiven, zodat ze iets nieuws en beters zou kunnen ervaren. Ze overweegt nu de aankoop van een nieuw huis. En omdat ze al heel lang klant en vriendin is, vertrouwt ze op mijn kennis van numerologie om het juiste nummer voor haar te vinden. Ik ben ervan overtuigd dat dit haar leven ten goede zal veranderen.

Voorbeeld 7

April bezocht mijn kantoor in oktober. Ze woonde in een huisnummer 10956 in Silicon Valley. Ze vertelde me dat ze een "medische *qi gong* meester" was en dat ze al twee jaar naar mijn radioshow luisterde. Ze beoefende acupunctuur en traditionele Chinese geneeswijzen. Zij en haar man hadden dit huis zeven jaar geleden samen gekocht, kort nadat ze vanuit Singapore naar de VS waren verhuisd.

Nadat ik hun namen en basis numerologieën had bekeken, vertelde ik April dat dit huis niet bij een van hen paste. Ze was het met me eens en vertelde me dat sinds ze in dit huis waren komen wonen, "het leven een strijd was geweest". Haar man had veel geld verloren op de aandelenmarkt en hij gaf zichzelf en zijn geluk voortdurend de schuld van al die "slechte investeringen". April vertelde me dat ze zelf "intuïtief verheven" was en dat ze "mensen pas zou raadplegen als ze echt hun energie had opgepikt." Ze vertelde me dat ze ooit een droom over nummers had gehad en niet kon begrijpen waarom het tot haar kwam. Later las ze over mij in een tijdschrift en toen had ze weer een droom over nummers.

Het was toen, vertelde ze me, dat ze besloot naar me toe te komen. Ik vertelde haar dat dit huis opgelapt moest worden met meer Maan energie. Ik vertelde haar ook hoe ze de nummers in de juiste volgorde boven de voordeur van haar huis moest plaatsen. Nadat ik klaar was met haar getallenlezing, voerde ik een energiezuivering bij haar uit en toen we halverwege waren, stonden er tranen in haar ogen. Toen we klaar waren, vertelde April me dat ze "de energie heel sterk door [haar] lichaam voelde bewegen vanwege [haar] qi gongbeoefening". "U bent een heel oude ziel, meneer Kalsi, en ik heb u eerder ontmoet," waren haar laatste woorden aan mij in mijn kantoor. Dat was logisch voor mij, want ik geloof dat er geen toevalligheden zijn in het leven.

Drie Nul

30 is een "gemiddelde" Jupitertrilling. Op een schaal van 1 tot 10 is dat ongeveer een 6. Maar als deze som andere combinaties bevat, hangt de trilling af van elke planeet die in die combinatie voorkomt. Een 9993 zal heel anders zijn dan bijvoorbeeld een 7869.

Voorbeeld 1

37794 was tot augustus 2008 mijn eigen huisadres. Toen we midden 2000 in dit huis trokken, kocht ik het pand (toen een gloednieuw huis) in allerijl van de projectontwikkelaar. Ik had mijn vorige huis in de wijk Mission Hills in Fremont verkocht en had snel een ander huis nodig. Toen ik bij het project aankwam, stonden er overal "verkocht"-borden op het advertentiebord en hoewel ik het gebied erg mooi vond, vroeg ik de verkoopster of er nog iets beschikbaar was.

De enige die niet in escrow ging, was deze woning. Ik kocht het pand, hoewel ik niet echt van het nummer hield, maar ik wist heel goed dat ik het gemakkelijk kon aanpassen aan mijn behoeften. Kort nadat ik het adres had aangepast, ging het beter met mijn onroerend goed bedrijf en werden er vele andere deuren geopend die mijn numerologische talent onder de aandacht brachten. Ik kocht mijn kantoorgebouw terwijl ik in dit huis woonde en sindsdien gaat het goed.

Recht tegenover mijn huis in de rechtbank woont een andere meneer die een softwarebedrijf had in Silicon Valley en wiens vrouw arts is in Fremont. Zijn huisadres is 37785, nog een "30". Zijn huis is niet gepatcht (hij heeft niet om mijn hulp gevraagd en ik dring mijn advies niet op aan anderen). Het was interessant om af en toe met hem te praten.

Een paar jaar geleden sprak ik zijn vader en hij vertelde me dat het helemaal niet zo goed ging met het computerbedrijf van zijn zoon. Mijn buurman vertelde ook dat artsen het moeilijk vinden om geld te verdienen zoals ze vroeger deden vanwege de HMO's en verzekeringsmaatschappijen. Dit verbaast me niet, want de energie van Jupiter werkte in dit geval zoals altijd: heel langzaam en zwak.

Voorbeeld 2

Een beller op *Seeing Beyond* was een Ram-vrouw die in een huis met nummer 4998 in San Francisco woonde. Hoewel ze Mars energie op haar basistrilling had, had ze teveel Mars op haar adres. Ik vertelde haar dat deze plek moeilijk zou zijn, omdat het een zeer zware Mars energie had, en zou leiden tot voortdurende woede en conflicten binnen de familie. Ze was het daarmee eens en zei dat ze zich de afgelopen drie jaar "gestoord" had gevoeld door wat er in haar huis gebeurde. Ik stelde voor dat ze een nummer 3 zou toevoegen tussen de twee 9's, maar ik zei ook dat het een goed idee voor haar zou zijn om deze woning te veranderen in een betere. Uit ervaring weet ik dat te veel energie van Mars altijd voor persoonlijke problemen zorgt, zowel met relaties als met huizen. In veel gevallen heb ik gezien dat Mars energie ook ongelukkige buren kan aantrekken die redenen vinden om met je te kibbelen over triviale zaken.

Drie Negen

Wanneer Jupiter + Mars samen op een residentie verschijnen, brengen ze een vertragende, vertragende energie met zich mee.

Voorbeeld 1

Teresa nam contact met me op nadat ze me op de radio had gehoord. Ze belde eerst om wat meer te weten te komen over mijn achtergrond en hoe ik nummers gebruik. Ze vertelde dat ze over de hele wereld had gereisd en in drie andere landen had gewoond. Om haar nieuwsgierigheid te bevredigen, vroeg ik haar naar haar huisnummer zonder andere informatie van haar te krijgen. Toen ze zei dat het 39 was, wist ik meteen dat er een wegversperring was. Op het moment dat ik haar dat vertelde, was ze geïntrigeerd: hoe kon ik dat weten aan haar huisnummer?

Later, in een gedetailleerde reading, hielp ik haar haar vorige huisnummers te begrijpen en hoe die haar leven in het verleden hadden beïnvloed. Ik hielp haar ook met het ontwikkelen van een aantal gunstige namen voor haar bedrijf, dat hoogwaardige auto-onderdelen exporteert naar Duitsland. Een paar maanden later nam ze contact met me op en vroeg of ik geïnteresseerd was om een stand met haar te delen op een metafysische beurs georganiseerd door een lokaal radiostation. Ze erkende mijn hulp en zei dat ze dankbaar was voor de informatie die ik had gegeven. Teresa vertelde ook dat ze lang had gezocht en niemand anders had gevonden die numerologie gebruikte om huisnummers te patchen.

Voorbeeld 2 (39, tweemaal versterkt)

3090 was het huisnummer van een Vietnamese vrouw die bij me op bezoek kwam. Ze had een erg sterke naamtrilling en een erg positieve geboortedatum. Ze vertelde me dat ze als verkoopster werkte in een technische fabriek. Ik zei dat haar huis, dat Jupiter + Mars energie combineerde, complicaties voor haar zou creëren en haar wat ongeluk zou brengen.

In eerste instantie zei ze niets, maar naarmate we dieper op de reading ingingen, begon ze zich langzaam open te stellen en vertelde ze me dat ze een paar maanden geleden een ongeluk had gehad en het erg moeilijk vond om de zaak juridisch te regelen. Ze had een nieuwe relatie en was in de war over de energie en intenties van haar nieuwe vriend. Ze vertelde ook dat ze lange uren moest maken om haar verkoopcommissie te halen en dat ze zich altijd moe voelde. Ik stelde voor dat ze de energie zou verschuiven met meer Maan aan het einde van het huisnummer, en raadde haar ook aan een blauwe saffier om haar rechter middelvinger te dragen om haar geluk als verkoper te verbeteren. Dit voelde goed voor haar en ze vertrok vastbesloten om door te gaan.

Voorbeeld 3 (39, tweemaal versterkt)

Nadat ik verhuisd was van Castro Valley naar de wijk Avalon Estates in Fremont, raakte ik bevriend met de vrouw die de leiding had over de wijk.

Zij was ook nieuwsgierig naar numerologie. Terwijl ik haar lijst doornam, zei ik dat sommige huisnummers niet goed trilden en hun kopers geen succes zouden brengen.

Eén bepaald nummer was 3900 Woodside Terrace (de straat waar ik uiteindelijk ging wonen) en natuurlijk was dit het grootste model, meer dan 5000 vierkante meter huis, op een kavel van een halve hectare. De kopers waren de eersten die in het project trokken. Kort nadat ze hun intrek hadden genomen in dit gloednieuwe huis in het project, veroorzaakte een niet-verlichte lamp brand in de keuken en de eetkamer. De kantoormanager vertelde ons wat er was gebeurd, omdat het zo onverwacht en dramatisch was.

Vanuit mijn ervaring in numerologie wist ik dat een getal als dit altijd ongeluk en financiële uitdagingen zou veroorzaken. Ik rijd nog steeds de straat op en neer om de familie van mijn vrouw te bezoeken. Er staan altijd meerdere auto's voor het huis geparkeerd, wat er (voor mij althans) op wijst dat een deel van het huis verhuurd kan zijn. Dit gebeurt alleen in situaties waarin geld krap is, wat kan worden toegeschreven aan de 3900 aan de voorkant van het huis.

Vier Acht

4 + 8 heeft de energie van Uranus + Saturnus. Om de een of andere reden hebben Uranus en Saturnus de neiging om samen neer te dalen op mensen met Uranus en/of Saturnus energie in hun naam nummers of geboortedata.

Voorbeeld 1

Een man in Yuba City die vanuit India was verhuisd, belandde in een trilcentrum. Ik ontmoette hem een paar keer in de Sikh tempel en hij vroeg zich vaak af waarom hij naar dit land was gekomen. Hij vertelde me dat hij in India heel succesvol was geweest, maar dat zijn financiële situatie sinds zijn aankomst in Amerika in het slop zat. Toen ik vroeg hoe lang hij al op zijn huidige adres woonde, was ik niet verbaasd over zijn situatie: de energie van Uranus + Saturnus kan extreem destructief zijn. Het is het soort situatie dat mensen ertoe zou aanzetten hun leven in hopeloosheid te beëindigen en ernstige problemen in het huishouden zou veroorzaken. Ik stelde voor dat hij dit huis zou verkopen, omdat hij zei dat de vorige eigenaars een soortgelijk lot was beschoren en dat hij een "goede deal" voor het huis had gekregen. Ik zie vaak dat huizen met zulke negatieve numerologieën door wanhopige verkopers onder de marktprijs worden verkocht en veel mensen die zich de gevaren van zulke "koopjes" niet realiseren, trappen in de val.

Voorbeeld 2

David en Tamar, die nu in West-Australië wonen, hoorden me in een internetuitzending van Cameron Steele's *Contact Talk Radio*. Ze mailden me een paar keer en uiteindelijk kregen we contact. Nadat ik Davids nummers had bekeken, vertelde ik hem dat hij erg intuïtief was en hij antwoordde dat hij inderdaad intuïtief was en dat hij zijn hele leven metafysisch werk had gedaan. Ook kon ik aan zijn stem, die hees en zwaar was, horen dat hij spiritueel bewust was. Zijn vrouw Tamar daarentegen had een sterke Mercurius energie, maar was niet zo intuïtief als haar man. De reden dat David me had gebeld was zijn huis, een nummer 48, en twee eerdere adressen: 5010 en 618.

Ik vertelde hem dat het enige goede adres nummer 618 was, waar hij kort na zijn huwelijk met Tamar had gewoond; ze hadden daar "vier heel gelukkige jaren" doorgebracht. Nadat ze naar het huidige huis 48 waren verhuisd, zei hij dat zowel zijn leven als zijn bedrijf tot stilstand waren gekomen.

Ik legde uit dat dit nummer de combinatie van Uranus + Saturnus had en dat deze energie nog versterkt werd door zijn Uranus geboortedatum. Hij vertelde dat, toen hij op zoek was naar een huis, zijn vrouw deze plek mooi had gevonden en, intuïtief, voelde hij zich niet erg op zijn gemak met de energie. Maar, zei hij, omdat hij al vele jaren professioneel met energie bezig was, wist hij dat hij het "heel gemakkelijk" kon opruimen en het huis voor hen kon laten werken. Ik suggereerde dat het in de toekomst heel belangrijk voor hem zou zijn om naar zijn eigen intuïtie te luisteren voordat hij een beslissing neemt en niet te vertrouwen op die van zijn vrouw vanwege hun verschillende spirituele niveaus.

Nadat het stel in het huis was getrokken, had David het schoongemaakt met alle technieken die hij kende, maar de energie van het huis werkte nog steeds niet voor hen. Ik stelde voor dat hij een nummer 2 aan het einde van de 48 zou toevoegen. Dit was precies wat hij wilde weten, omdat hij bezig was het huis te verkopen.

Toen vroeg hij me: "Wat zou een goed getal zijn voor ons allebei?" Ik zei dat een nummer 32 zou werken. Op het moment dat ik dat zei, zei hij: "Oh, mijn God. Vorige week nog kwam hier een huis op de markt en het nummer was 320." Hij zei dat hij het huis echt geweldig had gevonden, maar dat hij er niet op tijd aan kon komen.

Zelfs als iemand zoals David zeer bedreven is in het verschuiven van energie, kan een negatieve numerologie niet worden overwonnen door te wissen, zoals dit echtpaar ontdekte. Het maakt niet uit of je een gewoon persoon bent of een intuïtief; iedereen moet huisnummers begrijpen en weten hoe ze een situatie kunnen maken of breken. Na dit gesprek e-mailde David me nog een paar keer over nieuwe huisnummers, maar die waren niet goed genoeg voor hem, dus vroeg ik hem om verder te zoeken.

Er was één woning die hij echt mooi vond in de lijst met nummers die hij stuurde; ik was het niet met hem eens, maar hij wilde het patchen. Als ik mensen help verhuizen naar een nieuw huis, probeer ik het juiste nummer te vinden, want patching is altijd mijn tweede keus als het gaat om een nieuwe woning.

Vijf Zeven

5 + 7 heeft de energie van Mercurius + Neptunus. Deze combinatie op een huisnummer brengt voortdurend financiële en gezondheidsuitdagingen met zich mee.

Voorbeeld 1

57 Seaview is het adres van een beroemde Indiase acteur die tientallen jaren het witte doek beheerste. Begin jaren '90, toen ik instructeur was op de Hayward Flight School, werd ik benaderd door een vriend die me voorstelde aan een jongeman die met hem was meegekomen.

Mijn vriend vertelde me later dat de jongeman de zoon was van deze beroemde Indiase acteur en naar de Verenigde Staten was gekomen om te leren vliegen. Hij had een woning nodig en vond het moeilijk om te huren, omdat hij niemand kende die voor hem wilde meefinancieren. Op verzoek van mijn vriend hielp ik deze jongeman aan een woning in San Leandro en hij begon aan de vliegschool in Hayward. Hij noemde zijn huisadres in Mumbai (Bombay) en ik wist meteen dat dit de energie was van pech, ziekte en financiële problemen.

Nadat hij zijn vliegschool had afgemaakt, keerde de jongeman terug naar Bombay zonder de 5.000 dollar die hij de vliegschool schuldig was te betalen. De wereld kwam er later achter dat zijn vader aan kanker leed. De vader stak een jaar later over.

Nadat de zoon naar Bombay was vertrokken, kreeg ik eens een telefoontje van hem en een kaartje van zijn moeder, die me bedankte voor de hulp. De zoon zei dat hij getekend had voor een aantal films en dat hij snel beroemd zou worden. Op basis van zijn numerologie wist ik dat de toekomst van deze jongeman niet in de filmindustrie lag. De eerste twee films (waarvoor hij was aangenomen vanwege de connecties van zijn vader in de filmindustrie) waren complete flops aan de kassa. Zijn oudere broer onderging hetzelfde lot. Het verbaast me niets dat roem en succes niet uit hun woonplaats kwamen, die vol pech zat.

Zes Zes

6 die twee keer verschijnt, vertegenwoordigt de vibratie van Venus. Dit is zwak op een huisnummer, maar als deze energie op een naamnummer verschijnt, brengt het grote artistieke bekwaamheid, roem en succes.

Voorbeeld 1

Een televisiemedewerkster in de San Francisco Bay Area woonde in een huis met huisnummer 66 (twee keer Venus) en had een geboortedatum van Mars. Haar naam vibreerde met Neptunus en Venus energieën. Toen we samen gingen zitten voor onze numerologiesessie, wees ik haar op de energie van het huis en noemde "pech". Nadat ik naar haar geboortedatum had gekeken, vertelde ik haar dat haar relaties en gezondheid er niet goed uitzagen. Ze was het daarmee eens en zei dat ze al "een hele tijd" problemen had met haar voeten en dat er "al een hele tijd geen relatie" was geweest.

Terwijl ik haar energie aan het zuiveren was, zei ik ook dat de energie van misleiding uit haar numerologische lezing kwam. Ze draaide zachtjes haar hoofd om en zweeg. Naarmate we vorderden, kwamen de tranen in haar ogen. Ik stelde remedies voor die ze in haar huis kon gebruiken, naast het patching van het getal met meer Jupiter energie.

Ik vertelde haar dat haar naam toebehoorde aan iemand die op televisie zou moeten zijn. Ze zei dat ze al vele jaren in de industrie werkte, maar altijd achter de schermen en niet voor de camera. Ik vertelde haar dat haar persoonlijke numerologie er zeker voor zou zorgen dat ze op televisie te zien zou zijn. Ze antwoordde dat haar baas wilde dat ze een "metafysische verslaggeefster" werd, maar dat ze er zelf niet zeker van was, omdat ze nog nooit voor de camera had gestaan.

Later diezelfde dag had ik een afspraak met een leidinggevende van het station. Na een paar minuten gepraat te hebben, riep hij de medewerkster naar zijn kantoor. Toen ze naast me ging zitten, zei hij tegen haar: "Oké, zet hem maar in de agenda. En ik wil dat jij de interviewer bent." Ze antwoordde: "Oh, dat heb ik nog nooit gedaan," maar de baas zei: "Je kunt het."

Dat was de richtlijn aan haar, van een derde partij, kort nadat ik haar had verteld dat haar naam energie haar voor de camera zou zetten. Vier weken voor deze ontmoeting was ik door een andere leidinggevende uitgenodigd op het televisiestation en op mijn advies werd het adres van het stationsgebouw opgelapt met meer Mercurius + Maan energie. Kort na de patch, een station gesponsorde lokale evenement trok 7.000 mensen en totaal verbaasd het station op haar veranderende geluk.

Voorbeeld 2 (66, versterkt)

Een vriend die eigenaar was van verschillende huurhuizen in het Oakland gebied vroeg me naar een huis met een 606 adres. Toen ik de 606 energie overwoog, leek het vreemd en potentieel dodelijk. Toen ik haar vertelde over de woning, zei ik: "Dit is iets dat heel rampzalig kan zijn." Toen vertelde ze me een verhaal over de woning: "Ik verhuurde dit huis aan een echtpaar en hun kinderen. Eind jaren '70 volgden ze Jim Jones [van de Peoples' Temple] naar Guyana. Ze dronken de vergiftigde Kool-Aid en stierven alle vier."

Ze verkocht het pand na het debacle met de Volkstempel, omdat ze niet wilde uitleggen wat er met de huurders was gebeurd. Maar ze was na al die jaren nog steeds nieuwsgierig naar de kracht van dat getal.

Deze energie van 66 mag niet verkeerd worden begrepen. Als Venus twee keer op een naam voorkomt, brengt dat enorm veel succes. Veel beroemde sporters en filmsterren hebben twee keer Venus op hun naam staan. Dezelfde energie werkt anders op een woning dan in een naam.

Zeven Vijf

75 en 57 hebben zeer vergelijkbare trillingen.

Voorbeeld 1 (75, versterkt)

Shari keek naar me in een Perzisch tv-programma vanuit Los Angeles. Kort nadat het programma was afgelopen, kwam de technicus naar buiten en vertelde me dat er een dame was die "per se" met me wilde praten en dat ze een nieuwsanker was in de omgeving van L.A Ik sprak kort met haar en ze vertelde me dat ze "net was verhuisd naar een huis met nummer 705," en vroeg me wat ik daarvan moest denken?

Ik vroeg naar Shari's geboortedatum en vertelde haar dat haar pad geblokkeerd was. Omdat ik haast had, vroeg ik of ze me op een later tijdstip wilde bellen, zodat ik uitgebreider met haar kon praten. Tijdens ons tweede gesprek vertelde ze me dat ze sinds haar verhuizing naar dit huis problemen had met haar producenten en dat haar man "om onverklaarbare redenen ziek bleef worden". Ik deed wat clearing voor haar en stelde voor dat ze een bepaald nummer aan haar huisadres toevoegde om de energie met haar omroepcarrière te laten stromen. Na enige tijd mailde Shari me om me te vertellen dat ze "een duidelijke verschuiving" in haar werk en privéleven had ervaren en dat ze ernaar uitkeek om mij in de toekomst in haar eigen show te hebben.

Hoofdstuk 6

Uranus: Nummer 4

Het getal 4, dat Uranus voorstelt, komt in vele vormen voor: 4 op zichzelf, en de nummers 13, 22, 31, 49, 58 en 67, en hun spiegelbeelden. Uranus is de planeet van wetenschap, rechtvaardigheid en media, en dus van televisie, radio en film.

Vier

Een nummer 4 woonplaats is Uranus alleen.

Voorbeeld 1

Ruby woonde in huisnummer 211, wat botste met haar naam energie. Hoewel ze geboren was met een krachtige Zonnedatum, was haar leven een achtbaan geweest. Haar naam energie botste met de woning, en het liet haar eenzaam en worstelen met geld. Ik stelde voor dat ze wat Maan energie toe te voegen aan haar huisnummer om te beginnen met een goed leven weer. Ruby vertelde later dat ze iemand had gevonden in de omgeving van Los Gatos die haar perfect leek voor een langdurige relatie.

Voorbeeld 2

Een jonge Boogschutter die houdt van geld en roem woont in Los Angeles in een woning met nummer 121. Hoewel ze is opgegroeid in een boerengemeenschap in het noorden van Californië, verhuisde ze naar Newport Beach in de hoop "het groot te maken". Maar wonen in woning nummer 121 bracht haar niet naar het grote werk zoals ze wilde. Op dit moment werkt ze in de backoffice van een klein radiostation.

Haar moeder, die ik al vele jaren ken, nam contact met me op en wilde meer weten over haar dochter die volgens haar "nu 31 jaar oud is en nog steeds geen richting in haar leven heeft gevonden, noch heeft ze de juiste relatie gevonden." Toen de moeder haar dochter met mij besprak, zei ik dat woning 121 niet in overeenstemming was met de basis energieën van de dochter.

In mei van dat jaar benaderde de moeder me voor een reading over zichzelf, maar ging weer vragen stellen over haar dochter. Ik had het huis van de moeder opgelapt en ze had de juiste relatie gevonden. Ik stelde voor dat de moeder een nummer 2 zou toevoegen aan de woning van de dochter in Los Angeles, zodat ze uit de blokkade kon breken en verder kon gaan. Ik koos het getal 2, een sterke Maan energie, om te resoneren met de naam en geboortedatum van de dochter, en ik maakte ook een kleine correctie op haar naam door een nieuwe combinatie voor te stellen van elementen die al aanwezig waren. Ik ben ervan overtuigd dat als de 2 aan de deur wordt toegevoegd, de carrière en het persoonlijke leven van de jonge vrouw weer vooruit zullen gaan.

Eén Drie

Het getal 13 zelf is een diep spiritueel getal. Het is de geboortedatum van veel beroemde onderzoekers, wetenschappers, beroemde mediapersoonlijkheden en machtige juristen. Het is uiterst belangrijk dat degenen met deze energie op hun geboortedatum voortdurend geven, in de vorm van liefdadigheid en donaties, om te ontvangen. Op het moment dat ze vergeten te geven, stoppen ze met ontvangen.

13 is een uitstekend naamnummer als je op het scherm wilt verschijnen, groot of klein. Beroemde acteurs als Martin Sheen, Goldie Hawn, Raj Kapoor en Sri Devi hebben energie van Uranus in hun naam. De energie van Uranus werkt echter heel anders als naamnummer dan als huisnummer.

Wanneer deze 1 + 3 combinatie van de Zon + Jupiter in welke vorm dan ook op een woonplaats verschijnt, brengt dit serieuze financiële en gezondheidsuitdagingen met zich mee. Om de een of andere reden trekt het verjaardagen van Saturnus en Uranus aan, en die combinaties maken het nog verwoestender.

Voorbeeld 1

Reiko, een Japanse Amerikaanse, nam contact met me op nadat ze me had gehoord op *Seeing Beyond*. Ze woonde in een huisnummer 328 en had Mars energie in haar geboortedatum. Ze was toevallig ook makelaar en was in de war over wat er aan de hand was in haar leven. Ze had de juiste energie in haar naam om onroerend goed te verkopen, maar sinds haar verhuizing naar huisnummer 328 waren haar zaken aanzienlijk vertraagd.

Ik stelde voor dat Reiko meer Mercurius en Venus energie zou gebruiken om de negatieve numerologie op de deur in evenwicht te brengen. Als makelaar heb ik door de jaren heen gemerkt dat de meeste makelaars alleen maar bezig zijn met het verdienen van hun commissie en niet met de metafysische energieën die hun klanten zullen beïnvloeden zodra de makelaars hen in een nieuw huis plaatsen. Dit gebrek aan metafysisch bewustzijn kwam duidelijk naar voren in Reiko's huisnummer. Sindsdien heeft ze me vele malen geraadpleegd.

Voorbeeld 2

Julia belde me voor een consult. Ik was nogal verbaasd om van haar te horen, omdat ze toevallig zelf intuïtief was en regelmatig te gast was op hetzelfde radiostation als ik. Ze had een negatieve Saturnus geboortedatum en woonde in huisnummer 517. Voordat we naar haar naamnummers keken, keek ik naar haar huisnummer en vertelde haar dat Mercurius + de Zon + Neptunus op haar woonplaats de geldstroom zou versterken. Ze was het daarmee eens en vertelde me over haar bedrijven. Ze was niet alleen intuïtief, maar had ook een internetbedrijf in woninginrichting dat het moeilijk had. Ik stelde voor dat ze een bepaalde trilling zou toevoegen om de energie van haar huisnummer aan te passen. Haar online business trok aan en sindsdien heeft ze veel klanten naar me doorverwezen.

Voorbeeld 3

Svetlana nam contact met me op via een andere klant die me al vaak had geraadpleegd. Toen ze me ontmoette, kon ik door met haar te praten zien hoe gefrustreerd ze was. Haar huisnummer, 517, had de energie van Mercurius + de Zon + Neptunus, en ze had sterke basisenergieën op haar geboortedatum.

Jarenlang had Svetlana geprobeerd een levensmiddelenbedrijf op te zetten, maar dat was niet erg succesvol. Ze werkte vele maanden zeven dagen per week. Nadat ik haar bedrijfsnaam had bekeken, stelde ik voor dat ze de vibratie zou verschuiven naar meer Neptunus energie, omdat Neptunus energie winstgevend is als energie voor een voedselbedrijf. Ik stelde ook voor dat ze een gele saffier om haar rechterwijsvinger zou dragen om de stroom van Jupiter energie te openen en het huisnummer op te lappen door wat Jupiter en Saturnus energie toe te voegen in de vorm van nummers 3 en 8. Svetlana belde me weer aan het begin van het jaar. Het was goed om te horen dat de dingen voor haar aan het veranderen waren en ze maakte zich klaar om een reis naar het buitenland te maken om haar familie te zien.

Het goede nieuws is dat, hoe negatief de energie op de deur ook is, er een gemakkelijke oplossing is in de vorm van het toevoegen van kleine stickers die sterk vibreren als planeten en de energie van het huis en de bewoners opheffen.

Voorbeeld 4

Neeraj nam contact met me op nadat hij over me had gelezen in de *San Jose Mercury News*. Hij kwam me opzoeken in mijn kantoor en was erg benieuwd naar het numerologiesysteem dat ik gebruikte. Hij zei dat hij veel boeken over numerologie had gelezen, maar het enige boek over huisnummers dat hij had gezien was het mijne.

Hij woonde in een huis met nummer 4063 in San Jose en zei dat hij de afgelopen zeven jaar verzekeringsagent was geweest, maar het moeilijk had. Hij had onlangs een makelaarslicentie gehaald, maar had het daar ook moeilijk mee. De energie van zijn woonplaats was Uranus + Venus + Jupiter (versterkt), wat zwak was voor geld. Zijn vorige adres, 3144, was net zo zwak geweest. Hij zei ook dat de relatie met zijn vrouw verslechterde. Dat verbaasde me niet, want hij had deze negatieve energie ook op zijn geboortedatum.

Ik stelde de juiste nummers voor om toe te voegen aan zijn huidige adres en vroeg hem een ring te dragen om zijn Saturnus energie te versterken. Ik zag hem weer in februari, toen hij met een andere vriend van hem kwam. Hij zei dat hij zijn eerste notering in lange tijd had gekregen.

Voorbeeld 5

Een bekende metafysicus en leraar woont in Pinole, Californië. Hij is een geweldige man die al vele jaren metafysica onderwijst. Veel van zijn studenten zijn beroemde intuïtieven geworden. Vele jaren geleden, toen ik op zoek was naar antwoorden, zei een vriend in Texas dat deze metafysicus "de man om te ontmoeten" was. Hij wilde alleen met je afspreken via een referentie, anders nam hij geen nieuwe cliënten aan. De verwijzing werkte en ik kreeg een afspraak bij hem thuis.

Toen ik mijn auto voor zijn huis parkeerde, keek ik eerst naar het huisnummer. Het was een 13. Ik kon zien dat dit huis veel financiële uitdagingen had. Dus ik had mijn afspraak en toen ik naar buiten liep, zei ik tegen hem dat het een goed idee zou zijn om er een nieuw nummer aan toe te voegen. Nu, voor iemand die al jaren metafysica onderwijst, verbaasde het me toen hij stopte en me recht aankeek en toen terugkeek naar het nummer. Het enige wat ik hem vertelde was dat het zijn financiële situatie zou verbeteren; het zou meer geld in huis brengen. Ook had ik een ziek familielid in het huis gezien, wat me niet verbaasde, omdat de numerologie van de Zon + Jupiter dit effect hebben. Wanneer de energie van Zon + Jupiter in een huis aanwezig is, brengt dit gezondheidsuitdagingen en financiële problemen met zich mee.

Voorbeeld 6

Janet nam contact met me op nadat ze van een vriendin over me had gehoord. Ze was nieuwsgierig over de telefoon en wilde antwoorden voordat ze me persoonlijk zou ontmoeten. Nadat ik haar naam en woonplaats had bekeken, zei ik dat de energie explosief was en dat het familierelaties beïnvloedde. Ze vroeg zich af hoe ik dat wist. Ze vroeg: "Kijk je in je computer voor het antwoord?" Ik lachte. De week daarop ontmoette ze me op mijn kantoor. Ze had een sterke zonverjaardag waarvan ik wist dat die haar erg koppig en eigenzinnig maakte, en op dat moment had ze een relatie met een getrouwde man. Ik vertelde haar dat wat ze deed niet zou werken, maar ze was ervan overtuigd dat deze man zijn vrouw zou verlaten om met haar te trouwen (dat gebeurde natuurlijk niet).

Later vertelde Janet me dat ze een andere relatie had gevonden. De energie van de Zon + Jupiter die zowel op de geboortedatum als op de woonplaats verschijnt, kan ernstige problemen veroorzaken en bovendien relaties beïnvloeden. Deze combinatie is als in drijfzand stappen.

Voorbeeld 7

Megan en haar man namen contact met me op voor een reading nadat ze me op de radio hadden gehoord. Dit stel had een muziekbedrijf en probeerde voortdurend hun muziek te verkopen. Maar om de een of andere reden was er weinig geld en liepen ze tegen een blokkade aan.

Nadat ik naar hun basis energieën en hun huisnummer had gekeken, begreep ik waarom. Ze woonden in een huisnummer 2821. Deze energie is als een zak met een gat op de bodem: geld blijft nooit in het huis. Ik stelde een oplossing voor, namelijk om Maanenergie toe te voegen aan hun huisnummer. Onlangs namen Megan en haar man contact met me op om te zeggen dat ze "veel goede resultaten hadden ervaren" na hun reading. In het begin van het jaar werden ze zelfs uitgenodigd om op te treden in China!

Voorbeeld 8

Lydia was ook makelaar en had veel haast om mij te ontmoeten. Nadat ik met haar had overlegd, realiseerde ik me dat haar energie van thuis (823) haar ervan weerhield om commissies te maken met de verkoop van haar onroerend goed. Ze noemde de namen van veel intuïtieven als persoonlijke vrienden, maar ik kon zien dat ze niet het advies kreeg dat ze nodig had. Op dat moment had ze een aanbieding in het Atherton gebied die geen aanbiedingen kreeg. Ik stelde voor dat ze wat Venus energie aan haar huisnummer zou toevoegen. Ze belde een paar dagen later en zei dat ze nu een bod had op de Atherton aanbieding, maar dat ze niet tevreden was met het bod omdat ze de deal "dubbel wilde sluiten" (agent zijn voor zowel koper als verkoper). Deze verleiding tot hebzucht kan een ongelukkig neveneffect zijn van succes en kan het manifesteren van positieve energie tegenwerken.

Voorbeeld 9

Enrique en zijn vrouw bezaten een duur huis in de wijk Belmont. Het huisnummer was 1534. Het huis stond te koop en hoewel er veel interesse was, kwam er geen bod. Ik verschoof het huis door wat energie van de Zon toe te voegen in de vorm van een nummer 1. Die verschuiving was volledig in overeenstemming met de geboortedata van de eigenaren en het huis was in een mum van tijd verkocht.

Onlangs kwam Enrique weer bij me langs, omdat hij wilde weten over de nummers van nieuwe huizen die ze overwogen in de omgeving van Chico. Hij wilde ook dat ik zijn ex-vrouw in Florida zou raadplegen, die hulp nodig had met numerologie. Numerologie werkt altijd, zolang er rekening wordt gehouden met alle relevante energieën.

Voorbeeld 10

Rivkah kwam uit de Central Valley om me op te zoeken. Ze woonde in huisnummer 1129 en had een geboortedatum van Neptunus. Nadat ik haar naam had bekeken, wist ik dat, ook al werkte ze voor een groot bedrijf, de energie van haar huis op weg was naar inbeslagname en faillissement. Ze beaamde dat: zij en haar man hadden in het verleden faillissement aangevraagd en het huis was momenteel in beslag genomen. Ik voegde wat Zonne-energie toe aan hun huisnummer en het huis werd snel verkocht, waardoor ze er financieel weer bovenop kwamen.

Voorbeeld 11

Miriam was een tandartsassistente die was doorverwezen door haar baas, die eerder bij mij op consult was geweest. Miriam woonde met haar vriend in een huisnummer 2128. Ze had geen verblijfsvergunning en woonde samen met een man met een zeer negatieve geboortedatum. Het was een moeilijke situatie. De huisnummering blokkeerde de geldstroom en de negatieve Mars energie op de geboortedatum van haar vriend bracht haar fysiek misbruik. Op dat moment overwoog ze om te verhuizen en haar eigen plek te zoeken.

Ik stelde voor dat Miriam een huisnummer zou zoeken met meer Venus energie, wat ze gelukkig deed. Ze verhuisde uit 2128 en weg van de slechte relatie. Een paar maanden later kwam ze weer bij me en vertelde me hoe het veranderen van huis haar gemoedstoestand had verbeterd en haar had verlost van de slechte relatie waarin ze zich gevangen had gevoeld.

Voorbeeld 12 (13, versterkt)

Timothy nam contact met me op nadat hij me op de radio had gehoord. Nadat ik zijn naam en geboortedatum had bekeken, kon ik zien dat beide krachtige energieën bevatten. Zijn vrouw had ook zeer krachtige energieën. Samen hadden ze productieve en positieve basisenergieën.

Het echtpaar verhuisde onlangs naar een huis met nummer 130 en kort daarna ontstonden er problemen. Het geld werd krap en de Uranus energie begon te botsen met de geboortedatum van de vrouw. Ik wees het probleem aan en Timothy stemde in en zei dat hij op het punt stond het uit te maken met zijn vrouw, maar niet begreep wat er aan de hand was. Ik stelde voor dat hij wat Maan energie zou toevoegen aan het einde van het huisnummer en zijn eigen Saturnus energie zou versterken door een Saturnus ring te dragen. Aan het eind van de reading kon ik zien dat hij zich meer ontspannen voelde. Zijn vorige adres, waar hij meer dan zeven jaar had gewoond, was ook moeilijk geweest. Timothy had te veel jaren geworsteld en in de verkeerde huistrillingen geleefd, totdat hij de juiste acties ondernam om zijn huisnummers op één lijn te brengen.

Voorbeeld 13

In mijn onderzoek door de jaren heen heb ik geleerd dat de energie van Uranus op huizen ook dodelijke ziekten zoals kanker kan brengen bij een of meer bewoners. De zus van een cliënt, die in de buurt van Pacific Grove woonde, had een zeer gunstige geboortedatum. Maar kort nadat ze verhuisd was naar een woning met nummer 13, werd er kanker bij haar geconstateerd.

Voorbeeld 14

Max belde me vanuit Chicago toen ik in de uitzending was in Seattle om te vragen naar zijn huisnummer. Hij was net teruggverhuisd naar zijn woning 2416, na 20 jaar afwezigheid. Toen ik zijn geboortedatum hoorde, zei ik tegen Max dat hij niet terug had moeten gaan naar dit huis, omdat het uitdagingen, financiële problemen en gezondheidsproblemen met zich mee zou brengen.

Er viel een paar seconden een luide stilte; toen zei hij: "Dit is waar. Toen ik hier eerder woonde, was ik niet gelukkig." Hij was van plan om maar een jaar in zijn oude huis te blijven en het dan te verkopen. Ik adviseerde hem de energie te verschuiven door een nummer 1 toe te voegen, gebaseerd op zijn naam en geboortedatum. Deze nieuwe energie zou hem zeker helpen om het huis te verkopen als het zover was.

Voorbeeld 15

Ik nam een vrouw aan als leenproducent die naar mij was doorverwezen door haar broer, een goede vriend van mij. Ik kon zien dat ze oprecht was en graag een goede indruk wilde maken en leningen wilde genereren om haar gezin te helpen onderhouden. Ze had al een ander financieel bedrijf geprobeerd, maar daar was het niet goed gegaan. Dus vroeg ik uit nieuwsgierigheid wat haar huisnummer was. Haar antwoord was "4504."

Uranus aan het begin en einde van haar huisnummer was volledig in strijd met haar basis energie. Ik vertelde haar dat zo'n plek moeilijk is voor geld, en daar was ze het mee eens. Ze zei dat ze soms wel drie banen had om haar gezin te onderhouden en dat het altijd een strijd was geweest. Haar man kon geen werk vinden.

Ik wilde haar helpen omdat ik weet wat het is om te worstelen, gebaseerd op mijn eigen nederige start in dit land. Ik raadde haar het juiste nummer aan om op haar deur te bevestigen en stelde haar ook voor om meer energie van blauwe saffieren op de middelvinger van haar rechterhand te dragen. Sindsdien ben ik blij om te zien dat wanneer ze op kantoor komt, ze een glimlach op haar gezicht heeft. Ze lijkt ook gemakkelijk nieuw werk te vinden.

Voorbeeld 16

Leilani, die me vaak op de radio had gehoord, nam contact met me op. Ze zei dat ze aangetrokken was om me te bellen en me op te zoeken. Ze woonde met haar man in een huis met nummer 3505 (Jupiter + Mercurius twee keer, versterkt), waar ze ongeveer twee jaar eerder naartoe was verhuisd. Zowel zij als haar man hadden Uranus energieën op hun geboortedata. Die energie had hen naar een andere Uranus woning getrokken, waar ze voelden dat hun "levens uit elkaar werden getrokken." Omdat ze zelf intuïtief was, had de vrouw veel andere helderzienden geraadpleegd en ook een *feng* shui-meester ingehuurd om de energie van het huis te herstellen, maar het mocht niet baten.

Toen ik naar haar huisnummer keek, zei ik: "Nou, het geld is op. En er is iemand ziek in huis. Wie?" Leilani knikte met haar hoofd en zei zachtjes: "Mijn man is erg ziek. Hij heeft veel gezondheidsproblemen." Hij leed aan veel kwalen, van diabetes tot hartproblemen en nog veel meer.

Hoewel ze al vele jaren getrouwd waren, was het in dit huis dat het gedrag van haar man volledig was veranderd. Ze vertelde me dat hij "drie keer was gestorven en elke keer was teruggekomen", maar dat hij nu een "zeker gevoel van dood boven zich had hangen". Nadat we klaar waren met de lezing, vertrok Leilani zeer tevreden. Ik stelde voor dat ze een nummer 1 toevoegde voor de tweede 5 (om er 35015 van te maken) om de energie te verschuiven en alles gunstig te laten verlopen. Ze vertelde me dat ze haar baan als haarstyliste wilde opzeggen en zelfstandig les wilde gaan geven in haarstyling op school. De nummerpatching was heel gunstig voor haar, gebaseerd op haar naam en haar geboortedatum, en Leilani was in staat om zelfstandig stylinglessen te gaan geven.

Voorbeeld 17

Ik heb jarenlang een familie gekend die in huisnummer 1813 in Woodside, Californië, woonde. De moeder, een zachtaardig, nederig, zout-van-de-aarde type, was de eerste die naar de Verenigde Staten kwam nadat haar familie was vervolgd na politieke onrust in India in de jaren tachtig. Ik herinner me haar moeilijkheden met de INS en hoe ze uiteindelijk zegevierde en een permanente verblijfsvergunning kreeg in de Verenigde Staten. Kort nadat haar status was gelegaliseerd, voegden haar man en vier kinderen zich bij haar. Het gezin werkte hard. De oudste zoon trouwde, maar de jongste zoon en de oudste dochter leken dramatische persoonlijkheidsveranderingen te ondergaan bij hun aankomst in de Verenigde Staten.

Om de een of andere reden had de jongste zoon een sterke invloed op de besluitvorming van de familie. Op advies van deze zoon investeerden ze hun eerste verdiensten in een taxibedrijf in Fremont. Later ontdekten ze dat alle voertuigen mechanische problemen hadden en dat de familie was bedrogen door een zogenaamde vriend van de zoon. Ze woonden toen in een kleine woning in Redwood City en de vader werkte in een buurtwinkel in de buurt van de woning. Hij had plezier in zijn werk.

Maar al snel na de verhuizing naar de woning in Redwood City zei de jongste zoon dat ze "meer ruimte" nodig hadden en dat ze weer moesten verhuizen. Hij liet ze verhuizen naar een huis in Woodside dat een klein huis was achter een groter huis op dezelfde kavel. Het nummer van dit kleinere huis was 1813. De moeder belde me kort na de verhuizing en zei dat hun financiële situatie plotseling "erg krap" was geworden. Het adres 1813 had te veel Zon + Saturnus voor hen, om nog maar te zwijgen van de tegenstrijdige Jupiter energie aan het eind. Ik vertelde haar dat het geen goed idee was om in dit huis te gaan wonen.

Dit klonk logisch voor haar, maar om de een of andere reden wilde de jongste zoon niets geloven wat hem niet aanstond. Kort daarna was er kortsluiting en vloog het huis in brand. Het vuur doodde bijna de jongste zoon, die sliep en werd gered door zijn moeder. De vader was op pelgrimstocht naar India. Ik had hem voorgesteld om de Vaishnodevi Tempel in Jammu-Kashmir te bezoeken. Toen de familie en ik later over de huisbrand spraken, vertelde ik de zoon dat het door zijn vader kwam, die op dat moment aan het bidden was in een machtig heiligdom in India, dat zijn leven gespaard was gebleven. Maar hij had een grijns op zijn gezicht, alsof hij wilde zeggen: "Oh, ja, natuurlijk." Een paar maanden later kreeg de vader een beroerte en moest hij zijn baan in de buurtwinkel opgeven omdat hij niet meer kon autorijden.

De moeder kwam me weer opzoeken. Ze stond erop dat ik hen hielp een ander huis te kopen, een huis met de juiste energie. Ik ging op zoek naar een lening voor hen en probeerde 100% financiering te krijgen zonder aanbetaling. Nadat ik de familie had verteld dat ik een goed tarief voor ze had, kwam de jongste zoon weer tussenbeide en zei: "Nee, dit tarief is niet goed." Ik trok me terug uit de deal, zei dat ik niets voor hen kon doen en gaf hen de namen van andere makelaars en hypotheekmakelaars. Ook al kan ons leven drastisch verbeterd worden door de energie van een huis te veranderen (door te verhuizen of te patchen), moeten alle gezinsleden het ermee eens zijn om de nodige veranderingen door te voeren.

Voorbeeld 18

Hazel woonde met haar zoon in huisnummer 2533. Ze had een Uranus geboortedatum en dezelfde energie vibreerde ook op haar naam. Ik kende haar situatie vanaf het moment dat ik naar de nummers keek, maar ze liet me niet uitpraten en bleef het verhaal zelf vertellen: Ze werkte als vluchtelingenbegeleidster en woonde al meer dan vier jaar in dit huis. Ze had ernstige problemen met haar financiën en ook haar gezondheid ging achteruit. Haar zoon had problemen met het rechtssysteem. Ik vroeg Hazel om een nummer 1 toe te voegen aan het begin van het huisadres en om een bepaald kristal te dragen. De energie van 1, die de Zon voorstelt, was wat ze nodig had om te vibreren met haar basis energie. Ik vertelde haar ook om een citrien te dragen om haar leven verder af te stemmen en haar geluk en financiën te verbeteren en om een goede relatie aan te trekken.

Het is soms triest om de verhalen van mensen te horen, vooral zoals in dit geval: Hazel was weduwe en al 27 jaar single. Ze had geen relatie meer gehad sinds het verlies van haar man. Toen ik haar vroeg naar haar vorige verblijfplaats, vertelde ze me dat het een getal 148 was, nog erger dan haar huidige energie. Toen ik haar vertelde dat de 148 nog erger was geweest dan 2533, beaamde Hazel dat en zei dat ze faillissement had moeten aanvragen voor haar bedrijf terwijl ze in het huis van 148 woonde. Uranus energie op een huis is altijd moeilijk, maar het wordt nog negatiever als diezelfde energie op de geboortedatum en de naam staat, zoals in dit geval.

Voorbeeld 19

Meneer Kapoor woont in een 4603 huisnummer en woont daar sinds 1998. Hij werd aan me voorgesteld via zijn familie, die me voortdurend raadpleegt over numerologie bij het kopen of verkopen van huizen. Meneer Kapoor kwam naar mijn kantoor met zijn hele familie. De groep bestond uit zijn dochter, zijn vrouw, zijn zoon, de vriendin van zijn zoon, hijzelf en ik.

Nadat ik hun namen en geboortedata had geanalyseerd, concentreerde ik me op het huisnummer. Meneer Kapoor had een Venus geboortedatum en door met hem te praten kon ik zien dat hij al ziek en erg gestrest was. Ik begon te zeggen dat deze energie niet werkte voor hem of zijn familie, vooral niet voor hem, omdat zijn geboortedatum direct botste met het huisnummer.

Ik vroeg naar zijn bloedsomloop. Hij vertelde me dat hij een hoge bloeddruk had en "de hele tijd ziek was". Hij begreep niet waarom. Later stelde zijn vrouw me dezelfde vraag over haar gezondheid en ik gaf haar hetzelfde antwoord. Ze beaamde dat en zei dat ze voortdurend pijn in haar botten had en niet begreep wat er aan de hand was. Bovendien droeg de vrouw een robijn aan haar Saturnusvinger en een kattenoog aan de Saturnusvinger van haar andere hand. Het is algemeen bekend in de Vedische traditie dat robijn en kattenoog allebei warme stenen zijn en zorgvuldig op de juiste vingers gedragen moeten worden, omdat ze op krachtige manieren voor of tegen je kunnen werken. Ik corrigeerde de vingers en voerde energie opruiming voor haar uit. Ik heb ook het huis opgelapt en meer Zonne-energie gebruikt om het beter af te stemmen op de familie. Door simpelweg deze Zonne-energie toe te voegen, verschoof de hele vibratie in gunstige zin naar een Mercurius-trilling.

Het is van cruciaal belang om de energie van het huisnummer te begrijpen. Ik kon zien dat deze hele familie het moeilijk had toen ze in deze woning woonden. Ze stelden me vragen over enkele andere huizen die ze hadden verhuurd en waren verbaasd over de informatie die ik verzamelde door alleen maar naar de nummers van de woning te kijken. Het is net zo belangrijk dat huurhuizen de juiste numerologische trillingen hebben als de verhuurders de huur van hun huurders op tijd willen innen. Anders, als de trillingen zwak zijn, zullen de verhuurders moeite hebben om de huur te innen, omdat de huurders zelf geen geld kunnen verdienen om de huur te betalen.

Voorbeeld 20

Dirk, de broer van drie zussen die allemaal eerder een consult bij mij hadden gehad, kwam begin oktober naar mijn kantoor. Hij had een krachtige

Saturnusnaam en zijn huisnummer, 139, had de energie van tegenstrijdige planeten (de Zon + Jupiter + Mars). Gelukkig had hij een diepgaande Zonnige geboortedatum. Ik vertelde hem dat het door zijn sterke geboortedatum kwam dat hij zo lang in dit huis had overleefd - iemand met een zwakkere energie zou al jaren eerder zijn opgebrand. Ik vroeg hem of hij gescheiden was en hij antwoordde bevestigend. "Op het moment dat mijn vrouw erachter kwam dat ik homo was, heeft ze me verlaten, hoewel we nog steeds goede vrienden zijn," zei hij. Dirk had een zoon die onlangs gescheiden was en die de begane grond van het pand bewoonde. Dirk vertelde me dat hij onlangs een huis had gekocht in Mexico, waar hij "over een paar jaar naartoe wilde verhuizen om zich te settelen".

Ik was niet verbaasd toen Dirk me vertelde dat zijn toekomstige huisnummer - een 12 - zwakker was dan het nummer dat hij al had. Ik vroeg hem ook naar zijn bloedsomloop en hij vertelde me dat zijn ogen zwart werden en dat hij niet begreep wat er aan de hand was. Ik deed wat energie opruiming bij hem en stelde patches voor voor zowel zijn huidige woonplaats als die in Mexico. Enkele jaren later nam Dirk contact met me op om me te vertellen dat hij in Mexico met pensioen kon gaan, zoals hij had gedroomd.

Twee Twee

2 + 2 wordt ook wel een "meestergetal" genoemd omdat het twee keer de energie van de Maan heeft. Als de energie van de Maan twee keer op een naamgetal verschijnt, brengt dat roem en media-aandacht. Maar als deze energie op een huisnummer komt, brengt het verwarring en financiële problemen. In de loop der jaren heb ik veel intuïtieven 22 zien proberen te vinden als huisnummer en ik heb ze zien worstelen toen ze dachten dat ze geslaagd waren.

Voorbeeld 1

Ik werd benaderd door een beroemd radiokoppel in de omgeving van Seattle om in hun show te komen. De presentatoren waren bekend in de omgeving en zoals altijd waren ze erg nieuwsgierig naar de implicaties van hun huisnummer. Omdat ze zelf intuïtief waren, maakten ze de fout om hun nummers op te tellen tot een 22-trilling. Ook hadden ze allebei Uranus op hun geboortedatum, wat de energieën in het huis nog ingewikkelder maakte. Ik stelde voor dat ze de energie van het huis zouden verschuiven door wat Zon in de vorm van een nummer 1 toe te voegen aan hun bestaande adres. Het ging snel beter met dit stel. Ze hebben in de uitzending verschillende keren erkend hoe het toevoegen van een klein nummer aan hun adres hun persoonlijke en professionele leven heeft verbeterd.

Voorbeeld 2

Himani heeft de afgelopen jaren reclame gemaakt voor mijn vastgoedbedrijf. Ze is een bekende radiopersoonlijkheid in de Fiji Indiase gemeenschap en is ook een spiritueel persoon. Himani woont in Los Angeles en haar huisnummer is 22.

In de loop der jaren heeft ze veel intuïtieven en religieuze mensen geraadpleegd, maar ze heeft niet kunnen achterhalen waarom haar inspanningen niet beloond worden. Haar enige zoon, die Uranus energie heeft, is twee keer gescheiden in dit huis. Himani worstelt om geld te verdienen aan haar reclamesponsors en probeert effectief te zijn in de uitzending.

Himani nam contact met me op en wilde mijn mening over haar huisadres. We hadden al eerder met elkaar gesproken, maar dit was de eerste keer dat ze geloofde dat ze het juiste antwoord zou krijgen. Dit was een gemakkelijke patch: Ik moest de energie van het huis verschuiven door wat zonne-energie toe te voegen, zodat haar stem duidelijk en sterk gehoord kon worden. Sindsdien zijn we goede vrienden geworden en begint ze vruchten te plukken van haar werk.

Voorbeeld 3

Een vriend woont in een huisnummer 5764 in de buurt van Newark, Californië. Jaren geleden hielp ik hem bij de aankoop van zijn eerste huis, waarbij ik natuurlijk het juiste nummer voor hem overwoog. Een paar jaar later had hij een aanzienlijk eigen vermogen in het huis en ging hij zelf aan de slag. Hij dacht dat hij genoeg wist over nummers en had niemands advies nodig.

5764 heeft de energie van Mercurius + Neptunus + Venus + Uranus. Zowel de man als de vrouw hebben Uranus en Saturnus energie in hun naam. Vanaf het moment dat ze in dit huis kwamen wonen, was er een tekort aan geld en hadden ze voortdurend ruzie. Bij veel gelegenheden kwamen ze heel dicht bij een scheiding. Het zal me niet verbazen als ik uiteindelijk hoor dat er iets rampzaligs is gebeurd in dit huis. Nummers liegen nooit, en ik zal niet verbaasd zijn als ik hoor dat ze uit elkaar zijn gegaan.

Voorbeeld 4 (22, versterkt)

Er zijn veel voorbeelden waarin de energie van Uranus misleidend en moeilijk wordt, maar er is altijd een gemakkelijke manier om dit op te lossen door de juiste nummers toe te voegen aan bestaande huisnummers op basis van geboortedata en naamtrillingen.

Tijdens een uitzending van de *Seeing Beyond* radioshow in San Francisco belde een beller met huisnummer 202 en een sterke Neptunus geboortedatum. Door naar haar nummers te kijken, kon ik zien dat ze zelf erg intuïtief was.

Ze had haar huisnummer opgepikt in de overtuiging dat het een "meesternummer" was, zoals bij veel intuïtieven die ik heb ontmoet het geval is. Deze energie op een huisnummer zorgt altijd voor verwarring en werkt niet goed met financiën. Ik stelde voor dat ze nog een getal 2 aan haar huisnummer toevoegde om het af te stemmen op haar eigen basis energie.

Voorbeeld 5

Een Vietnamese dame was nogal verbaasd toen ik met haar begon te praten. Ze woonde met haar vriend op nummer 769 in San José. Ze wilde iets weten over haar levensmiddelenbedrijf, Miss Saigon genaamd en gevestigd op het adres 1455. Ik vertelde haar dat noch de naam noch het nummer zou werken voor een levensmiddelenbedrijf. Ze vertelde me dat ze er vanaf wilde en al in escrow was. Haar woning zorgde voor veel verwarring in haar leven en ook financieel had ze problemen. Ze was geneigd om een ander pand te kopen en ik vertelde haar dat het een goed idee zou zijn om dit pand te verhuren en een betere numerologie aan te schaffen voor haar eigen basis energie. Dat wilde ze doen na de verkoop van haar bedrijf. Als een woongetal zwak is, heeft dat invloed op je bedrijf, zelfs als de energie van het bedrijf zelf sterk is. In mijn ervaring heb ik ook gezien dat positieve huisnummers op zichzelf de juiste numerologie kunnen aantrekken voor hun bewoners, in al hun inspanningen.

Voorbeeld 6

Mijn vriendin, die zelf spiritualiste is, belt me soms op om huisnummers te bespreken van cliënten die haar komen raadplegen voor zuivering en genezing. Ze belde namens een andere vrouw, die in een huis met nummer 994 woonde. Gebaseerd op het huisnummer had de woning een overweldigende Mars energie. Gewoonlijk zorgt te veel Mars voor conflicten en woede. Het wordt beroepsmatig ook geassocieerd met geneeskunde. Mijn vriend vertelde me dat de eigenaar van 994 een chiropractor was die zich aangetrokken voelde tot dit huis vanwege de Mars energie. Maar de chiropractor voelde zich altijd boos en gefrustreerd en was onlangs gescheiden. Deze informatie werd uitgewisseld zonder dat de chiropractor zijn naam of geboortedatum wist. Ik stelde voor dat ze een nummer 1 tussen de 9's zouden zetten om de energie gunstiger te maken en de invloed van Mars af te zwakken.

Voorbeeld 7

Leda had me gezien op een Perzisch tv-netwerk. Ze zei dat op het moment dat ze me zag en hoorde wat ik de mensen vertelde, ze een "sterke drang" had om me te ontmoeten. Ze probeerde de studio te bellen maar dat lukte niet en haar man was niet geïnteresseerd. Uiteindelijk overtuigde ze hem om een afspraak met mij te maken en ze kwamen allebei naar mijn kantoor. Leda woonde met haar familie in een huis met nummer 38317 in de San Francisco Bay Area.

Nadat ik hun naam en geboortedatum energieën had berekend, vertelde ik het stel dat dit huis hen financiële uitdagingen zou brengen. Ze keken elkaar aan en stemden in. "Waar woonden jullie voor dit huis?" vroeg ik. "Het was nummer 39063," zei Leda. Deze energie stroomde met Venus, Jupiter twee keer en Mars, wat uitstekend was voor geld. Op het moment dat ik dat zei, waren ze het met me eens en vertelden ze me dat ze daar "gelukkig en succesvol" waren geweest, maar dat ze het gevoel hadden dat het huis niet "groot genoeg" voor hen was geweest.

Nadat ik wat energie had vrijgemaakt voor het stel, heb ik hun huisnummer opgelapt door wat Maan energie toe te voegen. Toen ze weggingen, zagen ze er op hun gemak uit en de angst waarmee ze binnenkwamen was van hun gezicht verdwenen.

Drie Een

31 heeft de energie van Jupiter + de Zon. Deze planeten werken niet samen op een huisnummer, omdat de energieën botsen en conflicteren. Het effect kan nog worden versterkt als iemand een Uranus of Saturnus naam of geboortedatum heeft. Het is geen gunstig huisnummer om in te wonen, omdat het negatieve energie aantrekt en de bewoners in verwarring brengt. Maar als dit getal op een naam staat, vibreert het heel anders.

Voorbeeld 1

Vele jaren geleden, toen ik nog verkering had met mijn vrouw, realiseerde ze zich hoe gepassioneerd ik was over huisnummers. Ze reed me naar een groot landgoed in de wijk Mission Hills in Fremont en vroeg me wat ik van het huisnummer vond. Toen ik naar het getal 44896 keek bij het naderen van het huis, zag ik twee keer Uranus + Saturnus + Mars + Venus- een combinatie van tegenstrijdige energieën. Ik vertelde mijn verloofde dat degene die daar woonde een financiële tegenslag zou krijgen. Toen ze de heuvel afliep, vertelde ze me dat dit het huis van een beroemde rockster was. Een jaar later was zijn naam overal in het nieuws: hij had 33 miljoen dollar verloren.

Interessant genoeg lunchte ik later datzelfde jaar met mijn vrouw in een plaatselijk Italiaans restaurant. De serveersters bleven in mijn richting kijken en ik vroeg me af waarom, want ik was daar al vaak geweest en het personeel was gewend om een man met een bordeauxrode tulband te zien. Mijn vrouw gaf me een duwtje en zei dat ze niet naar mij keken, maar naar de man die in het hokje achter ons zat. Hij was eerder klaar dan wij en toen hij opstond, benaderden enkele gasten hem. Hij was dezelfde beroemde rockster die nu failliet was. Ik herinner me dat ik hem de hand wilde schudden, omdat hij zo dichtbij zat, maar ik besloot hem niet lastig te vallen. Ik wou dat deze beroemdheid zich had gerealiseerd hoe krachtig het is om in de juiste (of verkeerde) numerologie te leven.

Voorbeeld 2 (31, versterkt)

Rosa Kaur hoorde me op de radio en maakte een afspraak met haar man. Ze arriveerden 10 minuten te vroeg, wat me liet zien hoe serieus ze waren om me te consulteren. Zoals gewoonlijk kreeg ik hun informatie.

Hun huisnummer, 301, met Jupiter en de Zon botsend, gaf me meteen een beeld van hun situatie. Rosa, die jonger was dan haar man, was ziek, net als haar man, die er erg zwak uitzag. Rosa droeg een paar ringen en vertelde me dat ze astrologen had geraadpleegd, maar dat die niet veel hadden geholpen. Het echtpaar woonde al meer dan tien jaar op 301 en hun leven was een constante strijd. Geld was altijd een probleem en ze konden niet begrijpen waarom.

Interessant genoeg hadden ze een schoonfamilie met een huurder die soortgelijke problemen had en de huur niet op tijd kon betalen. Het verbaasde me niet; de numerologie van het huis had ook invloed op hun huurder. Ik zie dit soort situaties regelmatig. Ik stelde voor om een bepaald nummer aan hun huis toe te voegen, maar raadde hen ook sterk aan om van woning te veranderen en op zoek te gaan naar een huis met sterkere en meer compatibele nummers. Rosa zei dat ze al overwogen om het huis te verkopen. Ze hadden eindelijk hun antwoord en wisten wat ze moesten doen om hun omstandigheden te veranderen.

Vier Negen

Een woonplaats met nummer 49 staat voor Uranus + Mars. Dit is een moeilijke woonplaats om in te wonen.

Voorbeeld 1

Ik werd benaderd door een andere Vietnamese vrouw die in een prestigieuze wijk in de Mission Hills wijk van Fremont, Californië woonde. Ze wilde meer weten over haar bedrijf, maar voordat ik haar bedrijf besprak, wilde ik weten waar ze woonde. Nadat ze me haar adres (49), haar geboortedatum en de spelling van haar naam had gegeven, vertelde ik haar dat deze woonplaats niet goed was voor haar bedrijf, wat het ook was of wat ze ook deed. Ze vertelde dat ze dit huis had gekocht na overleg met een feng shuimeester en er bijna een jaar had gewoond, maar dat ze financiële problemen had. Ik stelde voor dat ze haar nummer zou verschuiven door meer Maan energie aan haar huis toe te voegen.

Bij haar tweede bezoek aan mijn kantoor wilde ze dat ik een paar van haar vrienden zou ontmoeten die met mij moesten overleggen. Voordat ik haar vrienden ging helpen, vroeg ik hoe het met haar ging. Ze vertelde dat zij en haar man hadden besloten om het huis te verkopen. Het stond al een maand te koop, zei ze, maar er was geen bod gekomen. Toen ik hen voor het eerst hielp, was het de bedoeling geweest dat ze in het huis zouden blijven wonen, omdat ze niet had aangegeven dat ze wilden verhuizen. Nu ze had besloten het huis te verkopen, moest ik een andere combinatie voorstellen om het snel te kunnen verkopen.

Vijf Acht

Een nummer 58 woonplaats vertegenwoordigt Mercurius + Saturnus, wat erg zwak is op een huis, hoewel het gunstig kan zijn in een naam.

Voorbeeld 1

Selena nam contact met me op nadat ze me op het Perzische tv-netwerk had gezien, en ik kon zien dat ze in een wanhopige situatie zat en mijn hulp nodig had. Ze woonde in huisnummer 58 in San Diego en had een krachtige Mercurius geboortedatum. Ze werkte als kapster in een bekende Italiaanse salon en vertelde me dat ze contact had met veel beroemdheden. Ik vertelde haar dat wat haar het meest zou helpen niet was wie ze kende, maar of ze de informatie die ik haar ging geven ook toepaste.

Ik vertelde Selena dat de numerologie van het huis, Mercurius + Saturnus, haar pad zou blokkeren en gezondheids- en geldproblemen zou veroorzaken. Ze was het met me eens en zei dat ze "zo wanhopig was dat ze een pakje sigaretten per dag rookte en een fles wijn opat". Ik stelde voor dat ze een nummer 2 aan haar huisadres zou toevoegen om de energie beter te laten stromen voor haar en haar bedrijf. Ik stelde ook voor dat ze een smaragden hanger om haar nek zou dragen.

Een paar dagen later belde Selena weer en vertelde me dat ze "echt de verschuiving voelde" en erg dankbaar was voor de informatie die ik had gegeven. Als ik mensen ontmoet die wanhopig op zoek zijn naar informatie, probeer ik altijd op elke mogelijke manier te helpen.

Voorbeeld 2

58 is het voormalige huisnummer van een beroemde Indiase familie in Mumbai (Bombay). Sunil Dutt, zijn vrouw en hun zoon waren allemaal beroemd in de filmindustrie, maar ze hadden meer dan hun deel van de problemen. Hun getalenteerde moeder stierf vele jaren geleden aan kanker. Daarna stierf de vrouw van de zoon, die uit New York kwam, ook aan kanker.

De vader had veel ongelukken, waaronder een bijna fataal helikopterongeluk kortgeleden. De zoon, zelf een beroemd acteur, werd betrokken bij een oproer tegen de regering en zat 16 maanden dwangarbeid uit in de gevangenis, wat een einde maakte aan zijn acteercarrière. De vader overleed niet lang daarna in zijn slaap. Mercurius + Saturnus in het huis van deze familie bracht hen grote media-aandacht, maar ook onoverkomelijke beproevingen, zowel in de vorm van ziekte en onvoorziene ongelukken.

Voorbeeld 3

Tijdens een bezoek in juli aan Vancouver, Canada, werd ik overspoeld door vrienden en klanten die van mijn vakantie een zakenreis maakten. Een van mijn vrienden, die me meenam naar zijn nieuwe huis, was opgetogen dat het huisnummer dat hij had gekozen veel beter was dan zijn vorige woning en dat zijn geluk inderdaad ging veranderen. Kort na zijn verhuizing naar het nieuwe huis breidde hij zijn bedrijf uit en was hij blij met het leven in het algemeen. Het vorige huis, waar hij vele jaren had gewoond, was het middelpunt geweest van veel vreselijke ervaringen: financiële problemen, en zijn zoon die met de verkeerde mensen omging en juridische problemen kreeg.

Maar met het nieuwe huis verdwenen deze problemen. Ik vertelde hem dat deze nieuwe energie hem zou blijven omringen met geluk en succes. Hij wilde dat ik een van zijn werknemers in zijn bedrijf ontmoette, die erop stond dat ze met me zou praten. Deze dame van middelbare leeftijd kwam uit Engeland. Zoals gewoonlijk vroeg ik naar haar geboortedatum en haar huisnummer. Ze vertelde me dat ze al meer dan dertig jaar in huisnummer 58 woonde. Haar geboortedatum botste met de energie van het huis, net als die van haar man. Ik vertelde haar direct dat dit huis hen veel financiële problemen en onaangename verrassingen zou brengen en dat het een ongunstige plek was om te wonen.

Ze vertelde dat haar man vele jaren geleden plotseling een zware hartaanval had gehad en was overleden, terwijl hij ogenschijnlijk in goede gezondheid verkeerde. Haar financiële problemen hielden nooit op, hoe hard ze ook werkte. Ze had alles geprobeerd: ze had veel mensen geraadpleegd, maar haar lijden leek nooit te stoppen. Ik vroeg haar toen: "Bent u nog steeds eigenaar van dit huis?" Ze zei ja en dat haar jongste zoon, die pas getrouwd was, er woonde.

Nadat ik naar de geboortedatum van de jongste zoon had gekeken, kon ik zien dat zijn energie ook botste met het huisnummer, dus voordat ik verder ging, gaf ik haar een pleister. Ik zei: "Bel je zoon nu op en vraag hem om een cijfer 2 voor de vijf en de acht te zetten. Gebruik ook dezelfde combinatie boven de voordeur." Verder stelde ik voor dat hij bepaalde kristallen zou dragen om zijn persoonlijke en financiële leven in balans te brengen en te verbeteren. Ik kon zien dat ze opgelucht was toen ze de informatie kreeg. Ik voelde me heel goed dat ik haar deze informatie had kunnen geven, wetende dat het dingen zou veranderen voor de familie.

Acht Vijf

Een nummer 85 woonplaats vertegenwoordigt Saturnus + Mercurius, wat vergelijkbaar is met een 58 maar een paar nuances lager in energie.

Voorbeeld 1

85 is de woning van een van mijn eigen familieleden in New Delhi, India. Dit is een zeer spirituele familie, maar ze kregen te horen dat het hoofd van de familie geopereerd moest worden om een darmkanker te verwijderen. Op mijn volgende reis naar India lapte ik hun huis op door wat zonne-energie toe te voegen om verdere gebeurtenissen te blokkeren. Nadat ik weer thuis was, vroeg ik mijn neef hoe de patch voor hen werkte. Hij zag er veel gelukkiger uit en leek meer positieve energie uit te stralen en hij vertelde me dat het veel beter ging met zijn bedrijf dan voorheen.

Hoofdstuk 7

Mercurius: Nummer 5

Het getal 5, dat Mercurius vertegenwoordigt, komt in vele vormen voor: 5 op zichzelf, 14, 23, 32, 41, 59, 68, 77, 86 en 95. Dit zijn allemaal getallen die kracht brengen en extreme rijkdom kunnen voortbrengen als ze toevallig de juiste energieën hebben. Dit zijn allemaal nummers die kracht brengen en extreme rijkdom kunnen genereren als ze toevallig de juiste energie hebben. Vijf is ook het getal voor intellect, media, communicatiebedrijven, beroemde schrijvers en de auto-industrie.

Mercurius is toevallig mijn favoriete energie. Persoonlijk heb ik er profijt van gehad in mijn bedrijf en in veel andere transacties die ik heb gedaan met zakenpartners die geen onroerend goed zijn. De energie van dit nummer is getimed. Het is cruciaal om te begrijpen hoe je deze energie kunt maximaliseren, want als die tijd verstrijkt, begint de ondergang en kan alle rijkdom die is opgedaan snel verdwijnen. Krachtige Mercurius nummers zijn als een rad van fortuin: ze kunnen je omhoog brengen, maar ze kunnen je ook omlaag brengen als ze op een huis staan.

Vijf

Een nummer 5 woonplaats is Mercurius alleen.

Voorbeeld 1

Tijdens het schrijven van dit boek kwam Dr. Raj Singh, een Oost-Indiase arts uit New York, voor een gesprek in een medisch centrum in San

Jose met het oog op een mogelijke verhuizing. Zowel de man als de vrouw hadden compatibele Mercurius vibraties en ze woonden in een huis met nummer 5 in Melville, New York. Ik zei dat dit een voordelige woonplaats voor hem was. Dr. Singh zei dat hij daar vijftien jaar had gewoond en dat hij erg gelukkig was met zijn persoonlijke en professionele succes. Een Mercurius adres kan een prachtige plek zijn om te wonen als het stroomt met je eigen vibraties, zoals in dit geval.

Voorbeeld 2

Een Oost-Indiase dame die in een huisnummer 1013 in Milpitas woont, e-mailde me voor hulp. Haar huisnummer verklaarde haar situatie: twee zonnen + Jupiter die met elkaar botsen. Dit zorgt voor constante wrijving en gezondheidsuitdagingen, die ze in de e-mail noemde. Ik raadde haar een patch aan waar ook de andere gezinsleden baat bij zouden hebben. Ik suggereerde dat het een goed idee zou zijn om van woonplaats te veranderen, omdat de patches slechts tijdelijk zouden helpen, vanwege de botsende planeten die op haar huis zitten.

Een Vier

Het getal 14 is een fanatische Mercurius energie. Het is een geweldig getal om op huizen te hebben, maar alleen voor een korte periode. Het kan je rijk maken, maar het kan je ook je geld afnemen. Wees voorzichtig als deze Mercurius energie op je woonplaats of je geboortedatum komt.

Voorbeeld 1

Gedurende een aantal jaren was ik regelmatig te gast bij het radioprogramma *Seeing Beyond* met Bonnie Coleen in de San Francisco Bay Area. Elke keer als ik in haar show was, kreeg ik veel telefoontjes van mensen die meer wilden weten over hun huisnummers. De technicus van de show, Jonas, vroeg me toevallig naar zijn eigen huis tijdens een onderbreking van de uitzending.

Hij had de energie van Mercurius, maar had zijn tijd in dat huis overschreden. Ik vertelde hem dat zijn geluk op dit punt begon te veranderen en dat geld erg krap zou worden, waarmee hij instemde. Ik stelde voor dat hij een bepaald nummer aan zijn huis zou toevoegen om de energie te corrigeren en het voor nog eens vier jaar op te krikken. Hij wilde de informatie die hij had gekregen graag toepassen.

Voorbeeld 2

In de loop der jaren heb ik veel mensen ontmoet die ooit succesvol waren, maar van wie het fortuin is afgenomen. Ik werd benaderd door een beroemde Oost-Indiase Sikh die ooit veel onroerend goed bezat in de Bay Area. Ik heb hem verschillende keren in het voorbijgaan ontmoet, maar ik heb hem nooit persoonlijk leren kennen. Hij stond erop me te ontmoeten nadat hij over me had gelezen in de krant. Zijn adres, 3920, verraste me niet. Dulal was begin jaren '80 in dit huis gaan wonen en zijn vrachtwagenbedrijf had in die tijd een bloeiperiode gekend.

Na een paar jaar in dit huis te hebben gewoond, begon het geld op te drogen. Zijn vrouw had relaties met andere rijke mannen, omdat het moeilijk voor haar was om haar uitbundige levensstijl op te geven. Dulal verklaarde dat hij veel astrologen en intuïtieven had geraadpleegd, die geen oplossingen boden. Ik zei tegen Dulal dat hij de woning zelf moest oplossen door meer Venus en Jupiter energie te gebruiken. Tegenwoordig zie ik hem opgelucht en met meer vertrouwen in zichzelf, omdat het huis een "nieuw leven" heeft gekregen door de Mercurius energie samen te voegen. Ik weet zeker dat dit zal helpen om zijn financiële situatie en zijn relatie met zijn vervreemde vrouw, met wie hij nog steeds getrouwd is, te verbeteren.

Voorbeeld 3

Ik werd benaderd door een vrouw die in Kent, Washington woonde. Ze had over me gehoord via een lokaal radiostation in Seattle. Nadat ze me haar informatie had gemaild, vroeg ze me om een telefonisch gesprek. Deze vrouw was enig kind en werkte bij de U.S. Army Corps of Engineers als administratief medewerkster. Haar zorg was het bedrijf van haar vader, een benzinestation in Kent. Het huisadres van de familie, 11219, en het bedrijfsadres, 631, gaven me meteen een kristalhelder beeld: ten eerste waren ze te lang gebleven in deze Mercury-woning en ten tweede was dit bedrijf niet in overeenstemming met het huidige adres. Ik stelde veranderingen voor door bepaalde nummers aan het huis en het bedrijf toe te voegen en deze jongedame leek dankbaar voor de informatie. Ik weet zeker dat de veranderingen die ze doorvoerde hun familiezaken en de geldstroom in het huis aanzienlijk verbeterden.

Voorbeeld 4

Toen ik haar ontmoette, woonde Tina op een heel positief Mercury-adres in Silicon Valley. Toen ze besloot naar Monterey te verhuizen, koos ze een huisnummer dat bij het getal 22 hoorde, zeggende dat het een "meestergetal" was en geweldig zou zijn voor haar en haar familie. (Veel van mijn andere vrienden die metafysisch bewust zijn hebben dit ook gedaan. Maar allemaal hebben ze, nadat ze zich in dit soort energie hadden bewogen, geworsteld met geld en waren ze enorm in de war over de 22 energie op de deur). Haar beide internetbedrijven begonnen af te nemen en geld werd een groot probleem.

Ik consulteerde Tina en stelde voor dat ze een bepaalde energie aan de nummers zou toevoegen om meer Mercurius energie samen te laten stromen met haar geboortedatum. Aan het begin van het jaar vond Tina een nieuw huis en belde me om er zeker van te zijn dat ze het juiste nummer kocht. Ja, zei ik, 455 zou een uitstekend nummer voor haar zijn! Ze vroeg ook mijn hulp bij het regelen van de hypotheek voor het huis.

In het voorjaar werd er een pakketje naar mijn kantoor gestuurd. Mijn assistente vertelde me bij het openen (gekscherend) dat het van een "geheime aanbidder" was. In het pakket zaten bloemen die Tina had gestuurd, samen met een kaartje om me te laten weten dat de deal was gesloten en dat de makelaar had aangegeven dat de prijzen al met 10 procent waren gestegen!

De Mercurius energie is heel krachtig, maar Tina weet ook dat het getimede energie is en zal geen fout maken door te lang in deze residentie te blijven. Ik weet zeker dat het geweldig zal zijn voor haar bedrijf en haar bankrekeningen.

Voorbeeld 5

Deborah woonde in nummer 464 en stond op het punt haar baan op te zeggen bij een prestigieuze plaatselijke krant. Ze had veel vragen over haar financiën en haar jarenlange vriend. Ik stelde voor dat ze wat Venus en Neptunus energie aan het einde van het huisnummer zou plaatsen om de energie aan te moedigen meer met haar eigen basisenergie te stromen. Een paar maanden later belde Deborah me nadat ze in Mexico met haar jarenlange partner was getrouwd en een nieuw bedrijf was begonnen. Ik hielp haar ook bij het kiezen van de naam van haar nieuwe bedrijf. Deze veranderingen hebben een positief effect op haar leven gehad.

Voorbeeld 6

Sinds ik ben begonnen met het lezen van nummers, hebben veel helderziende intuïtieven contact met me opgenomen over hun persoonlijke numerologie. In de meeste gevallen realiseerde ik me dat ze niet duidelijk zijn over de nummers die op huisadressen staan. Ellen nam contact met me op nadat ze me op de lokale radio had gehoord en toen we begonnen te praten, vertelde ze dat ze ook helderziend was, haar eigen praktijk had en mensen consulteerde. Ze zat op dat moment in de financiële problemen, dus besloot ik een gratis reading voor haar te doen. Ellen had de afgelopen 10 jaar in een nummer 167 geleefd. Ze realiseerde zich niet dat de energie van dit getal al lang geleden gestorven was en dat het tijd was om in beweging te komen. Ik stelde voor dat ze meer Venus en Uranus energie aan haar nummers toevoegde, zodat ze kon verhuizen naar de juiste woning voor haar.

Voorbeeld 7

Een Oost-Indiase vrouw was een van de eersten die contact met me opnam nadat er een artikel over mijn werk was verschenen in de *San Jose Mercury News*. Omdat ze zelf Sikh is en ook makelaar, was ze erg blij maar tegelijkertijd ook verbaasd toen ze mijn foto (een man met een tulband!) zag in het zakelijke gedeelte van de *Mercury News*. Ze voelde de behoefte om me te ontmoeten en liep op een dag mijn kantoor binnen. Toen ik naar haar huisnummer keek, 2651, en hoe lang ze daar al woonde, vertelde ik haar dat er een tekort aan geld was. Ze was het met me eens en voegde eraan toe dat het heel moeilijk voor haar was geweest om de juiste relatie te vinden; de meeste hielden geen stand. Ik stelde voor dat ze wat zonne-energie aan haar huisnummer zou toevoegen zodat haar liefdes- en geldsituatie zou verbeteren.

Voorbeeld 8

Vele jaren geleden, toen ik voor het eerst naar dit land kwam, woonde ik in Yuba City, een klein stadje op het platteland van Noord-Californië, omringd door veel boerderijen en boomgaarden. Ik maakte veel vrienden door mijn kennis van nummers en werkte met veel mensen samen. Meneer Ling werd een vriend van me. Hij woonde in een klein huis in een werkkampgebied van Yuba City en had een stoffeerderij in een bijgebouw van het huis. Ik herinner me dat meneer Ling worstelde met zijn financiën en geen richting in zijn leven had. We zaten allebei in hetzelfde schuitje!

Omdat ik nummers begreep, stelde ik voor dat meneer Ling een bepaald huis zou kopen met een sterke Mercurius energie erin. Een boer die naar het Sacramento gebied wilde verhuizen stemde ermee in om de lening te dragen en zijn huis aan meneer Ling te verkopen. Het was interessant om te zien hoe binnen een jaar het geluk van meneer Ling veranderde. Er begon geld naar hem toe te stromen en een paar jaar later kocht hij ook een benzinestation in de buurt van Sacramento. Toen hij enkele jaren later overleed, liet hij zijn familie een groot landgoed na.

Toen ik de informatie doorgaf die hem hielp om dit geld opleverende huis te kopen, vertelde ik meneer Ling dat de energie van het geld maar een bepaalde tijd zou duren. Het geld begon binnen te komen, maar helaas wist hij niet meer wat ik hem verteld had. Omdat hij nummers niet goed begreep, begon hij dezelfde informatie door te geven aan andere mensen, zich niet realiserend dat nummers een serieuze zaak zijn. Ze zijn veel ingewikkelder dan gewoon optellen of een "Mercurius" adres hebben. Op een dag hoorde ik dat meneer Ling in het ziekenhuis lag en terminaal ziek was. Dit was, denk ik, zijn achtste of negende jaar in dit huis. Een paar maanden later stierf hij. Hoewel ik heel blij was dat hij succes had, maakte het me tegelijkertijd van streek om te zien dat meneer Ling informatie gaf aan andere mensen die niet van toepassing was en misschien zelfs schadelijk voor hen was.

Voorbeeld 9

6701 Orchid Road is het adres van een boerderij in het noorden van Californië. Sohan, de eigenaar, woonde al meer dan zes jaar op dit adres toen ik hem voor het eerst ontmoette. Naarmate de tijd verstreek, ging zijn bedrijf achteruit en twee van zijn broers en zijn beide ouders zijn overgestoken terwijl ze in dit huis woonden. Toen ik in Yuba City woonde, kwam Sohan me vaak opzoeken en werd hij een vriend. In die tijd woonde ik in een bijgebouw; Sohan vroeg vaak of ik niet liever op zijn ranch wilde wonen. Hij zei dat hij me zelfs een eigen trailer zou geven. Hoewel ik me in een wanhopige situatie bevond, vond ik een beleefde manier om nee te zeggen, omdat ik wist dat deze tanende Mercurius energie rampzalig kon zijn voor *iedereen* die daar ging wonen.

Ik heb Sohan de afgelopen jaren een paar keer gezien. Hij heeft hartcomplicaties gekregen en de laatste keer dat ik hem zag, zag hij er niet gezond uit. Hij woont nog steeds in hetzelfde huis. Helaas had ik toen nog niet zoveel ervaring met het patchen van huisnummers, maar dit huis moet zeker gepatcht worden.

Voorbeeld 10

Een paar kennissen uit mijn omgeving namen contact met me op voor advies over huisnummers en ik hielp ze bij de aankoop van een huis met nummer 4820. Ze kochten dit huis eind jaren '90 en sindsdien is de waarde meer dan verdubbeld. Zoals alle Mercurius-trillingen begon dit huis zijn numerologische kracht te verliezen. Zowel de man als de vrouw van het huis zijn opgenomen in het ziekenhuis; de man met een hartprobleem en de vrouw met gynaecologische problemen. Ik heb hen een paar keer voorgesteld dat het raadzaam zou zijn om dit huis snel te verlaten voor een ander. Ze vinden het geweldig dat ze eigen vermogen hebben opgebouwd in het huis, maar ze moeten bedenken wat er met hun gezondheid kan gebeuren als ze in dit huis blijven wonen.

Voorbeeld 11

Afsaneh woonde in nummer 581 en kwam naar me toe nadat ze over me had gelezen in de plaatselijke krant. Afsaneh was te lang in het huis blijven wonen; haar huwelijk was slecht en de financiën waren een groot probleem. Ze had overgewicht, was gestrest en erg ongelukkig. Ze vroeg zich af hoe een huis dat hen aanvankelijk "zoveel geld" had opgeleverd, hen nu dakloos dreigde te maken. Ik stelde voor dat ze een 1 toevoegde voor meer

Zon energie om het te verschuiven naar Venus, gebaseerd op wat werkte met haar geboortedatum.

Voorbeeld 12 (14, versterkt)

Ik heb een klant die al naar me luistert sinds mijn eerste show in de Bay Area. Ze heeft me vaak geraadpleegd in de uitzending en ze vroeg naar huisnummers van Florida tot Hawaï als ze een huis wilde kopen. Ze zei dat ik haar had geholpen met het kopen van veel huizen in het hele land en toen zei ze dat ze een vraag voor me had. Ze had twee nummers, een 104 en een andere Mercurius trilling, en wilde weten welke beter zou zijn. Ik legde uit dat de eerste het beste zou werken, omdat de Zon + Uranus altijd goed is voor kopen en verkopen.

Wat ze niet begrijpt is dat deze energie getimed is en dat de timing afhangt van je geboortedatum en je naam. Ze zei: "Ik wist dat dit de juiste was," en zei dat ze van plan was om het huis lange tijd te houden. Ik herinnerde haar er voorzichtig aan dat huizen als 104 na een bepaalde periode financieel onheil en juridische problemen met zich mee kunnen brengen. Nogmaals, het is als een rad van fortuin: wat omhoog gaat kan ook omlaag komen.

Voorbeeld 13

Rashida belde me vanuit Atlantic City, New Jersey, nadat ze me in een Perzisch tv-programma had gezien. Ze gaf me haar huisnummer (3425) en de nummers van al haar kinderen, maar ze was het meest bezorgd over haar zoon, die bij haar in huis woonde. Haar huis zat in een neerwaartse cyclus van energie. De tijd op het nummer was al verstreken. Ik stelde snel voor dat ze het huis zou opknappen met meer Jupiter + Venus energie. Toen we het over haar zoon hadden, de belangrijkste reden voor haar telefoontje, identificeerde ik het probleem als een botsing tussen zijn geboortedatum en zijn naam. Beide waren krachtige energieën, maar ze spraken elkaar tegen. Ik stelde voor dat ze een letter uit de naam van haar zoon zou laten vallen. Dit zou geen invloed hebben op de uitspraak, maar het zou wel de energie van de naam veranderen. Op het moment dat ik haar dat vertelde, zei ze dat de voorgestelde verandering de echte naam was die ze voor haar zoon had gebruikt voordat hij naar dit land kwam.

Ik vroeg Rashida of ze een foto van Mekka, de heiligste stad van de Islam, in haar huis had en ze zei nee. Ik vroeg: "Waarom? Dat is vrij ongewoon voor een moslim." Ze barstte in tranen uit en zei: "Ik ben mijn geloof kwijt." Ik stelde voor dat ze weer heilige energie in haar huis zou brengen, misschien met een foto van Mekka of misschien Medinah. Toen we klaar waren, voelde ik dat Rashida opgelucht was door alle suggesties die ik had gedaan. Ik controleerde ook haar zakelijke nummer; het had een stevige Jupiter energie, wat uitstekend was. Ze zei dat ze daar al acht jaar een schoonheidssalon runde en dat het succesvol was. Rashida's reading gaf me een vreemd gevoel, maar ook veel voldoening: Ik was blij dat dit de eerste reading was die ik deed voor de mensen in de Perzische wereld.

Voorbeeld 14

Ik werd benaderd door een jonge vrouw genaamd Yvonne die als onderzoeksassistent werkte op de prestigieuze Stanford University School of Medicine. Na het bekijken van Yvonne's nummers, waaronder een krachtige geboortedatum, merkte ik dat haar huisnummer 446 negatief voor haar was. De reden dat ze naar dit huisnummer verhuisde was dat ze "het adres had opgeteld tot een getal vijf" en ze had altijd geloofd dat vijf haar "geluksgetal" was. Deze specifieke trilling heeft twee keer Uranus + één keer Venus, een schandalige en belastende energie, vooral met betrekking tot relaties. Toen ik haar vertelde dat ze hier problemen zou krijgen met relaties, was ze verbaasd. Ze vroeg: "Waarom zeg je dat?" Ik zei: "De nummers op het huis."

Ze vertelde toen een verhaal: dat ze een relatie had gehad met een getrouwde collega die had beloofd dat hij van zijn vrouw zou scheiden en met Yvonne zou trouwen. Maar toen er na een paar jaar niets gebeurde, verzuurde de relatie zodanig dat deze "vriend" dreigde haar te laten ontslaan.

Mijn eerste suggestie was dat ze het huis moest verlaten en een andere woning moest zoeken. Ze was niet erg vatbaar voor dat idee: ze was er net een jaar eerder gaan wonen en om vermogenswinstboetes te vermijden, moest ze er minstens twee jaar wonen. Als alternatief stelde ik haar nummers voor, waarbij ik me terdege realiseerde dat in een trilling als deze nummers niet veel verschil zouden maken. Ze belde me weer op en vertelde me dat haar leven nog steeds hetzelfde was. Ik antwoordde dat de enige echte oplossing zou zijn om van huis te veranderen, maar dat wilde ze nog steeds niet.

Ik weet dat Yvonne, die alleen in dit huis woont, voortdurend de verkeerde partners zal aantrekken in haar wanhopige zoektocht naar liefde, en dit komt door de Uranus + Venus combinatie op de huisnummers. Dit soort energie staat voor seksueel schandaal en brengt geen vervulling in relaties.

Voorbeeld 15

Sarika kwam in de zomer naar me toe. Ze had me een jaar eerder geconsulteerd nadat ze me had gehoord in het radioprogramma *Seeing Beyond*. Ik herinner me dat haar leven op dat moment (in haar woorden) "een puinhoop" was. Ze was gescheiden van haar man, had problemen met haar werk en wilde ook een nieuw internetbedrijf beginnen, maar voelde zich daarin gedwarsboomd. Ik patchte haar huisnummer en kort daarna raadpleegde ze me en kocht een sterk Sun huis.

Langzaam vielen de dingen op hun plaats: haar man verzoende zich met haar en het leven werd over het algemeen beter. Het zag er goed uit. Toen kwam Sarika me weer opzoeken. Ik herinner me dat ze een paar keer belde, op zoek naar een nieuw huis. Nadat ze met mij een nummer had bevestigd, kochten zij en haar man een huis van 4000 vierkante meter met huisnummer 725, dat veel groter was dan het vorige huis met het adres Sun.

Kort nadat ze in 725 was komen wonen, begon haar man weer lastig te worden. Daar waren twee redenen voor: de energie van de vorige eigenaars, die bijna tien jaar in het huis hadden gewoond, was niet opgeruimd en de individuele planeten in 725 waren niet in overeenstemming met de geboortedatum van haar man. Ik stelde voor dat Sarika meer Saturnus energie zou toevoegen aan het einde van het huisnummer om de planeten glad te strijken en ik stelde ook manieren voor om de energie op te ruimen. Sarika deed wat ik adviseerde en is nu tevreden met alle aspecten van haar leven en kijkt ernaar uit om nog lang in dit huis te wonen.

Voorbeeld 16 (14, twee keer versterkt)

Geoffrey, een getalenteerde muzikant, zei dat hij aan me had gedacht en dat hij me de volgende dag op de radio had gehoord. Hij besloot meteen naar me toe te gaan in verband met zijn onvermogen om een langdurige relatie te onderhouden. Hij had me een paar jaar geleden geraadpleegd, toen ik hem naar een adres van 1400 begeleidde. Zijn eigen vermogen was toen al aanzienlijk toegenomen. Maar deze keer kwam hij mij inschakelen als aankoopmakelaar voor onroerend goed in het Sacramento gebied, dat erg snel groeide. Op de radio had de presentator me gevraagd: "Welk gebied denk je dat op dit moment goed is voor mensen om te kopen?" Ik stelde Sacramento voor en Geoffrey luisterde. Hij vertelde me dat het huis dat ik eerder voor hem had uitgezocht al in waarde was gestegen. Deze keer vroeg hij of ik met hem wilde samenwerken om hem te helpen twee huizen te kopen. Het geeft veel voldoening als een klant in zo'n korte tijd bij me terugkomt met zo'n goed financieel rendement op zijn investering. Ik heb het gevoel dat het een van mijn missies is om welvaart in de wereld te bevorderen en in het geval van Geoffrey ben ik daarin geslaagd.

Voorbeeld 17

39200 was het vorige adres van mijn vastgoedbedrijf. Ik was naar dit nummer verhuisd nadat ik vijf jaar had geworsteld op een eerder kantooradres. De reden dat ik het vorige adres had gekozen, was het advies van mijn vrouw. Zij kende het gebied beter dan ik, omdat ze in dit land was geboren en locaties beter kende. Kort nadat ik naar 39200 was verhuisd, verkocht ik mijn huis voor een aanzienlijk bedrag. Het was in dit kantoor dat ik mijn eerste cheque van een miljoen dollar ontving: het kwam in de vorm van het eigen vermogen van de verkoop van mijn huis. Ik realiseerde me ten volle de energie van deze numerologie en maakte in iets meer dan vier jaar de overstap naar mijn huidige locatie, wetende dat langer op het adres 39200 blijven niet goed zou zijn geweest vanwege het timingaspect van Mercurius.

Voorbeeld 18

Jennifer (Jenny) Han-chi Lin, een middelbare scholier en violiste, had Mercurius + Neptunus energie op haar geboortedatum. Mercurius (5) staat voor vocale wegen en spraak; Neptunus (7) is het mystieke getal van de muziek, waarin ze uitblonk. Haar naam en haar woonplaats waren perfect op elkaar afgestemd en liepen ook synchroon met haar geboortedatum. Ze woonde met haar ouders in een huisnummer 2381 in Castro Valley, Californië.

Ik weet niet of ze langer dan vijf jaar op 2381 heeft gewoond, maar op basis van wat er is gebeurd, neem ik aan dat de familie er langer dan vijf jaar heeft gewoond. 2381, met Saturnus + Zon aan het eind, is de energie van bloed en ijzer, zoals geraakt worden door een auto of ander metaal. Haar energie was mysterieus, net als haar vreselijke dood op 27 mei 1994. Dit geval laat maar weer eens zien dat het optellen van nummers geen accuraat beeld geeft van de energie van een huis. Als je 2+3+8+1 bij elkaar optelt en op 14 uitkomt, zou dat geen enkele indicatie van geweld hebben gegeven.

Twee Drie

23 is een top energie voor Mercurius. In tegenstelling tot de 1 + 4 of 4 + 1 combinaties, kan deze energie onbeperkt gebruikt worden. Maar het is heel belangrijk dat bewoners in zulke huisnummers de juiste energieën hebben op hun geboortedata en hun namen, zodat ze niet in conflict komen met dit krachtige Mercuriusgetal, dat enorm veel succes kan brengen als het overeenkomt met de energieën van de bewoners.

Voorbeeld 1

Amar, een beroemde Oost-Indiase arts, heeft een adres 23 op zijn ranch in een prestigieus gebied in het zuiden van Californië. Interessant is dat de energie van zijn naamnummer overeenkomt met zijn huisnummer. Amar woont al meer dan 40 jaar op dit adres. Hij heeft miljoenen geïnvesteerd in de Verenigde Staten en bezit veel financiële instellingen in het Verre Oosten. Hij is een zeer nederige en vrome man en misschien is dat de reden waarom hij gezegend is met dit nummer.

Voorbeeld 2

Ik werd benaderd door een Oost-Indisch echtpaar dat op een adres 27518 woonde. Nadat ik hun basisnummers had bekeken, realiseerde ik me dat er eigenlijk niets mis was met het huisadres: het was een uitstekend nummer voor zowel de man als de vrouw. De vrouw werkte voor de California Highway Patrol en de man werkte voor een plaatselijk bedrijf.

Vaak moeten huizen, zelfs die met een positieve numerologie, gewoon worden ontdaan van energieën die zich in de loop der tijd hebben opgehoopt.

Ik heb me gerealiseerd dat het schilderen van de binnenkant van een huis, het gebruik van steenzout in alle hoeken of het wekelijks branden van salie in de ruimte echt helpt om de ruimte schoon te houden. In dit geval was dat alles wat we hoefden te doen. Een paar maanden later hielp ik deze familie met het kopen van een tweede huis door een klein deel van het eigen vermogen van hun huidige huis te gebruiken. Het echtpaar was erg dankbaar en realiseerde zich hoe de energie van het huis zo positief in hun voordeel was veranderd. Ze wonen tenslotte in de beste Mercurius-trilling!

Voorbeeld 3

36275 was het adres van een echtpaar dat van de Fiji-eilanden naar de Verenigde Staten was geëmigreerd. De vrouw nam contact met me op voor een reading nadat ze me op een lokaal radiostation had gehoord. Toen ik naar haar basis energieën en huisnummer keek, realiseerde ik me dat er niets mis was met het huisnummer. Nadat ik een ruimtezuivering had uitgevoerd en wat veranderingen in het huis had aangebracht, werd een zakelijke deal die al een tijdje in brand stond gesloten. Twee andere escrows in de omgeving van Sacramento werden ook gesloten. Een paar maanden later verhuurde de familie dit huis en verhuisde naar Sacramento om hun nieuwe bedrijf te runnen. Ik was blij dat ze naar mijn advies hadden geluisterd en het huis niet hadden verkocht, maar het in plaats daarvan als beleggingsobject hadden gehouden.

Voorbeeld 4

9824 was het huisadres van een stel dat me benaderde voor een e-maillezing. Ze woonden in Kent, Washington. De vrouw runde een financiële dienst terwijl de man niet wist of hij in onroerend goed moest gaan of een levensmiddelenbedrijf moest beginnen. Ik suggereerde dat deze energie niet gunstig was voor een levensmiddelenbedrijf en dat hij het beter bij onroerend goed kon houden. Zijn vrouw zat echter in het juiste soort bedrijf voor het adres. Ik stelde voor dat ze de ruimte zouden ontruimen en bepaalde kristallen aan hun vingers zouden dragen. Op hun beurt verwees dit stel anderen naar mij als teken dat ze mijn advies nuttig hadden gevonden.

Voorbeeld 5

37805 is een huisnummer in de straat waar ik tot augustus 2008 woonde. Deze energie heeft Saturnus versterkt met Mercurius, wat betekent dat deze woning een Mercurius-woning van zeer hoog niveau is. Het verbaasde me niet dat dit het eerste huis in onze buurt was dat verkocht werd, en het werd rond 2002 voor bijna een miljoen dollar verkocht. Ik zie dure auto's voor dit huis geparkeerd staan en ik weet dat de eigenaars ervan genieten.

Voorbeeld 6

Nadat er een artikel over numerologie in de plaatselijke krant was verschenen, werd ik benaderd door een echtpaar dat al in escrow was om een huis te kopen in de buurt van Livermore. Het ging niet goed met hun bedrijf. Nadat ik met hen had overlegd, vertelde ik hen dat het huis dat nu in escrow stond hen geen geluk zou brengen. Gelukkig slaagden ze erin om uit de escrow te komen en hielp ik ze met het kopen van een huis met nummer 7178 in Pleasanton, Californië. Deze numerologie paste perfect bij de familie. Sinds hun verhuizing naar dit huis zijn hen veel goede dingen overkomen. Ik hoor de vrouw nog vaak en ze is dankbaar en blij dat ze naar zo'n goed nummer is verhuisd.

Voorbeeld 7

1499 is het huisnummer van een bekende arts. Dit is een interessante Mercuriusconfiguratie, met twee keer Zon + Uranus + Mars. Het is een uitstekende plaats voor iedereen die te maken heeft met het medische veld vanwege de Mars energie die hier twee keer opduikt. In dit geval zijn zowel de man als de vrouw arts en elk van hen is succesvol op een ander gebied van de chirurgische praktijk. Er moet ook worden opgemerkt dat wanneer Mars energie zich twee keer herhaalt, het conflicten in het huis creëert, zoals in dit geval, waar het persoonlijke leven van de man en vrouw niet het beste is. Dit kan worden toegeschreven aan het feit dat Mars twee keer verschijnt en strijd in de relatie brengt.

Voor de kinderen in huis kan deze energie moeilijk en zelfs gevaarlijk zijn. Een van hun zonen heeft een auto-ongeluk gehad. Dit kan ook worden toegeschreven aan Mars. Voor iedereen die niet in de medische wereld werkt, zou dit een moeilijke plek zijn om te wonen, omdat het zowel de persoonlijke als de professionele sfeer zou beïnvloeden. Geen enkele zakenman zou in deze energie kunnen overleven, want het zou zelfs juridische problemen voor het bedrijf kunnen opleveren.

Drie Twee

32 heeft dezelfde energie als 23, maar is een tint lager. Het is echter een geweldig getal voor sporters om op hun shirt te hebben als ze de juiste numerologische basiskennis hebben.

Voorbeeld 1

Surya nam contact met me op via een gemeenschappelijke vriend. Ze had een advocatenkantoor en woonde in huisnummer 32. Ze had een zwak naamnummer en een al even zwakke geboortedatum. Het was de kracht van de Mercurius energie op haar woning die haar leven bij elkaar hield. Haar man was van haar gescheiden en het ging niet goed met haar bedrijf. Nadat ik een reading voor haar had gedaan, zei ik dat het het huis was dat haar zover had gebracht. Een sterk huisnummer helpt mensen met een zwakkere numerologie altijd overeind te blijven. Als Surya een zwakker getal had gehad, zou haar bedrijf ook ten onder zijn gegaan.

Vier Een

41 heeft de energie van Uranus die voorafgaat aan de Zon. De energie is iets lager dan de 14 combinatie en is, net als 14, goed om geld te verdienen, maar het geld moet binnen een bepaalde tijd gegenereerd worden, anders verschuift de energie.

Voorbeeld 1 (41, versterkt)

Tijdens de voorbereiding van dit boek kwam een Oost-Indisch echtpaar bij me langs. De man werkte voor een bedrijf in Silicon Valley en de vrouw was onlangs haar baan kwijtgeraakt. Ze waren verhuisd van een woning met nummer 401 naar een ongunstige Mars energie. Kort na de verhuizing verloor de vrouw haar baan. De man probeerde een visum te krijgen om aan een project in Amsterdam te werken, maar vond dat erg moeilijk. Het echtpaar zei dat ze financieel hun beste tijd hadden gehad toen ze op nummer 401 woonden. Ze hadden twee jaar in de 401 woning gewoond, maar besloten een nieuw huis te kopen, zich niet realiserend dat ze van een geldverslindende woning naar een ongelukkig huis verhuisden.

Ik stelde voor dat ze hun nummers zouden corrigeren en bepaalde stenen zouden dragen om hun geluk te verbeteren. Tijdens onze tweede ontmoeting bracht het stel me alle adressen waar ze de afgelopen 10 jaar hadden gewoond en ik zag een patroon. Ik wenste dat ze me eerder hadden ontmoet, zodat ze hun financiële succes van woning nummer 401 hadden kunnen maximaliseren.

Ik heb dit keer op keer zien gebeuren: mensen verdienen heel veel geld in positieve vibraties, zelfs als het om woningen of kleine huizen gaat. In de meeste gevallen besluiten ze, nadat ze geld hebben verdiend, om "grotere en betere" huizen of woningen te kopen, maar uiteindelijk kopen ze negatieve vibraties die hun geld energie belemmeren. Dus als iemand succesvol is op een bepaald adres, of dat nu een huis of een bedrijf is, moet elke verandering zorgvuldig overwogen worden.

401 kan een geweldig nummer zijn om te hebben als je voor zaken van de ene naar de andere plaats gaat, zoals een kamernummer in een hotel. Ik ken een edelsteenhandelaar die vaak reist en hij probeert, indien mogelijk, regelmatig dit kamernummer te kiezen. Het is een geweldig nummer als je van de ene stad naar de andere reist.

Voorbeeld 2 (41, versterkt)

Toen ik op de radio was in de San Francisco Bay Area en de nummers van mensen las, werd ik door veel intuïtieven benaderd om hun huisnummers te lezen. Gloria was zo'n intuïtieve die naar me toe kwam. Ze belde op een middag en had grote haast. Ze vertelde dat ze in escrow zat om een huis te kopen in de buurt van Sacramento dat zou worden omgebouwd tot een herstellingsoord. Gloria had een zeer krachtige numerologie, maar op dat moment was haar huisnummer niet in overeenstemming met haar basistrillingen. Mercurius was toevallig haar kracht en interessant genoeg had het huis dat ze wilde kopen een 401 adres.

Ik wist meteen dat dit een uitstekend pand voor haar zou zijn. Intuïtief voelde ik ook aan dat als ze dit pand zou kopen, haar bedrijf binnen twee jaar zou groeien dankzij dit aantal. Omdat ik een makelaar in onroerend goed en hypotheken ben, meng ik me over het algemeen niet in zakelijke transacties met klanten die mij om nummers komen vragen. Maar in dit specifieke geval maakte de makelaar van Gloria het haar erg moeilijk en Gloria had niet veel tijd meer om de deal te sluiten. Ik hielp Gloria met het verkrijgen van financiering om het huis te kopen en drie weken later werd de escrow gesloten.

Kort nadat Gloria dit pand had gekocht, stemde de eigenaar (een grote verhuurder in de omgeving van Sacramento) erin toe om haar een ander, groter pand te verkopen om haar bedrijf verder uit te breiden. Gloria was me erg dankbaar en is een goede vriendin van me geworden. Ze is zelf wichelroedeloper en intuïtief in andere disciplines, met haar eigen grote klantenkring.

Voordat ze naar mij toe kwam, besloot Gloria (net als veel andere intuïtieven) om mij "uit te pluizen". Ze gebruikte haar pendel bij haar thuis. Toen wist ze dat ik de persoon was die haar niet alleen zou helpen met numerologie, maar ook met het verkrijgen van een lening. Ze begreep niet hoe nummers werken op eigendommen, maar door de pendel te gebruiken wist ze dat deze woning goed voor haar zou zijn. Ze controleerde ook de nummers die ze als zakelijk adres gebruikte en die hadden allemaal een negatieve energie, die ze kon veranderen door mijn advies op te volgen.

Voorbeeld 3 (41, tweemaal versterkt)

Ik gaf een lezing op een cultureel festival in Hayward. Een dame die in een huis met nummer 4001 in Pittsburg, Californië woonde, vroeg om hulp. Nadat ik haar basisinformatie had bekeken, vroeg ik hoe lang ze al in dit huis woonde. Ze zei dat het al meer dan tien jaar geleden was en ik kon meteen zien dat het rad van fortuin aan haar had gedraaid. Toen zij en haar man dit huis hadden gekocht, zei ze, was hun financiële situatie gezond en al hun investeringen betaalden zich uit. Maar toen leden zij en haar man plotseling geldverlies en ze begrepen niet waarom. Ze was ziek en haar dochter, die in het huis woonde, was gescheiden.

Zoals ik al zei, Mercurius energie is getimed. Na een bepaalde periode keert het terug en begint het tegen je te werken, zoals in dit geval. Deze energie kan worden verbeterd en het wiel kan weer worden rondgedraaid door de energie naar het volgende Mercuriusniveau te "tweaken". In dit specifieke geval stelde ik voor dat ze van woning zouden veranderen, wat ze deden. De vrouw meldt dat het nu "beter gaat dan voorheen".

Acht Zes

86 heeft de energie van Saturnus + Venus, een planetaire combinatie van grote kracht. Saturnus + Venus is als het dragen van een blauwe saffier met een diamant - een sterke kristaltrilling - en staat voor expansieve financiële en creatieve energie.

Voorbeeld 1

Carolyn was een Italiaanse vrouw met een zeer aangename energie. Toen ik met haar praatte, realiseerde ik me hoe krachtig haar huisnummer was. Het was een nummer 86 en had de energie van Saturnus + Venus. Maar, net als andere Mercurius energieën, had deze familie haar tijd in deze woning overschreden. Carolyn gaf aan dat haar moeder, die het huis al vele jaren bezat, haar gezichtsvermogen had verloren en Carolyn was in het huis getrokken om haar te helpen. Carolyn was ook bezig met het opstarten van een nieuw bedrijf vanuit dit huis en ik zei dat ze de energie op het huisnummer moest verschuiven voordat ze een nieuw bedrijf zou opstarten, anders zou het mislukken. Met respect voor het huis van haar moeder, wist ze niet zeker of ze wel een nummer op de deur wilde zetten. In overeenstemming met haar basis energieën, stuurde Carolyn me later een vriendelijk bedankbriefje.

Hoofdstuk 8

Venus: Nummer 6

Het getal 6, dat staat voor Venus, komt in vele vormen voor: 6 op zichzelf, 15, 24, 33, 42, 51, 69, 78, 87 en 96. Deze getallen staan allemaal voor liefde en geld als ze op huizen staan. Deze nummers staan allemaal voor liefde en geld als ze op huizen staan en zijn even krachtig als ze als naamnummers staan. Het is belangrijk dat deze nummers niet samenwerken met de energie van Saturnus of Uranus, want dit kan ongeluk en rampspoed brengen. Deze energie komt vaak voor in de energieën van mensen in de juridische sector, financiële instellingen en de belastingdienst. Het logo van de belastingdienst is een adelaar met de weegschaal van rechtvaardigheid in zijn snavel, maar mijn mentale beeld is dat van een spons die voortdurend meer en meer geld absorbeert!

Mensen met een Venus geboortedatum zijn goed in het ontvangen van geschenken van anderen. Maar deze zelfde mensen kunnen ook vrekkers zijn, die niets van hun geld willen afstaan. Degenen met een sterke Venus energie moeten de wijsheid van het ontvangen *en* geven in gelijke delen leren. Persoonlijk zet ik graag kopers in Mercurius en Venus energieën. Maar dit werkt alleen als ik hun andere informatie heb gecontroleerd om er zeker van te zijn dat het voor hen zal werken.

Zes

Een huis met nummer 6 is Venus alleen.

Voorbeeld 1

Dr. Wada, een anesthesist, benaderde me via een wederzijdse vriend. Toen ze bij me op bezoek kwam, wilde ze me in eerste instantie niet haar volledige naam of beroep geven. Onze wederzijdse vriend weigerde ook haar naam of beroep te geven. Dr. Wada woonde op een adres 3021, was een Schorpioen en had een Uranus geboortedatum.

Alleen al aan het huisnummer kon ik zien dat geld geen probleem was voor dit gezin. Maar Dr. Wada's geboortedatum, waarvan ik wist dat het iets te maken had met wetenschap of gerechtigheid, botste met de energie van het huis. Naarmate we verder kwamen in de reading, voelde ze zich meer op haar gemak bij mij en vertelde ze over wie ze was. Ik vertelde haar, beleefd maar direct, dat de energie van haar geboortedatum en woonplaats niet op elkaar waren afgestemd en dat dit soort situaties onvermijdelijk invloed hebben op iemands gezinsleven. Later begon ze me vragen te stellen over een dokter die in haar ziekenhuis werkte. Ze wilde dat ik naar zijn geboortedatum keek om te zien of zijn energie verenigbaar was met de hare.

Ik heb veel cliënten gezien die Venus adressen hebben opgepikt, door naar mij te luisteren op de radio of van een van mijn andere cliënten, en die geloven dat Venus voor iedereen de "brenger van liefde en geld" is. Maar Venus kan lastig en zelfs rampzalig zijn. Als de bewoners Uranus of Saturnus energie in hun naam of geboortedatum hebben, kan zelfs het beste Venusadres nadelig zijn. Ik stelde Dr. Wada voor om een bepaald nummer aan haar adres toe te voegen zodat de energie voor alle bewoners van het huis goed kan stromen.

Vreemd genoeg deelde de dochter van Dr. Wada haar geboortedatum en woonde ze ook op een adres 3021, maar dan in Los Angeles. De dochter werkte bij de televisie en was mooi, maar kon de juiste partner niet vinden. Dr. Wada vroeg om hulp namens haar dochter. Ik stelde een patch voor op het huisadres van de dochter om de kanalen van energie te openen. Dr. Wada was erg dankbaar toen ze mijn kantoor verliet en had goede hoop voor de toekomst van haar dochter.

Voorbeeld 2

Prof. Dirksen, een professor in de rechten met een 6-adres in San Francisco, was zeer bekend om zijn cursussen ter voorbereiding op de balie. Deze energie kwam van het getal 6 zelf. Zijn Bar prep school was constant bezig en zijn methoden om zijn studenten te leren essays te schrijven en zich voor te bereiden op het Bar examen waren verbazingwekkend succesvol. Venus is sterk in juridische zaken en schrijven. Veel beroemde advocaten hebben deze energie op hun naam staan.

Voorbeeld 3

Een arts in New Delhi woont op een adres met nummer 6, niet ver van het huis van mijn familie. Dr. Kohl, een voormalig militair arts, woont al jaren in dit huis. Omdat zijn opleiding vele jaren geleden plaatsvond, is zijn medische kennis gedateerd (er is geen permanente educatie voor artsen in India). Maar, interessant genoeg, lijkt er geen einde te komen aan de rij patiënten. Dit huisnummer is als een spons die geld aantrekt door de Venus energie op de deur.

Voorbeeld 4

Vivian belde het radioprogramma in Seattle. Ze wilde eerst de compatibiliteit tussen haarzelf en haar man controleren. Haar energie had Mercurius + Venus en was veel hoger dan die van haar man. Het echtpaar woonde in een woning 1122, die ook de energie van haar man had. Ik vertelde haar graag dat dit een uitstekend nummer was. Ze was dolblij en zei: "Ik wist het! Ik wist het!" en dat maakte mijn dag goed. Het gebeurt zelden dat mensen me bellen op de radio en nummers hebben die al in sync zijn met hun energie. Persoonlijk geeft het me veel voldoening om positieve energieën te bevestigen.

Voorbeeld 5

Een familie uit Zuid-Californië belde en toonde grote belangstelling om met me te praten. De oudste dochter, die voor haar moeder van het Vietnamees naar het Engels vertaalde, had mijn website bekeken en naar de gearchiveerde opnames geluisterd. Haar vraag was namens haar moeder, die niet gezond kon blijven in hun huis (nummer 21210). Nadat ik naar de basis energie van de moeder had gekeken, realiseerde ik me dat er niets ernstig mis met haar was. Ze had problemen met haar rechterarm vanwege haar leeftijd, maar de energie van het huis had niets met haar arm te maken.

De laatste paar jaar vragen klanten me steeds vaker of iemand hen heeft "betoverd". Dit was me nog nooit eerder gevraagd, maar de kans is groot dat het in een Neptunusjaar ter sprake komt. Ik probeer de energiestroom uit te leggen en chakra's en verschillende methoden om energie en ruimte op te ruimen te bespreken, omdat ik het gevoel heb dat, zelfs als iemand kwetsende energie op je richt, er manieren zijn om die op te ruimen.

Na het bekijken van dit huisnummer 21210 en het twee keer zien van de Maan + Zon, realiseerde ik me dat er meer aan de hand was dan de gezondheid van de moeder in dit huis. Terwijl ik met de moeder sprak, kwam ik erachter dat alle drie de kinderen, inclusief de dochter die als vertaler optrad, te maken hadden met obstakels in hun relaties.

Toen realiseerde ik me dat deze reading eigenlijk meer gericht was op de kinderen dan op de moeder die ze wilden helpen. Ik stelde bepaalde kristallen voor voor elk van de broers en zussen en zuiverde hun energie met een aantal technieken die ik had ontwikkeld. Toen we klaar waren, kon ik zelfs via de telefoon zien dat hun energie was verschoven en dat er een wolk van hun persoonlijke energie was verdwenen.

Een Vijf

Het getal 15 heeft de energie van de Zon + Mercurius, een krachtige combinatie. Mensen die op de 15e van de maand geboren zijn, hebben geluk met geld, zijn zeer welbespraakt en zijn ook voorzichtig met hun geld, soms tot op het punt van hebzucht. 15 kan krachtig zijn voor een huis, maar werkt alleen als de geboortedatum goed samengaat met de energie van Venus. Er zijn veel combinaties waarin het getal 15 rampzalig zou zijn als huisnummer, maar ook veel andere waarin het enorm succesvol zou zijn. Deze energie heeft een sterk effect op namen: veel beroemde sporters en mensen in de media hebben deze energie in hun naam.

Voorbeeld 1

Ik werd benaderd door Cecilia, die in Novato, Californië woonde. Ze had me haar informatie gemaild voordat ik met haar sprak. Haar huisnummer, 15, en haar naam - die een soortgelijke energie had - vertelden me dat ze mijn hulp echt niet nodig had. Ze had lesgegeven aan veel prestigieuze hogescholen en universiteiten in de Bay Area en was een bekend spreker. Dit was allemaal duidelijk te zien aan de Venus energie op haar voornaam. Haar huisnummer was net zo sterk. Ze was zeer tevreden met haar leven, financieel, en had al vele jaren een uitstekende relatie met haar man. Als Venus synchroon loopt, brengt ze geluk en voorspoed.

Voorbeeld 2

Ik werd benaderd door een plaatselijke verslaggever die een verhaal over mij wilde schrijven. Hij was sceptisch over nummers, maar midden in de levendige vastgoedmarkt voelde hij dat er een verhaal geschreven moest worden. Ik vroeg hem naar zijn huisnummer. Toen hij 939 zei, dacht ik dat hij een grapje maakte: geen enkele verslaggever zou in die energie kunnen leven, want het was de energie van een onopvallend, rustig persoon. Hij glimlachte en zei dat zijn schoonvader de 9 omgedraaid had om er 6 van te maken, waardoor de vibratie verschoof naar een 636. Geen wonder dat hij een krachtige schrijver was met een groot lezerspubliek, die genoot van de volledige ondersteuning van Venus energie in zijn woonplaats!

Voorbeeld 3

Ramona nam contact met me op nadat ze me op de radio had gehoord. Ze werkte voor een wereldberoemd technologiebedrijf en vertelde dat ze was opgegroeid in een huis met het nummer 4443. In dit geval kan de energie van Uranus - die drie keer verschijnt op het huisnummer van haar kindertijd - erg misleidend zijn en ziekte en relatieproblemen veroorzaken tussen de leden van het huis. In dit geval kan de energie van Uranus - die drie keer verschijnt op het huisnummer uit haar kindertijd - erg misleidend zijn en ziekte en relatieproblemen veroorzaken tussen de leden van het huishouden. Ramona raadpleegt me nu voordat ze in een huis investeert en ze is ook een goede vriendin geworden.

Voorbeeld 4

Een luisteraar belde het radioprogramma in San Francisco en vroeg naar een huisnummer 1068. Deze energie was volledig compatibel met de geboortedatum van de luisteraar. Hoewel 1068 haar vorige woning was geweest, had ze het verhuurd. Ze wilde nu dat de huurders vertrokken, maar ze genoten van het huis omdat er een constante geldstroom voor hen was. Ze kon ze niet overhalen om te vertrekken en ze had geen grond voor uitzetting. Ze vroeg me haar te vertellen welk nummer ze moest gebruiken om de energie voor de huurders te "saboteren".

Normaal gesproken is dit niet iets wat ik doe, maar omdat ze er eerder had gewoond en terug wilde verhuizen, stelde ik voor dat ze Zonne-energie aan het einde van het nummer zou toevoegen om de balans weg te laten slaan bij de huurders. Ze zou dan in staat zijn om terug te verhuizen naar het huis.

Dezelfde vrouw belde later naar een andere show. Ze had een nieuwe vraag. Nadat ik klaar was met het beantwoorden van de nieuwe vraag, zei ze dat de laatste keer dat ze me had geraadpleegd in de uitzending, ik haar had gezegd om een nummer 1 toe te voegen aan haar nummer om de huurders "aan te moedigen" om te vertrekken, en dat het was gebeurd! Dit was een krachtige bevestiging.

Voorbeeld 5

Een makelaar die in een 357 woning woont, werd naar me doorverwezen door een van mijn Chinees-Amerikaanse klanten. Zijn bedrijf zat in het slop. Ik heb vaak gezien dat zelfs krachtige adressen af en toe een ruimtezuivering nodig hebben om negatieve energie uit het verleden uit hun huis te verwijderen. Nadat Rory mijn aanbevelingen had opgevolgd en zijn ruimte had gereinigd met steenzout en salie, het interieur opnieuw had geschilderd in botergeel en een kleine fontein in zijn kantoor had geplaatst, ging zijn bedrijf de lucht in. Ik zie nu overal in de South Bay "Te Koop" borden met zijn naam. Het doet me plezier hem weer succesvol te zien.

Voorbeeld 6

15 Mohini Road, in een stad in India, is het huis van een jeugdvriend die nu een zeer bekende advocaat is. De energie van Venus op zowel namen als huizen geeft veel kracht aan mensen die rechten beoefenen. Mijn vriend heeft de meeste van zijn zaken gewonnen en woont al sinds zijn kindertijd in ditzelfde huis. Tijdens een bezoek aan Californië ontmoette ik hem en hij gaf aan dat hij een groter huis wilde kopen, omdat hij problemen had met

zijn oudere broer, die in hetzelfde huis woont. Ik zei tegen hem: "Als je je woning verandert in iets minder dan deze trilling, heeft dat gevolgen voor je juridische praktijk." Hij besloot toen dat zijn kantoren daar zouden blijven, maar dat zijn woonruimte zou veranderen. Zo zal zijn juridisch succes doorgaan, maar de familieruzie zal afnemen.

Voorbeeld 7

Een klant met huisnummer 15 in oost Contra Costa County kwam bij me langs. Ik ken hem al een hele tijd. Hij is vaak verhuisd en heeft veel banen gehad. Als enige zoon van een rijke boerenfamilie in India heeft hij veel onroerend goed in India geërfd. Maar hij lijkt te geloven dat hij superieur is aan alle anderen hier. Hij heeft me al een paar keer gebeld, maar deze keer wilde hij me persoonlijk spreken.

Ik voelde me een beetje ongemakkelijk omdat ik zijn stijl van omgaan met mensen kende. Maar mijn innerlijke gevoel stelt me altijd gerust dat het OK is om te praten met mensen die om advies vragen. Toen hij zijn nieuwe adres, 15, en zijn vrachtwagenbedrijf noemde, vertelde ik hem dat die twee niet samengaan. "Venus en vrachtwagens" is geen geschikte combinatie. Ik zei ook dat dit pand zijn geld altijd goed voor hem zou bewaren, en hij zei dat hij net terug was uit India, waar hij de helft van zijn geërfde bezit had verkocht om een bedrijf in de VS te kopen. Ik stelde voor dat hij zich uit de vrachtwagenbusiness zou terugtrekken en met het geld iets meer zittend zou kopen, zoals een buurtwinkel. Ik denk dat hij zich voor het eerst in vele jaren realiseerde dat dit advies was dat hij kon vertrouwen.

Voorbeeld 8

Greta woonde in huisnummer 2706 en had een sterke Saturnus geboortedatum. Ze vertelde me dat ze gepensioneerd was, maar vele jaren in de vastgoedsector had gewerkt. Ik vertelde haar dat ze een krachtige geboortedatum en een uitstekend huisnummer had, maar dat ze helaas niet samenwerkten. Ik evalueerde de naam van haar man en ze antwoordde: "Weet je, ik weet niet hoe ik zoveel jaren met deze man heb kunnen leven. Het is heel moeilijk geweest."

Greta zei dat ze een "onaangenaam leven" had met haar man en dat ze vaak op het punt had gestaan om hem te verlaten, maar dat ze het niet op kon brengen om die stap te zetten. Ze verzorgde hem nu in een herstellingsoord en ging heen en weer van haar huis naar het herstellingsoord. Maar ze voelde een gevoel van vrede nu hij uit hun huis was. Ik verschoof de energie van haar huis door haar voor te stellen een nummer 8 sticker aan het einde toe te voegen, zodat het beter zou resoneren met haar geboortedatum. Ik kon haar gezicht zien oplichten toen ik haar mijn analyse gaf.

Voorbeeld 9

Een echtpaar dat mij al vaak heeft geraadpleegd, controleert altijd of potentiële nieuwe nummers goed voor hen zijn. Een paar jaar geleden kochten ze hun tweede huis en kort nadat ze erin trokken, werd hun tweede zoon geboren. Onlangs nodigden ze me uit bij hen thuis nadat ze me vaak hadden gebeld voor advies. Terwijl ik naar hun huis reed, vroeg ik me af welke hulp ik hen zou kunnen geven, aangezien de numerologie van het huis al uitstekend was.

Tijdens het eten vertelde de man dat zijn vrouw niet meer gezond was geworden na de geboorte van de tweede zoon. Naast numerologische aspecten is het belangrijk om de elementen in het huis in gedachten te houden - spiegels en lampen in het bijzonder - als je de energiestroom bekijkt. Nadat ik door het huis had rondgelopen, zag ik dat ze een enorme wandspiegel hadden geplaatst bij de overloop van hun trap. Deze spiegel reflecteerde beelden van de slaapkamer en de trap. Ik stelde voor dat ze de spiegel zouden weghalen en raadde ze ook aan om een elektrisch aangedreven waterfontein bij de voordeur weg te halen, omdat die daar niet leek te horen.

Kort nadat deze veranderingen waren doorgevoerd, kwam de man naar me toe in mijn kantoor voor een andere kwestie en zei dat hij en zijn vrouw een definitieve ommekeer in energie hadden gevoeld en dat ze zich beter begon te voelen en haar energie begon terug te krijgen.

Voorbeeld 10 (15, versterkt)

Ik werd benaderd door een familie die al jaren in een huis met nummer 1914 woont. De man is eigenaar van drie motels en de vrouw werkt in een herstellingsoord. De energie van dit huis (Zon + Mars + Zon + Uranus) was destructief. Als Uranus en Mars samen op een huisnummer staan, botsen ze en veroorzaken ze geldproblemen.

Deze combinatie werd nog verergerd door twee keer de Zon, waardoor het nog erger werd voor het gezin. Na een gesprek kwam ik erachter dat de man en vrouw in principe gescheiden waren, ook al woonden ze in hetzelfde huis. Hun beide zonen waren volledig losgeslagen en liepen mee met de slechte mensen. Omdat beide ouders veel werk hadden, konden ze de activiteiten van hun zoons niet in de gaten houden. Dit gezin worstelde wanhopig om geld. Ik stelde voor om het huisnummer aan te passen en ook om de nummers van een motel te corrigeren dat de man wilde verkopen, maar waarvoor geen aanbiedingen kwamen.

Na met hen gepraat te hebben, realiseerde ik me dat hun energie radicaal veranderd was en dat ze erg tevreden waren met de informatie die ik ze gegeven had. Ik ben er zeker van dat, na het uitvoeren van mijn suggesties, de familie zich na verloop van tijd in rustiger vaarwater zal bevinden.

Twee Vier

24 heeft de energie van de Maan + Uranus, een krachtige combinatie. 24 is een Venuscombinatie van hoge kwaliteit, een uitstekend nummer op een huisadres als het overeenkomt met iemands naam en geboortedatum. Het staat er ook om bekend dat het veel relaties creëert, die misschien niet allemaal door de wet worden gesanctioneerd. Dit is ook het getal van een scherpe en intelligente geest.

Voorbeeld 1

Ik werd benaderd door Devi en haar dochter, die al heel lang bevriend waren met de familie. De dame was weduwe en eigenaar van een autoaanpassingsbedrijf in de buurt van Fremont. Dit bedrijf had niet de energie die een autobedrijf zou moeten hebben, maar haar huisnummer was extreem krachtig: 36825.

Na analyse van haar huisnummer was het niet logisch dat ze zo krap bij kas zaten. Op Devi's verzoek ging ik naar haar huis kijken. Ik parkeerde mijn auto en zocht, zoals gewoonlijk, naar de nummers. Toen ik het huisnummer vond, zag ik dat er lang geleden twee nummers waren afgevallen. De familie had de nummers nooit gerepareerd, dus de energie was heel anders dan het had moeten zijn!

Vanwege de ontbrekende nummers was de familie in de autobusiness gestapt, wat helemaal verkeerd voor hen was. De vrouw was als de dood voor de mogelijkheid dat ze faillissement zou moeten aanvragen en ze leende elke maand geld van haar vrienden en familie om het bedrijf te kunnen betalen. Het eerste wat ik deed nadat ik haar huis had gezien, was de ontbrekende nummers er weer opzetten. Daarna ging ik naar haar bedrijf en plakte wat nummers op het adres zodat het bedrijf zou verkopen, wat haar doel was.

Een maand later besloot de familie om de zaak te sluiten en gelukkig was de huisbaas zo vriendelijk om hen geen kosten in rekening te brengen voor de resterende looptijd van het huurcontract - drie volle jaren. De dreiging van een faillissement was van de baan en Devi was erg opgelucht.

Nadat het huisnummer was verschoven, werkte ik nauw samen met deze familie. Via wederzijdse familievrienden ontdekten ze dat er een 7-11 winkel op de markt was gekomen en Devi vroeg me of ik het de moeite waard vond om het te proberen. Intuïtief pikte ik op dat ze na het midden van het volgende jaar eigenaar zou kunnen worden van deze zaak. Ze solliciteerde bij het hoofdkantoor en er ging geen dag voorbij dat ze me niet belde om haar stress met me te delen, met de vraag "Zal het gebeuren? Wat als het niet gebeurt?" enzovoort. Ik zei haar dat ze geduld moest hebben, dat het zeker zou gebeuren. Ze was nog steeds sceptisch, maar in de tweede week van oktober werden ze officieel eigenaar van de 7-11!

Voorbeeld 2

Priety kocht een 36726 terwijl ze in huisnummer 27518 woonde. Zij en haar man kwamen mij raadplegen over nummers en numerologie. Hoewel ze in hetzelfde huis woonden, hadden ze geen echte persoonlijke relatie. De man had problemen met drugsgebruik en werkte af en toe. Priety werkte voor de California Highway Patrol. Privé vertelde ze me dat ze een andere man op haar werk had omdat ze haar man zat was en ze had een echtscheidingsverzoek ingediend. De bedoeling van de aankoop van het tweede huis was dat de man en vrouw na hun scheiding elk een eigen woning zouden hebben.

Beide geboortedata kwamen overeen met een Venus-adres en gelukkig vond ik voor hen het huis 36726. Priety wilde graag in het nieuwe huis wonen, maar haar man ook! Hun relatie verbeterde enorm: de man vond een goede baan en was bereid om lange uren te maken. Priety sprak niet meer over scheiden. Ik weet zeker dat ze weer gelukkig zullen zijn nadat ze in hun nieuwe huis zijn getrokken.

Voorbeeld 3

29238 was het huis dat door een vriendin was gekocht. Ze hoorde me vaak praten over numerologie en dacht dat, omdat Venus over het algemeen een "goed" getal is, het automatisch goed voor haar zou zijn. Helaas was ze zich niet bewust van de noodzaak om iemands persoonlijke gegevens (naam, geboortedatum *en* huisadres) te verifiëren en trapte in de val. Na het controleren van de geboortedata ontdekte ik dat haar man een geboortedatum had die in tegenspraak was met het huisnummer. Ze hebben sinds kort ruzie in huis en dat zal zo blijven, tenzij het nummer wordt aangepast of ze verhuizen.

In het verleden hebben sommige mensen anderen geraadpleegd die op mijn kantoor werkten, zich niet realiserend dat zij de complexiteit van nummers niet begrijpen zoals ik dat doe. Meerdere keren hebben ze iemands naam en nummers uitgerekend zonder mij te raadplegen en hebben ze onjuist advies gegeven.

Voorbeeld 4 (8880)

Toen ik voor het eerst in dit land kwam, verbleef ik in Yuba City, Californië, een kleine boerengemeenschap. In die tijd had mijn werkgever op de plaatselijke radio geadverteerd met mijn bekwaamheid als numeroloog en veel mensen kwamen naar me toe. Eén van hen was een heer die aankwam in een witte Ford pick-up truck. Hij leek een houding te hebben en vertelde me dat het "goed was om boer te zijn, want boeren zijn rijk." Ik geloofde hem omdat ik nieuw was op het platteland en niet veel wist over geld verdienen in deze cultuur, maar ik leerde al snel anders.

Op dat moment woonde hij in een woning met nummer 8880 in Marysville. Toen ik naar zijn naam en geboortedatum energieën keek, vertelde ik hem dat hij in een zeer welvarende vibratie was en financieel succesvol zou zijn. Die avond kwam zijn jongere broer ook naar me toe. Beide broers woonden in hetzelfde huis en de tweede broer had een klein importbedrijf naast het boerenbedrijf. De tweede broer was erg succesvol met zijn importbedrijf. Kort daarna werd ik benaderd door de ex-vrouw van de oudere broer, die langskwam voor een reading.

Ze noemde de familie en ik kon ze meteen in mijn gedachten plaatsen. Ik vroeg naar haar ex-man en ze zei dat hij verhuisd was naar een nieuw huis op dezelfde ranch, maar ze ging niet verder in op zijn situatie. Ik vroeg: "Zit hij in hetzelfde huis, of is hij verhuisd?" Ze zei dat hij een nieuw huis had gebouwd naast 8880 en dat het nummer van dit nieuwe huis 8882 was. Ze gaf me zijn geboortedatum en ik vertelde haar dat dit nieuwe nummer niet goed voor hem zou zijn, omdat het financiële uitdagingen en gezondheidsproblemen met zich mee zou brengen.

Op het moment dat ik dit zei, kwam de waarheid naar boven: ze vertelde dat haar ex-man nu erg krap bij kas zat en dat hij onlangs een hartaanval had gehad. Zijn nieuwe vrouw creëerde veel moeilijke situaties voor hem en hij was erg in de war en ongelukkig. Toen vroeg ik haar naar het oorspronkelijke huis, 8880, en wat ermee gebeurd was. Ze vertelde me dat het gehuurd was door een paar jonge legerkruten, die erg gelukkig waren in het huis! Ik vroeg haar naar de zwager, die me ook had gezien, en ze zei dat hij was verhuisd naar een Uranus-adres. Ik zei dat dit ook voor hem een moeilijke plek zou zijn, dat de "geldschroeven bij hem zouden worden aangedraaid" in dit nummer.

Eerst zei ze dat hij "veel onroerend goed bezat" en dat hij miljonair was, maar in een adem voegde ze eraan toe dat hij grote leningen aanging om die eigendommen te betalen. Omdat hij een paar jaar geleden in het Uranusgetal terecht was gekomen, kon ik zien wat er met hem ging gebeuren.

Zoals ik me in de loop der jaren heb gerealiseerd, kiezen mensen die succes hebben ervaren in een goede trilling bijna onvermijdelijk een slechtere trilling om naar "omhoog" te gaan. Het gebeurt zo vaak dat ik eraan gewend ben, maar het stelt me nog steeds teleur als ik het zie.

Voorbeeld 5

29193 is het adres van een hindoetempel. De makelaar die betrokken was bij de aankoop is toevallig ook lid van de congregatie. Hij heeft een kantoor dat uitkomt op een nummer 6. Die specifieke locatie is goed voor hem geweest en heeft hem veel succes gebracht; zijn naam is veel bekender in de gemeenschap dan voorheen. Toen hij betrokken was bij de aankoop van de tempel, stond hij erop dat de gemeente instemde met de aankoop van het nummer 29193 "omdat dat optelt bij 24, en dat is dan weer 6."

Zoals ik al vaak in dit boek heb gezegd, tel ik nummers niet zomaar bij elkaar op. Ik begin te kijken naar de individuele planeten en dan naar de combinaties van planeten om de algehele kwaliteit van het getal te vinden. In 29193 komt de energie van Mars twee keer voor. Dit zou een goede plek kunnen zijn voor iemand die te maken heeft met het medische beroep: een gezondheidscentrum, een kliniek, enzovoort. Maar het is geen goede plek om te aanbidden.

Een ander gemeentelid nam om een andere reden contact met me op. Hij wilde de verkoop van een niet-verwant eigendom met me bespreken. Terwijl ik met hem praatte, vertelde hij me dat hij lid was van een hindoetempel. Uit nieuwsgierigheid vroeg ik naar het nummer van zijn tempel. Toen hij antwoordde, zei ik: "Dit zal problemen opleveren voor je congregatie." Hij was helemaal geschokt en zei: "Hoe weet je dat?" Ik vertelde hem dat ik, door naar de planeten op het nummer te kijken, kon zien dat de energie van Mars conflicten zou brengen. Hij vertelde me dat op dat moment twee leden van de hindoegemeenschap de tempel aanklaagden en al midden in een rechtszaak zaten. Hij zei ook dat hij, als lid van de gemeenschap, bezorgd was dat het geld dat ze gespaard hadden gebruikt zou moeten worden om advocaten te betalen. Ik vertelde hem dat het beste idee voor de congregatie was om van gebedsplaats te veranderen.

Voorbeeld 6

4848 is het nieuwe huis van een plaatselijke Vedische astroloog die zeer succesvol was in de Oost-Indiase gemeenschap terwijl hij opereerde vanaf een zeer sterk Venus-adres. De reden dat hij het adres 4848 kocht is omdat, nogmaals, "[de nummers] opgeteld een 6 zijn"! En dit is precies wat hij in gedachten had toen hij het pand kocht.

Sinds zijn verhuizing naar dit nieuwe huis heb ik (via via) gehoord dat er meer ongelukkigheid dan geluk is met zijn lezingen. Dit verbaast me niet: op dit adres komt de combinatie van Uranus + Saturnus twee keer voor, waardoor dit een plek is die desastreus zou kunnen zijn naarmate de tijd vordert. Als numeroloog houd ik dit goed in de gaten! Ik weet heel goed dat deze Uranus + Saturnus energie kan exploderen en iemands zorgvuldig opgebouwde leven kan vernietigen.

Drie Drie

33 is de sterkste trilling van Venus, omdat het twee keer de energie van Jupiter bevat. Het is toevallig ook een van mijn favoriete nummers.

Voorbeeld 1 (33, tweemaal versterkt)

In 1997 verhuisde ik naar een gloednieuw huis dat ik had gekocht in de Mission Hills buurt van Fremont, Californië. Het nummer was 3003 Woodside Terrace. Ik had dit nummer gekocht terwijl ik heel goed wist welke energie het huis met zich meedroeg. Ik gebruikte al het spaargeld dat ik in de voorgaande acht jaar had verzameld om dit huis te kopen, vol vertrouwen dat het heel gunstig voor me zou zijn. Tegen de tijd dat het huis klaar was, kwam de eerste dot-com boom in de Bay Area op gang.

Ik herinner me dat ik met andere kopers buiten de verkaveling kampeerde om een huis in dit project te kopen. De betalingen voor dit huis waren drie keer zo hoog als die voor mijn vorige woning. Op sommige maanden had ik moeite om de hypotheek te betalen. Mijn vrouw raakte vaak gefrustreerd en vroeg zich af waar ik mee bezig was. Eind 1999 moest ik een kleine tweede hypotheek op het huis nemen om mijn betalingen te kunnen blijven doen.

Begin 2000 besloot ik het huis te verkopen. Ik koos een bepaalde dag begin februari om het huis op de markt te brengen. Het was slecht weer en het had de hele week geregend. Mijn vrouw keek me aan en vroeg: "Hoe moeten we de prijs bepalen?" Ik vroeg haar om de prijs dicht bij de $2 miljoen te houden. Ze zei: "Ben je gek? Wie zou dit huis kopen voor $2 miljoen?"

Ik heb zelf de eerste zondag open huis gehouden en was verbaasd over het aantal mensen dat het huis kwam bekijken. Er waren ongeveer 75 potentiële kopers! De eerste week ontving ik drie biedingen. Het beste bod was voor $1,9 miljoen, alles contant, met een deal die binnen 10 dagen zou worden gesloten, van een agent met goede persoonlijke energie. Het huis werd inderdaad in 10 dagen verkocht. Ik had mijn eerste miljoen verdiend.

De meeste lokale makelaars waren verrast en het huis zette een prijsdrempel voor andere huizen in de omgeving. Sinds ik nummer 3003 heb verkocht, gaat het goed met me.

Voorbeeld 2

Een beller in een tv-programma woonde in een huis met huisnummer 9996 (drie keer Mars + Venus). Op het moment dat ik dit nummer zag, zei ik: "Oh, er staat te veel Mars op dit huis." Ik zei tegen de beller: "Dit is een heel moeilijke plek om te verblijven." De dame was het er absoluut mee eens. Ze zei dat de familie er al zeven of acht jaar woonde en dat er problemen en conflicten in het huis waren geweest. Ik help mensen graag en stel vaak voor dat ze bepaalde nummers op stickers zetten om de energie te verbeteren. Maar in dit geval zei ik dat het een goed idee zou zijn om te verhuizen, omdat er geen enkele manier is om de 9's te *verwijderen*. Haar antwoord "OK, OK," leek uit haar onderbewustzijn te komen. Ze had de boodschap duidelijk ontvangen en was blij te weten dat er *iets* gedaan kon worden om haar leven te verbeteren. Ik gaf haar een tijdelijke patch om de energie te verbeteren terwijl ze op zoek gingen naar een nieuw huis, zodat de verschuiving zo snel mogelijk kon beginnen.

Voorbeeld 3 (33, versterkt)

Een beller eind juni had een krachtige Uranus geboortedatum, woonde in een huis met nummer 303 en belde vanuit New Jersey. Hij vroeg me hoe het met hem ging in zijn huis. Zijn huisnummer, 303, trilde perfect met zijn naam en hij woonde er al meer dan vijf jaar. Nadat ik hem dat had verteld, kwam de presentator tussenbeide en wilde weten wat de beller vond van mijn antwoord op zijn huisnummer. De beller antwoordde dat elke keer dat hij zijn huis binnenkwam, hij zich ontspannen en gelukkig voelde, alsof hij echt in dat huis thuishoorde. Ik stelde alleen voor dat hij de ruimte vrij zou houden en daar zo lang mogelijk zou blijven.

Vier Twee

42 heeft de energie van Uranus voorafgaand aan de Maan, opnieuw een zeer krachtige combinatie. Als het wordt versterkt (wat betekent dat er overal een nul bij de nummers staat), wordt de energie nog effectiever. Het

getal 402 brengt bijvoorbeeld financieel succes en geluk als de geboortedata van de bewoners geen energie van Uranus of Saturnus hebben. 42 is een uitstekende woonplaats voor mensen die te maken hebben met de mediawereld. De meest succesvolle mensen uit de Indiase filmindustrie hebben dit nummer als hun huisadres.

Voorbeeld 1 (42, versterkt)

Een goede vriend van vele jaren woont op een adres in 402. Ik kende hem toen hij worstelde om geld te verdienen voor zichzelf en zijn gezin. Sinds hij in woning 402 woont, is zijn bedrijf uitgebreid en is zijn leven financieel succesvol geworden. Ik kende ook de vorige eigenaar van dit pand. Hij was een lange, Oost-Indische heer die een winstgevende lijstenmakerij runde. Nadat hij veel geld had verdiend, maakte hij de verkeerde keuze door te besluiten dat dit huis "te klein" was. Kort nadat hij dit huis had verlaten, stortte zijn bedrijf in en eindigde zijn langdurige huwelijk in een scheiding. Had hij zich de kracht van de energie van het huis waarin hij woonde maar gerealiseerd! Denk goed na en raadpleeg de juiste mensen voordat je een huis verlaat dat welvaart en geluk brengt.

Voorbeeld 2 (42, versterkt)

Een man die me belde had een sterke Venus geboortedatum en een even sterk woonnummer, 402. Nadat ik hem had verteld dat de energie in zijn voordeel stroomde en dat geld geen probleem zou moeten zijn, vertelde hij me dat hij een zeer succesvol thuisbedrijf had. Maar toen hij ontdekte dat ik ook makelaar was, had hij een paar vragen over het kopen van onroerend goed in verschillende gebieden. Hij wilde verhuizen. Ik vertelde hem heel beleefd dat hij zijn huis niet moest verkopen, omdat het dan bergafwaarts zou gaan met zijn financiën. Zoals in de meeste gevallen eindigen mensen met positieve energieën die besluiten om naar een nieuw huis te verhuizen bijna altijd in een slechtere energie (en slechtere financiële situatie) dan ze eerder hadden.

Voorbeeld 3 (42, tweemaal versterkt)

Mitali woonde bij haar ouders en kwam naar me toe kort nadat ze het artikel in de *San Jose Mercury News* had gelezen.

Ze liep mijn kantoor binnen in haar werkuniform. Toen ze ging zitten om nummers te bespreken, zat ze ongemakkelijk en verstopte haar linkerhand in haar mouw. Ik kon de hand helemaal niet zien. Na de sessie vertrok ze en ik vroeg me af hoe het met haar linkerhand zat. Een paar weken later kwam ze bij me terug. Ze vroeg of ik haar wilde helpen een klein herenhuis te kopen waar ze alleen kon wonen, zolang de nummers gunstig waren. Ik stemde ermee in om met haar samen te werken. Nadat ik haar kredietwaardigheid had gecontroleerd, zag ik dat het gemakkelijk zou zijn om financiering te krijgen tegen uitstekende voorwaarden vanwege haar hoge FICO-score.

Mitali vertelde mijn assistenten dat ze was opgegroeid op een boerderij. Op een dag, toen ze het voer voor de koeien klaarmaakte, was haar linkerhand vast komen te zitten in de hooisnijmachine, waardoor de hand blijvend verminkt was, maar toch minimaal functioneel. Ze was zelfbewust over haar handicap, maar liet het een volwaardig leven niet in de weg staan.

Nadat ik een lening goedgekeurd had gekregen, wees ik een van mijn makelaars aan om met Mitali te werken. We bleven de juiste nummers voor haar vinden, maar elke keer werden we overboden op de concurrerende vastgoedmarkt van Californië. Tijdens een avondwandeling vroeg ik mijn gidsen me te laten zien hoe ik deze vrouw, die met heel haar hart een huis wilde kopen, het beste kon helpen. Ik kreeg een boodschap dat ze bepaalde kristallen moest dragen op basis van haar numerologie. De volgende dag vroeg ik haar een citrien in een gouden ring om haar rechterwijsvinger te dragen en een hoefijzerband om haar rechtermiddelvinger.

Een week later vond ik een uitstekende numerologie voor haar, het getal 4200, dat helemaal bij haar energie paste. Gelukkig was de makelaar iemand met wie ik in het verleden had samengewerkt. Ik legde de situatie uit aan de makelaar en zei hoe belangrijk het was om een huis te krijgen voor mijn cliënt, omdat ze gehandicapt was en meerdere keren overboden was. De verkopers hadden al verschillende biedingen ontvangen, maar in dit geval besloten ze in te gaan op het bod van mijn cliënt. Ik was dolblij voor haar en zij was dolblij met het huis!

Kort nadat ze in dit huis was gaan wonen, besloot een man met wie Mitali had willen trouwen, maar wiens ouders daar tegen waren vanwege haar handicap, dat hij toch met haar zou trouwen. Mitali kreeg ook te horen dat ze een kleine erfenis zou krijgen uit de nalatenschap van een familielid. Ik kon zien dat de Venus numerologie in haar voordeel werkte om elementen in haar leven te vergemakkelijken en dat ik echt van nut voor haar was geweest.

Voorbeeld 4 (42, versterkt)

Aishwarya Rai is een vooraanstaande actrice in India die in 2005 door het tijdschrift *Time werd* uitgeroepen tot "Een van de meest invloedrijke 100 mensen ter wereld". Haar geboortedatum is 1 november 1973 en ze woonde in een huis met nummer 402 voordat ze trouwde.

Ik kijk al een tijdje naar de films van Aishwarya Rai en doe onderzoek naar de energie van haar naam. Ze heeft zeer krachtige Jupiter en Uranus energie in haar naam. Ze heeft ook Zon + Neptunus energie op haar geboortedatum en haar Neptunus energie is helemaal in overeenstemming met haar naam. Daarom is deze dame zo magisch en mystiek: als ze danst, zie je de dans en niet de danser. Ze gaat op in de dans. Met zoveel Neptunus energie in haar naam en geboortedatum, was het het jaar 2005 (nog een Neptunus trilling) dat haar onder de aandacht van *de Tijd bracht*.

In dat jaar werd haar energie aangetrokken door Hollywood, waar ze betrokken was bij veel projecten. Naarmate de tijd verstrijkt, zal blijken dat Hollywood veel geluk voor haar heeft, omdat de energieën van "Hollywood", Aishwarya's naam en haar geboortedatum synchroon lopen. Op zeer jonge leeftijd is haar land te klein geworden voor haar energie; ze omvat nu beide halfronden.

Vijf Een

51 heeft de energie van Mercurius + de Zon maar is, in tegenstelling tot 15, rampzalig. Het is belangrijk om het verschil te begrijpen tussen Mercurius vóór de Zon en Mercurius na de Zon op een huisnummer. Denk aan Area 51, waar het Amerikaanse leger allerlei soorten wapens test en waar vroeger kernwapens werden getest. Verschillende cliënten met deze energie hebben mij geraadpleegd en hun leven was ongelukkig en gestrest.

Voorbeeld 1

Er was een vrouw, Mahnoosh, wier familie was verhuisd uit L.A. en een huis had gekocht in Danville, Californië. Het huisnummer was 51 en de vrouw, die zelf intuïtief was, stond voor een raadsel. Ze kwam naar me toe nadat ze me op de radio had gehoord. Mahnoosh vertelde dat dit nieuwe huis erg moeilijk was en dat ze problemen had met haar man. Hoewel ze huisvrouw was en veel mediteerde, bleef ze verward.

Ik vroeg haar naar de vorige eigenaars van dit huis, omdat ik energie uit het verleden oppikte op basis van het huisnummer. Helaas wist ze niet wie er eerder hadden gewoond of hoe ze waren geweest. Ik stelde voor dat ze een nummer 8 aan het einde zou toevoegen om de negatieve 51 te neutraliseren en haar basis energie aan te vullen. Sindsdien heeft ze vaak contact met me opgenomen over andere familieleden die in andere landen wonen.

Voorbeeld 2 (51, versterkt)

Een beroemde filmregisseur in Mumbai (Bombay), India, was klaar om zijn eerste film uit te brengen. De film had een legendarische "cast uit duizenden", waaronder hoofdrolspelers van het beste kaliber. Mijn nichtje, een opkomende choreografe in India, had een contract met hem om een van zijn films te choreograferen. Ze belde me op en vroeg wat ik van de geplande titel van de film vond. Ik vertelde haar dat de energie niet goed was en dat deze film niet aan zijn verwachtingen zou voldoen. Dit is precies wat er gebeurde: de film werd uitgebracht, maar in tegenstelling tot wat iedereen verwachtte, was het een financiële mislukking. De producenten verdienden niet eens hun geld terug aan de kassa.

Tijdens een recente reis naar India bezocht ik mijn nichtje. Ze had de huisnummers en het zakenadres van de directeur voor me klaar. Toen ik naar zijn huisnummer-501 in een voorname wijk in Mumbai keek, kon ik zien dat deze man niet veel zou doen als directeur. In zijn hoofd redeneerde hij dat $5 + 0 + 1 = 6$, wat wiskundig gezien waar is. Maar omdat in dit geval Mercurius voor de Zon staat, is zijn woning alsof hij in Area 51 van Nevada woont, waar niets productiefs met of voor hem kan gebeuren.

Hij liet drie keer berichten voor me achter, maar elke keer misten we de verbinding en konden we niet rechtstreeks met elkaar spreken. Hoewel hij een Venus geboortedatum heeft, werkt het simpelweg optellen van de cijfers en verhuizen naar een woning, zoals hij deed, zelden voor hem of iemand anders.

Van mijn nicht weet ik dat de directeur niet van plan is om dit huis te verkopen; hij is van plan om er permanent te blijven wonen. Ik hoorde ook dat hij al van zijn vrouw was gescheiden. Deze energie kan hem niet ver brengen, noch in relaties noch in zaken.

Voorbeeld 3 (51, tweemaal versterkt)

Sahira had me gezien in een televisieprogramma van Persian International Network en belde me terwijl ze aan het rijden was. Ze woonde in huisnummer 5100 en had een sterke Maagd als geboortedatum. Haar man had een Uranus geboortedatum. Op het moment dat ik naar de huisnummers keek samen met hun energieën, vertelde ik haar dat deze energie, hoewel moeilijk, moeilijker was voor haar man dan voor haar. Dus vroeg ik haar: "Hoe gaat het met je man?" Ze antwoordde: "Ik ben onlangs gescheiden." In dit geval botsten twee verschillende energieën: 1) omdat Sahira een sterke Zon energie had, botste deze met de geboortedatum van haar man, en 2) de Uranus geboortedatum van de man lag in de clinch met het huisnummer (Venus). Deze situatie was vervelend voor haar.

"En, wat voor werk doe je?" vroeg ik. "Ik ben makelaar, net als jij," zei ze. Ik suggereerde dat het een goed idee voor haar zou zijn om van woning te veranderen, wat ze al van plan was. Toen vroeg ze: "Wat is mijn geluksgetal?" Ik legde uit dat nummers op huizen ingewikkeld zijn en dat het een goed idee zou zijn als ze me zou bellen voordat ze papieren voor een nieuw huis zou tekenen. Ze was me dankbaar en sindsdien belt ze me voordat ze een vastgoedtransactie afsluit.

Negen Zes

9 en 6 vertegenwoordigen de energieën van Mars en Venus, dus er is een magnetische aantrekkingskracht tussen deze twee planeten. De energie van Mars is behoorlijk agressief en Venus creëert geld voor de juiste persoon. Als deze twee nummers samen op een huis staan, kan dat rijkdom brengen voor de juiste persoon. Als de geboortedatum samenvalt met de energie van

Mars, zal het huis winstgevend zijn; anders zal het in het ziekenhuis en/of bij de dokter belanden.

Voorbeeld 1

Larry Ellison, CEO van Oracle, heeft zijn huis in Atherton, Californië met zeven slaapkamers en een oppervlakte van 8000 vierkante meter op de markt gebracht. Larry Ellison heeft Mars energie twee keer op zijn naam staan en toen dit huis op de markt kwam, wilde ik graag het huisnummer weten. Ik belde de makelaar en vroeg haar het huisnummer. Ze gaf me de straatnaam en het huisnummer 96. We raakten in gesprek en ze vroeg me waarom ik het huisnummer wilde weten. Ik zei dat ik ook numeroloog was en altijd onderzoek deed naar huisnummers. Ze raakte geïnteresseerd en gaf me haar eigen huisnummer: het was een sterk geldnummer.

Ik was onder de indruk van haar naam energie, die krachtige Saturnus energie was, en haar website had alle top-of-the-line aanbiedingen in de Bay Area. De 96 op het huis van Larry Ellison had de energie van Mars + Venus, en dit huis was in perfecte sync met de naam Larry Ellison. Hij had het in 1987 gekocht voor meer dan $6 miljoen en vroeg er $25 miljoen voor. De makelaar had elf biedingen ontvangen, allemaal van gekwalificeerde kopers. De energie van Venus is toevallig ook een van mijn favoriete energieën en het is een geweldige plek om te wonen als je niet te veel Saturnus op je naam hebt staan of als je geboortedatum de energieën niet blokkeert. Het is een geweldige woonplaats voor iedereen met Mars energie, zoals in dit geval met de naam Larry Ellison. De naam en de woning hebben zo'n geweldige synergie dat ik niet de moeite heb genomen om Ellison's geboortedatum te controleren!

Vaak, als mensen rijk worden van een bepaalde woonplaats, willen ze een verandering aanbrengen, zoals in dit geval, met Ellison die naar een ander huis verhuist. Ik ken zijn nieuwe huisnummer niet, maar hoop voor hem dat het net zo synchroon is als het Atherton-huis.

Hoofdstuk 9

Neptunus: Nummer 7

Het getal 7, dat Neptunus vertegenwoordigt, komt in vele vormen voor: 7 op zichzelf, 16, 25, 34, 43, 52, 61, 79, 88 en 97. Dit zijn nummers van magie en mysterie als ze op huizen staan. Dit zijn nummers van magie en mysterie als ze op huizen staan en ze zijn even krachtig als ze als naamnummers staan. Deze energie verschijnt ook bij veel beroemde zangers, muzikanten, voedselondernemers en -kenners, filmacteurs en metafysici. Neptunus kan bedrieglijk en moeilijk zijn, maar als het synchroon loopt met iemands energie, levert het veel succes op. Mensen die geboren zijn met Neptunus energie zijn van nature intuïtief en zijn altijd succesvol als ze in de buurt van water werken of wonen, of het nu stilstaat of stroomt.

Zeven

Een woonplaats met nummer 7 is alleen Neptunus.

Voorbeeld 1

Roseanne belde me nadat ze me op de radio had gehoord. Ze is zelf metafysica en heeft haar eigen praktijk. Ze woonde al een tijdje in een huis van de zus van haar man, een nummer 1510, op het schiereiland van San Francisco. Haar man, afkomstig van het Indiase subcontinent, werkte voor een levensmiddelenbedrijf maar was niet succesvol. Toen Roseanne contact met me opnam, was haar man bezig met een poging om zijn eigen levensmiddelenbedrijf in San Francisco te kopen. Ik stelde voor dat ze een klein cijfer 7 zou toevoegen aan het einde van haar huisnummer om de vibratie te verschuiven, zodat het adres goed zou zijn voor zowel haar intuïtieve business als de food business van haar man. Vijf maanden na de reading stuurde Roseanne me een e-mail om te zeggen dat de verandering door de nummers die aan haar bestaande adres waren toegevoegd, een zeer positieve verschuiving in het leven van haar en haar man had teweeggebracht. "Je hebt onlangs een reading voor me gedaan. Ik wilde je laten weten dat de dingen eindelijk ten goede zijn veranderd. Ik woon bij mijn schoonouders op 1510. Misschien weet je het nog. Ik heb alles gedaan wat je me opdroeg. Tot nu toe heb ik 2 loonsverhogingen gekregen op mijn werk en ik ben net gepromoveerd tot supervisor en ga mijn eigen bedrijf runnen in Mountain View. Mijn man heeft een restaurant in beslag genomen in San Francisco. De energie is zo veranderd dat mijn schoonzus het huis opnieuw wil inrichten, schilderen, alles nieuw. Hartelijk dank. Je hoort binnenkort weer van me. Ik wil graag nog een reading." Roseanne's feedback was erg bevredigend en ik was dankbaar voor de goede dingen die voor haar gebeurden nadat ze de verschuiving had gemaakt.

Voorbeeld 2

Tabitha woonde met haar man in huisnummer 313, maar ze waren gescheiden. Ze kwamen allebei bij me langs en na het bekijken van hun huisnummers wist ik dat dit huis een aanwezigheid had, een energie die ze niet konden zien maar wel vaak voelden. Ze vroegen of ik hun huis wilde bezoeken.

Toen ik aankwam, kon ik aan de nummers zien dat het huis beter was voor de man, die er woonde. Tabitha was een paar maanden eerder verhuisd. Toen ik vroeg waarom de ingang rood geschilderd was, hadden ze geen antwoord. Ik vertelde hen dat rood de energie van Mars vertegenwoordigt en dat Mars zou botsen met hun huis. De echtgenoot zei dat het huis een paar jaar daarvoor in brand was gevlogen en dat hij en Tabitha sindsdien problemen hadden gehad. Ik stelde voor dat ze de kleur zouden veranderen in een mildere kleur en het huisnummer zouden verschuiven door een klein cijfer 1 aan het einde toe te voegen, zodat het zich zou kunnen aanpassen aan de energie van zowel de man als de vrouw. De man gaf geen gehoor aan de suggestie en zei dat het "nergens op sloeg". Ze zijn sindsdien gescheiden en Tabitha heeft het halve aandeel van de man in het huis overgenomen.

Voorbeeld 3

Rowena had een huisnummer 1231 in San Francisco en belde de radioshow in mei. Terwijl ze naar haar geboortedatum en haar naam keek, vroeg de presentator haar: "En, hoe lang woon je al in dit huis?" Rowena zei: "Dertig jaar." De gastheer zei toen: "Oh, dan moet dat een goede plek voor je zijn." De gastheer nam aan dat dertig jaar in dezelfde woning moest betekenen dat het een goed nummer was voor Rowena.

Nadat ik naar haar nummers had gekeken, kon ik zien dat haar huisnummer en geboortedatum botsten. Ik vertelde Rowena om meer Saturnus energie toe te voegen in de vorm van een nummer 8 om het huis op te lappen. Ze vertelde me dat ze klaar was om uit dit huis te verhuizen naar een ander land. Interessant is dat haar nieuwe nummer 1051 zou zijn (nog een Neptunus adres). Ik stelde voor dat ze, voordat ze naar dat huis verhuisde, meer Saturnus energie zou gebruiken om het te laten stromen met haar basistrilling. Het leek zinvol voor haar. Ze had geen tijd om veel te zeggen vanwege de beperkte tijd op de radio, maar toen ik klaar was in de uitzending, belde Rowena mijn voicemail en liet een bericht achter waarin ze vroeg om een diepgaande persoonlijke reading.

Eén Zes

Het getal 16 heeft de energie van de Zon + Venus. Het is een moeilijke energie om mee om te gaan in een huis. Gezondheid en geld zijn altijd uitdagingen. Dit soort energie staat onderaan de "numerologisch wenselijke" schaal van energieën. Als de energie van 16 echter op een geboortedatum of naam voorkomt, heeft het tegenovergestelde kwaliteiten. Veel beroemde filmsterren, politici, muzikanten en metafysici hebben deze energie in hun geboortedatum en/of naam.

Voorbeeld 1

Jeannette nam contact met me op nadat ze over me had gehoord op de radio. Jeannette, die zelf intuïtief is, vertelde me dat ze aan het mediteren was toen ze me in de show hoorde en een sterk verlangen had om me te bellen. Ze woonde in een huis met nummer 6046.

Nadat ik naar haar basis energie had gekeken en het huisnummer had geanalyseerd, realiseerde ik me dat dit een plek was waar mensen normaal gesproken oversteken naar de andere kant. Ze was het ermee eens en zei dat ze erg ziek was geweest in dit huis. Andere familieleden woonden ook in dit huis en ik gebruikte nummers om de energie op de deur te verschuiven.

Het volgende jaar werd ik weer gebeld door Jeannette. Ze vertelde me dat ze belde omdat ze "een boodschap" voor me had. Ze zei: "Tijdens het mediteren moest ik je vertellen dat het tijd was om je boek te schrijven." Ik was verbaasd, want op dat moment was ik papieren en informatie aan het ordenen om aan dit boek te gaan werken. Ik was op zoek naar een transcriber en was klaar om verder te gaan. Jeannette vertelde me ook dat ze dankbaar was voor de informatie die ik had gegeven en dat het tijd was om mijn kennis met de wereld te delen. Terwijl ik met haar praatte, kreeg ik kippenvel; het was een bevestiging van mijn gedachten op dat moment.

Voorbeeld 2

D-16 is het adres van de buren van mijn familie in New Delhi. Toen ik opgroeide zag ik veel huurders in en uit gaan en ik kon zien dat er in dit huis ongeluk in overvloed was. Ik zag twee bewoners sterven aan ziektes die ze op mysterieuze wijze hadden opgelopen; geld was altijd een probleem voor de bewoners; en in een buurt waar huizen drie of meer verdiepingen hebben, was dit het enige huis met twee verdiepingen.

Ik herinner me dat toen mijn ouders aan het bieden waren op grond om hun huis te bouwen, mijn moeder bijna dit stuk grond had gekocht. Gelukkig stelde mijn vader het bod een paar seconden uit. Hij kreeg dat kavel niet en dat maakte mijn moeder op dat moment erg van streek. Maar uiteindelijk had ze geluk dat ze dit adres niet had gekregen. Ze kregen het volgende perceel, waar ze meer dan 40 jaar hebben gewoond. Het was ontzettend goed voor mijn moeders bedrijf aan huis en ze had een gelukkig gezinsleven. Elke keer als ik thuiskwam, maakte ik er een punt van om mijn moeder te vertellen hoeveel geluk ze had dat ze geen D-16 had gekregen! Ze is erg gelovig en ik weet zeker dat ze krachtige gidsen had die haar ervan weerhielden dit ongelukkige nummer te kopen.

Voorbeeld 3

In de loop der jaren heb ik veel paragnosten en intuïtieven op bezoek gehad. In de meeste gevallen vertellen ze niet wie ze zijn. Madeline is zo'n helderziende. Toen ze bij me kwam, droeg ze bijna volledig zwarte kleding en een zwarte hoed. Toen ik naar haar huisnummer (3418) en haar geboortedatum keek, was mijn eerste reactie: "Ben jij een helderziende?" Ze was nogal verbouwereerd en zei: "Ja, dat ben ik. Maak eerst mijn reading af en dan vertel ik je wie ik ben."

Ze runde verschillende metafysische bedrijven vanuit haar huis en nadat ik dat nummer 3418 had bekeken, stelde ik haar voor om de bedrijfsnamen iets te veranderen. Ik stelde Madeline ook voor om meer Zon + Venus energie aan haar huis toe te voegen. We zijn sindsdien goede vrienden geworden en ik kan regelmatig check-ins van haar verwachten.

Voorbeeld 4

Adelle woonde in Contra Costa County in een huisnummer 3715. Toen ik haar ontmoette, vertelde ik haar dat deze energie haar gezondheidsproblemen zou geven en dat het vooral haar voeten zou aantasten. Op dat moment waren zij en haar man bezig met het kopen van een ander huis met een soortgelijke energie.

Ik stelde voor dat ze, indien mogelijk, de aankoop niet zouden afronden. Dit is vaak moeilijk om te doen, maar ze kwamen onder het contract uit en vonden in plaats daarvan een voordelig Mercurius-adres. Ik was erg blij voor hen. Er zijn geen ongelukken in het leven: ik ontmoette ze op het juiste moment om ervoor te zorgen dat ze naar de juiste plek verhuisden. Ik heb Adelle sindsdien vaak gezien; de laatste keer dat ze hier was, bracht ze bloemen mee voor mijn kantoor en een bedankbriefje.

Voorbeeld 5

Monique had een negatieve geboortedatum; Saturnus was negatief geaspecteerd toen ze geboren werd. Ze woonde op een 16-adres.

Nadat ik naar haar naam had gekeken (die relatieproblemen had die op haar energie zaten), kon ik zien dat dit een van de slechtste nummers was die ik in jaren had gezien.

Monique werd geplaagd door allerlei problemen: relaties - ze was gescheiden van haar man; de wet - haar oudste zoon zat in en uit de gevangenis voor verschillende overtredingen; en drugsgebruik - haar jongste dochter, die erg knap was, was verslaafd aan drugs en zat in en uit de gevangenis. Geld was altijd schaars. Gelukkig had Monique een vaste baan, maar ze moest lange dagen maken om de eindjes aan elkaar te kunnen knopen en ze moest voortdurend juridische kosten en borgtochtgeld voor haar kinderen betalen. Op haar verzoek bezocht ik haar huis.

Het was donker. We stonden in de achtertuin en ik liep om het huis heen. Er was een rechthoekige markering op de betonnen patio. Ik kreeg rillingen, alsof ik over een graf liep. Ik vroeg Monique wie hier vroeger gewoond had. Ze zei dat het een boeddhistische tempel was geweest voordat ze het kochten. Ze wist niet specifiek iets anders over het pand. Ik stelde voor dat ze haar huisnummer zou opplakken, maar om de een of andere reden had ze niet het vertrouwen om dat door te zetten. Ik stelde ook voor dat ze, als de patch niet zou werken, het huis zou verkopen en naar een betere locatie zou verhuizen.

Monique belde me later weer. Ik vroeg hoe het met haar ging en ze barstte in tranen uit. Ik vroeg wat er aan de hand was. Haar zoon zat weer in de gevangenis. Er moesten weer advocatenkosten betaald worden. Ik had haar al mijn beste advies gegeven, maar ze had het niet opgevolgd. Dit voorbeeld versterkt het feit dat je niet alleen advies moet krijgen, maar er ook naar moet handelen om je omstandigheden te veranderen.

Voorbeeld 6

Vele jaren geleden werd ik uitgenodigd voor een radioprogramma in San Francisco. Ik was verrast omdat ik nog nooit eerder op de radio was geweest. De presentatrice, die erg intuïtief was, hield een voorgesprek en stelde me veel vragen over nummers. Toen vertelde ze me dat we in de laatste week van februari voor het eerst in de uitzending zouden zijn. Ze vroeg me hoe ik mijn interview zou willen structureren voor haar publiek en ik zei dat ik het heel interactief zou willen maken, zodat mensen vragen konden stellen en mijn onderwerpen konden begrijpen. Deze optredens gingen bijna vijf jaar door.

De eerste beller was Yolanda, die een erg Engels accent had. Ik vroeg haar geboortedatum en waar ze woonde. Ze gaf me "woning 16" en een zeer positieve Neptunus geboortedatum. Mijn onmiddellijke reactie was: "Heb je wat problemen, taille naar beneden, medisch gezien?" De manier waarop ze reageerde - ze was verbaasd over mijn antwoord. Ze zei dat ze overwoog om terug te gaan naar Engeland voor een operatie! Hoewel ze haar specifieke medische probleem niet onthulde, gaf ze aan dat ik gelijk had.

Deze klant opende de deur voor me en gaf me de bevestiging dat ik op de goede weg was door in te stemmen met de radioshow. Sindsdien heb ik honderden readings gedaan, wetende dat de informatie die ik aanbied correct is.

Yolanda e-mailde de radiopresentatrice en bedankte haar dat ik in de show mocht komen. Ze zei verder: "Ik heb zaterdag een afspraak gemaakt met Jesse en ben teruggekomen met de bevestiging van wat er al een tijdje in mijn hoofd speelde over de ziekte en het wonen in woning 16. Bij terugkomst ga ik op zoek naar een ander appartement. Bij terugkomst ga ik op zoek naar een andere woning. Jesse zei ook dat ik bij mijn echte naam moest gaan en niet bij mijn bijnaam, dus dat heb ik ook in praktijk gebracht."

Voorbeeld 7

Melanie woonde op een adres 1591 in Contra Costa County en had een zwakke Saturnus geboortedatum. Na veel paragnosten en intuïtieven te hebben geraadpleegd, kwam ze naar me toe nadat ze me op de radio had gehoord. Ze had een logopediepraktijk. Ze had vele jaren in haar huis gewoond en had in dit huis bedrog en het verlies van een familielid meegemaakt. Haar man was van haar gescheiden en een van haar zoons die bij haar woonde was emotioneel aangedaan. Ik stelde voor dat ze haar huis zou veranderen, niet alleen haar huisnummer, om haar geluk te verbeteren.

Op een keer, toen ik op de radio was in San Francisco, belde Melanie. Ik was verrast haar te horen, maar ik herkende haar stem en wist wie ze was. Ze zei dat ik haar geen patch had gegeven om de nummers te repareren. Ik zei dat ik haar had aangeraden te verhuizen omdat de energie in het huis te negatief was. Ze zei dat ze niet in staat was om haar huis te verkopen, dus vroeg ze of ik haar alsjeblieft een nummer kon geven dat ze kon toevoegen om haar situatie te verbeteren. Ik gaf aan dat ze een bepaald nummer kon toevoegen voor een tijdelijke verbetering van haar huis energie, maar dat het geen volledige oplossing was.

In sommige gevallen vind ik dat mensen van huis moeten veranderen vanwege extreem negatieve energie en ervaringen in huis. Ik doe dit zelden, omdat ik weet hoe moeilijk het kan zijn om te verhuizen. Patchen is veel gemakkelijker en sneller, maar in sommige gevallen is een verandering de enige bonafide oplossing.

Voorbeeld 8

Cornelia was erg intuïtief en schilderde. Ze was van de Bay Area naar Mendocino verhuisd om les te geven op een kunstschool. Toen ze contact met me opnam, woonde ze in een huis met nummer 45061, wat niet klopte met haar geboortedatum. Ze was verwikkeld in een jarenlange rechtszaak over een huis dat ze had gekocht in de omgeving van Mendocino. Ze was voortdurend ziek en had problemen met haar voeten. Ik stelde voor dat ze meer Jupiter energie zou toevoegen aan het einde van haar adres. Cornelia is sindsdien een vriendin van me geworden en haar leven is over het algemeen verbeterd sinds ze haar huisnummer heeft aangepast.

Voorbeeld 9

Dora is een zeer bekende intuïtieve in de San Francisco Bay Area en doet al vele jaren healingwerk. Toen ze naar me toe kwam, zei ze niet wie ze was, maar dat ze me wilde spreken.

Ze woonde in een huis met nummer 7333 in Oakland. Ik wist meteen dat er iets mystieks aan haar was. Dora's woning en haar naam waren goed op elkaar afgestemd, maar konden nog verder verbeterd worden door meer Neptunus aan haar huisnummer toe te voegen. Ik stelde voor dat ze een nummer 7 aan het eind zou toevoegen, zodat het 73337 zou worden, zodat het overeen zou komen met haar vibraties.

Dora raadpleegt zelf anderen en toen ik haar voorstelde om een 7 toe te voegen, realiseerde ik me niet dat ze haar eigen slinger gebruikte om de informatie die ik haar gaf te verifiëren. Ze voegde de 7 toe aan haar woning en vertelde me later hoe het de energie had veranderd. Dora zei ook dat ze, toen ze me de eerste keer op de radio hoorde, haar pendel en andere instrumenten die ze gebruikt had gebruikt om me te controleren en dat ze zich aangetrokken voelde om zich met me te verbinden. Sindsdien is ze een goede vriendin van me geworden en heeft ze veel van haar klanten naar me doorverwezen voor numerologische readings.

Voorbeeld 10

Lavendel, een Taiwanese vrouw, komt uit een familie waar alle vormen van spiritualiteit worden geëerd. Ze was bekend met numerologie, maar met een heel ander systeem. Ze kwam me raadplegen over haar zakelijk partnerschap. Haar geboortedatum vertelde me dat ze altijd zou verliezen in een partnerschap. Dat was precies haar situatie: haar partner probeerde haar uit te kopen uit het levensmiddelenbedrijf. Ze wist niet welke kant ze op moest. Haar huisnummer, 1429, was ook een zwakke trilling. Haar moeder was ziek en haar oudere broer leende voortdurend geld van haar zonder het ooit terug te betalen. Ik stelde voor dat ze wat Mercurius energie aan het einde van haar huisnummer zou toevoegen, wat ze deed.

Binnen twee maanden verkocht Lavender haar huis en verhuisde ze naar een positieve Saturnus-trilling. Later verwees ze andere vrienden en familieleden naar mij.

Voorbeeld 11

Eind april kreeg ik een telefoontje van een jonge vrouw die erg verontrust klonk, zelfs door de telefoon. Ik nam haar energie op en kreeg zelf hoofdpijn van alleen maar met haar te praten.

Nadat ik haar gekalmeerd had, vroeg ik naar haar geboortedatum en adres. Ze zei dat zij en haar man onlangs een huis hadden gekocht in de Centrale Vallei en het nummer was 2617. Hoewel haar naam en geboortedatum goed bij het huis pasten, had haar man negatieve Jupiter energie op zijn geboortedatum. Op dat moment werkte ze als verpleegster in een plaatselijk ziekenhuis.

Ze waren ongeveer twee maanden eerder in dit huis getrokken en sindsdien had haar man slapeloze nachten. Hij hoorde en zag voortdurend dingen in huis. Ze begreep dit niet, want verder leek hij heel normaal. Maar 's avonds ging hij door het lint: hij liep door het huis met een mes in zijn hand, alsof iemand hem wilde aanvallen. Hij beweerde dat hij mensen op het dak en op zolder hoorde.

Dit huis had te veel Neptunus energie. De woning botste ook met de geboortedatum van de man. Ik legde uit dat ze twee keuzes hadden: of ze konden de nummers aanpassen en het huis verhuren zodat ze wat eigen vermogen konden realiseren, of ze konden het verkopen en hopen dat ze quitte zouden spelen bij de verkoop.

De eerste keuze leek hen logischer. Ze besloten dat het een goed idee zou zijn om het te huren en op zoek te gaan naar een ander huis. Ik vroeg of ze informatie had over de vorige eigenaars, of over iemand die er eerder had gewoond dan zij. Ze zei dat de vorige eigenaars een Spaans stel was dat er zes maanden had gewoond en toen plotseling was vertrokken. Dat bevestigde voor mij dat er zeker iets vreemds aan de hand was met het huis.

Voorbeeld 12

Lily belde *Contact Talk Radio* vanuit Alabama, waar ze online naar ons luisterde. Lily wilde iets weten over haar huisnummer, 4219, dat zij en haar man onlangs hadden gekocht. Ze wilde weten hoe het nieuwe nummer vibreerde met hun tweeën.

Nadat ik hun nummers had bekeken, leek het huis geschikter voor haar man dan voor Lily. Ik stelde voor dat ze een nummer 8 zou toevoegen om de energie glad te strijken en het neutraal te maken voor hen beiden. "Wat is mijn kristal? Welke steen moet ik dragen?" vroeg ze. Ik antwoordde: "Een amethist in een hanger zou goed voor je zijn." Ze lachte en zei: "Oh, ik ben edelsteenkundige en heb veel amethistgeodes in huis." Het gesprek eindigde met een groot "dank je wel" en was voor mij een zeer bevredigende uitwisseling.

Voorbeeld 13

Amber woonde in huisnummer 4408 (twee keer Uranus + Saturnus, versterkt) en had een sterke Saturnus energie op haar geboortedatum. Nadat ik naar haar nummers had gekeken, zei ik tegen haar: "Amber, jouw huis is een 'zinker'." Ze antwoordde: "Oh, het is een geweldig huis, maar ik blijf er nooit." De energieën van Uranus en Saturnus worden altijd door elkaar aangetrokken. Ik heb veel mensen met sterke Uranus of Saturnus namen of geboortedata meer Uranus of Saturnus energieën zien aantrekken, en in alle gevallen is het als drijfzand. De mensen zinken langzaam weg onder deze energie. Het is jammer maar interessant om het elke keer weer te zien gebeuren.

Voorbeeld 14

Massoud, een jonge man van midden twintig, kwam naar me toe met de imam van zijn moskee. De imam had me al een paar keer ontmoet en was gefascineerd door de informatie die ik mensen geef. In dit geval kwam hij naar me toe voor vastgoedgerelateerd werk, maar tegelijkertijd wilde hij dat ik overlegde met de jongeman, die in een huisnummer 2725 woonde. Dit nummer draagt de energie van misleiding in zich en het was niet in overeenstemming met Massouds geboortedatum.

Nadat ik Massoud een paar vragen had gesteld, informeerde ik naar zijn privéleven. Ik verklaarde dat hij "meer dan vier relaties" had. Op het moment dat ik dat zei, keek de imam hem aan en vroeg: "Is dit de waarheid? Heeft hij gelijk?" Hij zei: "Nee, het zijn er geen vier. Het is eigenlijk. vijf." Geen wonder dat hij had gezegd dat hij zich "ongemakkelijk" voelde als hij naar zijn huis ging.

De imam was zichtbaar van streek, keek hem aan en zei: "Je mag maar één vrouw hebben." De jongeman keek naar de grond en knikte met zijn hoofd.

Op dit punt had ik het gevoel dat het vertrouwen van de imam in mijn vermogen om klanten van informatie te voorzien verder was toegenomen. We bespraken nog wat vastgoedzaken voordat we elkaar de hand schudden en de ontmoeting beëindigden.

Voorbeeld 15

Gwyneth werkte in een openbare bibliotheek in San Francisco en was vreselijk ongelukkig met haar baan. Ze had een krachtige naam die goed paste bij haar geboortedatum. Haar huistrilling (een 2662) daarentegen zoog haar financieel leeg. Ze zei dat ze "slechte relaties had gehad, geld had verloren en maar één ondeugd had: regelmatig wiet roken". Ik stelde voor dat Gwyneth meer Saturnus energie aan haar huis zou toevoegen om het een betere plek voor haar te maken. Mensen moeten niet altijd de schuld krijgen van wat hen in hun leven overkomt. Heel vaak is het hun numerologie die ervoor zorgt dat ze dingen doen die tegen hun belang ingaan, zoals in dit geval.

Twee Vijf

Dit nummer heeft de energie van de Maan + Mercurius en verschijnt vaak op huizen die plaatsen zijn van groot spiritueel leren en genezen.

Voorbeeld 1

De Yun Lin Tempel aan 2959 Russell Street in Berkeley, Californië, heeft een adres 25. Meester Lin Yun Rinpoche is wereldberoemd en staat bekend om zijn Black Sect Tantric Buddhist (BTB) leringen. Als je bij de poort van deze tempel staat, zie je dat de treden omhoog en omhoog blijven gaan, en het gebouw staat bovenop een heuvel. Je moet bijna 50 treden omhoog lopen om de deur van het hoofdgebouw te bereiken. Het aantal nummers is afgestemd op de energie van het gebouw. Je kunt gewoon blijven staan en de energie voelen die door de site en het gebouw pulseert.

Voorbeeld 2 (25, versterkt)

Een chiropractor uit Santa Cruz belde om me te raadplegen. Ze was meer bezig met haar bedrijf dan met haar huis en wilde weten wat er aan de hand was.

Ik keek naar haar bedrijfsnaam en adres (die niet negatief leken te zijn) en vroeg naar haar huisnummer. Ze woonde in huisnummer 205, heel dicht bij het water. Gebaseerd op haar geboortedatum paste deze energie helemaal niet bij haar. Ik stelde voor dat ze bepaalde nummers aan haar huidige adres zou toevoegen en de energie van het huis zou verschuiven. Dat zou op zijn beurt ook haar bedrijf verbeteren. Ik raadde haar ook aan om bepaalde planten in haar tuin te planten om haar bedrijf een boost te geven. Toen ik klaar was met mijn advies, voelde ze zich zeker dat ze verder kon gaan met het plan. Haar situatie was in het begin al niet slecht, maar is nu nog beter.

Voorbeeld 3

15955 was het huisnummer van een klant uit de Centrale Vallei. Haar huis was niet in overeenstemming met haar basis numerologie en ik vroeg me af hoe ze het voor elkaar had gekregen om daar te blijven. Ik zei: "Als dit je huis is, zal het heel moeilijk voor je zijn om te trouwen." Ze beaamde dat en zei dat ze al tien jaar gescheiden was. Ze woonde met haar ouders en haar broer in dit huis. Toen ik bepaalde adreswijzigingen voorstelde, twijfelde ze omdat ze zei dat het huis niet van haar was en dat haar familie dat niet zou toestaan. Ik stelde met klem voor dat ze haar woning zou veranderen en bepaalde kristallen zou dragen om haar situatie te verbeteren.

Bepaalde stenen, gedragen als ringen of in hangers, zijn heel effectief in het verbeteren van negatieve situaties. In dit geval stelde ik voor dat ze een parel in zilver als hanger zou dragen om haar emotionele vibraties te kalmeren en haar meer controle over haar situatie te geven. Later verwees ze haar broer, die ook in dit huis woonde, door om met mij te overleggen.

Hij runde een vrachtwagenbedrijf vanuit zijn huis. Hij draaide al jaren met zijn wielen en verdiende geen geld. Dat verbaasde me niet, want dit is geen compatibel huisnummer voor een auto- of vrachtwagenbedrijf. Ik stelde voor dat de broer de huisnummers zou veranderen om zijn bedrijf te verbeteren en ook het leven van zijn zus, die daar woonde. Bovendien stelde ik voor dat hij meer Saturnus energie op zijn rechter middelvinger zou dragen. Hij waardeerde mijn suggesties en ik weet zeker dat ze zowel zijn leven als dat van zijn zus hebben verbeterd.

Voorbeeld 4 (25, versterkt)

Ik ontmoette deze klant op een bijeenkomst van metafysisch bewuste vrouwen in Orinda. Ze werd geassocieerd met een aantal bekende en beroemde metafysici en had nauw met hen samengewerkt in de omgeving van San Diego, waar ze onroerend goed bezat. Ze vroeg me naar haar nieuwe huis in Orinda, dat ze net had gekocht. Het was een krachtig Zon-adres: 667. Ze zei dat ze van dit huis hield.

Toen vroeg ze me naar haar huis in San Diego, dat ze nu had verhuurd. Het adres was 205. Ik vertelde haar dat het een heel spirituele plek was. Ze was geïntrigeerd en zei dat het huis in San Diego verhuurd was aan een boeddhistische leraar die er een tempel van had gemaakt en een grote aanhang had opgebouwd. Ze voegde eraan toe dat de laatste keer dat ze San Diego had bezocht, ze haar schoenen had moeten uittrekken voordat ze haar eigen huis binnenging!

Wanneer de Maan en Mercurius op een huisadres verschijnen, brengen ze een sterke metafysische energie met zich mee, en een zeer sterke aanwezigheid van de andere kant. Dit kan zowel gunstig als moeilijk zijn, afhankelijk van de persoon die in het huis woont of er eigenaar van is.

Voorbeeld 5

In juli zat ik met een dame in haar huis in Canada. Haar adres toen ze een kind was, was 6991 (Venus + Mars twee keer + de Zon). Het huis was nu veranderd. Het stond op een hoek en de ingang was verplaatst en kreeg een ander adres toegewezen, waardoor de energie van het huis iets verbeterde. Ze vertelde me alle moeilijkheden die ze had gehad met haar bedrijf en haar leven, het onverwachte overlijden van haar moeder en vreemde dingen die buiten haar bereik lagen. Ze vertelde haar hele verhaal, inclusief een periode waarin ze te maken kreeg met ernstige juridische problemen en bijna in de gevangenis zat.

Nadat ik al deze informatie had gekregen, vroeg ik haar wat haar huisnummer op dat moment was geweest. Ze antwoordde: "6991." Ik begreep het meteen: Mars zat twee keer in het midden van het nummer, als een spil, terwijl de andere nummers (en mensen) eromheen draaiden. Gelukkig was de oude woning gestript toen het huis werd herbouwd, wat de situatie tot op zekere hoogte verbeterde. Ik vertelde haar dat ze geluk had dat het nummer was veranderd. Na met haar gepraat te hebben, moest ik mijn ruimte en mijn eigen energie opruimen, want ik had het gevoel dat ze veel op me had afgevuurd.

Voorbeeld 6

32938 was de woning van een bevriende familie in de San Francisco Bay Area. De ouders stonden voor uitdagingen met hun oudere zoon, die op de middelbare school zat. Zijn numerologie lag op ramkoers met de planetaire energie van het huis. De ouders deden hun uiterste best om hun zoon op het rechte pad te krijgen, maar niets leek te werken. Ik herinner me dat ik hen vertelde dat de energie van dit huis hun zoon naar beneden haalde.

Toen de ouders op een avond thuiskwamen, ontdekten ze dat de zoon de controle over de auto van de vader had verloren en ermee dwars door de garage was gereden, waarbij hij de slaapkamer van de ouders maar net had gemist. Toen de vader wilde weten wat er was gebeurd, loog de zoon en vertelde hem dat "een paar kinderen" het hadden gedaan. Natuurlijk ontdekten ze al snel dat het de zoon zelf was die dit had gedaan. Nadat ze het huis hadden gerepareerd, wilde de vader graag een nieuw huis kopen.

Ze wonen nu in een comfortabele Jupiter energie in dezelfde stad en het nieuwe huis is behoorlijk in waarde gestegen sinds ze er wonen. De zoon is rustiger geworden, omdat dit huis harmonieuzer is voor zijn persoonlijke energie.

Voorbeeld 7

Rupali woonde in de San Francisco Bay Area met haar familie in een huis met nummer 28573, dat helemaal in sync was met haar energie en die van haar dochter. Maar toen vertelde Rupali me dat haar man haar door de jaren heen had mishandeld.

Ik identificeerde snel de bron van het probleem door naar de naam en geboortedatum van haar man te kijken. Ze vertelde me dat ze 's nachts een heel sterke aanwezigheid voelde, en haar dochter ook. Ze zei ook dat haar man iets had met een getrouwde vrouw. Hij probeerde van Rupali, zijn vrouw, af te komen, maar zijn schriktactieken werkten niet. De reden was duidelijk: de energie van het huis was volledig in sync met haar. Deze man had zijn vrouw op geen enkele manier uit dit huis kunnen krijgen omdat de energie van het huis haar gunstig gezind was.

Rupali bereidde zich voor om op haar eigen voorwaarden van hem te scheiden en ik vertelde haar dat het goed zou zijn om bij een regeling te herfinancieren en het aandeel van de man af te betalen in plaats van ergens anders te gaan wonen. Dat was nuttige informatie voor haar, want zo ver vooruit had ze nog niet gedacht. Ik stelde ook bepaalde kristallen voor die gunstig voor haar zouden zijn. Mijn informatie werd goed ontvangen en ze verliet tevreden mijn kantoor.

Drie Vier

34 heeft de energie van Jupiter + Uranus. Dit belichaamt Neptunus op zijn best. Het is de energie van Hollywood - Jupiter voor expansie en Uranus voor magie en media - die ons naar films en fantasie leidt.

Voorbeeld 1 (34, versterkt)

Tijdens een recente reis naar India bezocht ik mijn nicht, die ik al jaren niet meer had gezien. Ze woont aan de rand van New Delhi in een bescheiden huis, huisnummer 304. Ik was blij haar na zo lange tijd weer te zien. Mijn nicht is geboren op 2 maart 1955 en haar energie thuis was perfect op haar afgestemd. Ze is altijd spiritueel geweest, in tegenstelling tot veel van mijn familieleden, en haar huis heeft haar veel geluk gebracht. Haar beide dochters zijn nu arts en haar enige zoon ging naar een ingenieursopleiding.

In een land als India, waar universiteiten zeer competitief zijn, moeten studenten extreem goede cijfers halen en goed scoren op de toelatingsexamens om toegelaten te worden. En alle *drie* deze jonge familieleden zijn geslaagd, grotendeels dankzij de steun van hun moeder en de energie van het huis. Maar als iemand met een Jupiter of Venus geboortedatum in dit huis zou wonen, zou hij niet hetzelfde succes ervaren. Sterker nog, het zou schadelijk kunnen zijn voor zo iemand.

Maar als Neptunus in harmonie is met je persoonlijke energie, zullen zegeningen zich manifesteren. Ze vroeg me gekscherend: "Wat moet ik doen als ik mijn huis verkoop? We kunnen nu een groter huis kopen." Ik vroeg haar om haar huis *niet* te verkopen en legde uit dat het huis een bron van geluk voor hen was. Ze vertelde me dat iemand haar een aanbetaling op het huis had gedaan, maar de volgende dag gaf ze het geld terug met de mededeling dat ze van gedachten was veranderd.

Voorbeeld 2

Een dame die *Seeing Beyond* noemde woonde in een huis met huisnummer 29878. Hier woonden de Maan, Mars, twee Saturnussen en Neptunus, waarbij de totale trilling de Jupiter + Uranus (dus 34) vorm van Neptunus was. Gebaseerd op wat ze me vertelde, zei ik dat dit een lastig huis zou zijn voor iedereen die daar woonde. Ze was het er snel mee eens en zei dat haar zoon, een professionele voetballer die daar woonde, plotseling was overgeplaatst naar een ander team aan de oostkust. Ze wilde weten of het een goed huis voor haar was om in te wonen zonder hem. Op basis van haar nummers zei ik dat het niet goed zou zijn, ook al was het een prachtig huis. Hoe aantrekkelijk een huis ook is, als het huisnummer niet overeenkomt met jouw energie, kan het niet worden aangepast aan jouw energie en zal het je niet het geluk brengen dat je verdient.

Voorbeeld 3 (34, versterkt)

Ik ontmoette Davina via haar beste vriendin, die een klant van me is. We zaten in een heel pittoreske kamer in San Francisco met een mooi uitzicht. Nadat ik haar informatie had gekregen, begon ik met het zuiveren van Davina's energie en persoonlijke ruimte. Ze haalde een foto van haar moeder tevoorschijn en plaatste die recht voor me.

Op het moment dat ze dat deed, voelde ik energie achter me en een tinteling. Het was heel vreemd, want dit gebeurt bijna nooit. Af en toe voel ik wel een energie, maar op het moment dat ik de foto van haar moeder zag, zei ik: "Ik voel dat je moeder vlak achter me staat." Op het moment dat ik dat zei, begonnen de tranen over haar gezicht te rollen en Davina vertelde dat haar moeder net de week ervoor in Zuid-Afrika was overleden. Davina was erg verdrietig en ongelukkig, omdat haar zus op de een of andere manier Davina's deel van de erfenis had afgepakt. Davina was onlangs met haar nieuwe partner naar British Columbia verhuisd en was op zoek naar antwoorden.

Nadat ze wegging, belde ze de volgende dag en vroeg me naar een huis met nummer 304 dat dicht bij het water lag in Vancouver, B.C. Deze numerologie was de juiste voor haar en haar partner. Ze hield van de plek, maar probeerde het bod te verlagen. Ik stelde voor dat ze het bod zou verhogen, omdat ik er vertrouwen in had dat ze dit huis zou kunnen kopen. Ze klonk lichter aan de telefoon dan toen we elkaar ontmoetten in San Francisco.

Zes Een

61 heeft de energie van Venus + de Zon, wat een negatieve energie oplevert. Het zorgt voortdurend voor gezondheidsproblemen en problemen met geld.

Zeven Negen

79 heeft de energie van Neptunus + Mars. Dit is een omslachtige combinatie op een huis, maar als dezelfde energie verschijnt op een naamnummer, brengt het opmerkelijk succes. De energie draagt nog steeds de toon van misleiding (door de aanwezigheid van Neptunus), en de Mars energie zal de drager van een naam met deze energie zeker een bijna-dood of soortgelijke intense ervaring brengen.

Voorbeeld 1

Dawn, die in San Francisco woonde, benaderde mij om haar te helpen een huis te kopen in Sacramento. Nadat ik Dawn's numerologische reading had gedaan, adviseerde ik bepaalde nummers die het beste voor haar zouden werken. Ze liet het aan mij over om het juiste adres te vinden. Ik vroeg naar haar huidige adres. Ze zei dat het nummer 79 was. Op het moment dat ze dat zei, vroeg ik: "Slaap je ooit in dit huis?" Ze zei: "Nee."

Toen vroeg ik haar: "Heb je ooit energieën zien rondzweven in dit huis?" Ze zei dat ze zich nooit helderziend genoeg had gevoeld om ze te zien, maar dat ze wel iets "vreemds" had gevoeld dat ze niet kon verklaren.

Ik vertelde haar dat deze woning, die vibreerde met Neptunus + Mars, niet synchroon liep met haar geboortedatum. Hierdoor zou het huis ook in brand kunnen vliegen en daar zou ook geen verklaring voor zijn. Toen ik dat zei, viel haar mond open en vertelde ze me dat "er een paar maanden geleden brand was in de slaapkamer van mijn zoon. De draden maakten kortsluiting." Ze hadden alle lichten en schakelaars uitgezet en de brand bedwongen.

Dawn had problemen met haar voeten en werd voortdurend bedrogen door de mannen die ze ontmoette. Ze beaamde dat ze geen stabiele relatie kon vinden. Deze informatie was meer dan genoeg, vond ik, om haar te overtuigen van mijn vaardigheid als numeroloog en ook van de urgentie voor haar om van woning te veranderen. Slechts een paar maanden later waren we in escrow met een uitstekend huisnummer in het Sacramento gebied.

Hoofdstuk 10

Saturnus: Nummer 8

Het getal 8, dat Saturnus vertegenwoordigt, komt in vele vormen voor: 8 op zichzelf, 17, 26, 35, 44, 53, 62, 71, 89 en 98. De energie van Saturnus is even lastig als krachtig. Saturnus vertegenwoordigt grote zaken, bedrijven en onroerend goed. Het heeft ook de neiging om Uranus en Venus energieën aan te trekken in geboortedata en naam nummers. Als ze samenkomen, zijn deze combinaties zeer destructief.

Mensen die geboren zijn met Saturnus geboortedata of met Saturnus naam nummers stijgen naar succes en worden gezien en gekend door de wereld. Veel beroemde persoonlijkheden, zoals Barbara Walters, Tom Cruise, Bill Maher, Howard Stern, Katie Couric, Michael Jackson en Imran Khan (een beroemde cricketspeler) hebben (of hadden, toen ze beroemd werden) deze energie in hun naam.

Het getal 8 (dat Saturnus voorstelt) is op zichzelf al machtig genoeg. Het brengt succes en rijkdom in grote delen naar de juiste mensen. Ik heb veel mensen uit het Verre Oosten over het getal 8 horen praten en het blindelings gekozen. Ik heb ook een aantal beroemde numerologen in programma's horen praten over het getal 8 en hun luisteraars vertellen dat ze "een getal 8" in hun portemonnee moeten schrijven om geld binnen te halen. Dit heeft geen zin: iedereen met Saturnus energie op zijn/haar naam of woonplaats zou heel snel de negatieve effecten van Saturnus voelen door extra Saturnus energie te gebruiken, zelfs een getal 8 in een portemonnee.

De energie van Saturnus vraagt om discipline en *karumdatta* (de plicht om karmisch correcte en vereiste acties te volgen en te voltooien).

Een alternatieve naam voor de planeet Saturnus is ook "Karumdatta." Als naamgetal kan het grote roem en succes brengen.

Acht

Een woonplaats met nummer 8 is alleen Saturnus. In tegenstelling tot veel geloofsovertuigingen in het Oosten kan het getal 8 zowel positief *als* negatief werken. Veel mensen met een Chinese of Japanse achtergrond beschouwen het getal 8 als een geluksgetal. Het kan geluk brengen, maar niet altijd. Als 8 alleen als huisnummer staat, kan het veel verdriet, energieblokkades en zware energie met zich meebrengen, zodat de bewoners altijd het gevoel hebben dat ze "bergopwaarts werken".

Voorbeeld 1

Belinda nam contact met me op nadat ze me een paar keer op de radio had gehoord. Ze is yogalerares van beroep en intuïtief. Ze maakte zich zorgen over haar huis, waar ze al jaren woonde. Ze woonde in huisnummer 4031 in Oakland en had een Mars geboortedatum. Haar naam had ook negatieve Mars energie. In dit huis had ze meer dan haar deel aan ongelukken en verwondingen. De energie van haar man botste ook met het huisnummer en hij voelde zich constant vastzitten, niet in staat om vooruit te komen of iets te bereiken. Ik stelde voor dat Belinda de nummers 1 en 6 aan het einde van het huisnummer zou toevoegen om de energie te verschuiven. Ik stelde ook voor dat ze de kamer die zij en haar man gebruikten als ouderslaapkamer zou veranderen in een andere kamer in het huis.

Ze had urnen met de as van haar voorouders in haar huis staan. Ik adviseerde om deze te verplaatsen naar een andere plek buiten het huis, in een beschutte nis. Ik stelde ook voor dat ze haar ruimte zou schoonmaken met salie en steenzout en het interieur opnieuw zou schilderen. Sinds ons eerste gesprek heb ik haar een paar keer gesproken en ze klinkt veel meer op haar gemak. Ze heeft ook al veel klanten naar me doorverwezen.

Voorbeeld 2

Kathleen werkte voor een bank en woonde in een nummer 8 woning. Ze had een Uranus geboortedatum en twee van haar zonen hadden

Saturnus en Venus energieën op hun geboortedata. Deze energieën gecombineerd in een woning zijn bijna onverdraaglijk. Ik vertelde Kathleen dat het leven een "moeilijke rit" voor haar zou worden als ze in deze woning zou blijven wonen. Ze was het daarmee eens en zei dat ze erg verdrietig was; haar man was al van haar gescheiden en haar twee zonen waren erg moeilijk te managen omdat hun vader nu afwezig was. Ze had na de scheiding ook een paar relaties achter de rug, wat haar nog ongelukkiger maakte. Kathleen was op dat moment op zoek naar een huis en ik hielp haar bij het kiezen van het juiste huisnummer. Ik heb een paar keer van haar gehoord en ze is nu veel tevredener met haar leven.

Als Uranus geboortedata of naamnummers onder een Saturnusdak wonen, kan hun leven erg moeilijk zijn. De situatie is als in drijfzand stappen: wat je ook doet, er is geen uitweg. Daarom, als je een huis met nummer 8 overweegt, raadpleeg dan een expert voordat je je eraan verbindt.

Voorbeeld 3

Een Oost-Indische familie die in de buurt van Fresno woonde, kwam naar me toe. Ze woonden al jaren in huisnummer 2051. Hoewel hij een Jupiter geboortedatum had, botste het naamnummer van de vader met het huis en zijn jongere zoon had een zwakke Jupiter energie.

Dit gezin had veel problemen. De jongste zoon ging met de verkeerde mensen om en begon drugs te gebruiken en te verkopen, trouwde en scheidde snel en zat in en uit de gevangenis. Zijn leven werd een nachtmerrie voor het gezin. Toen begon het bedrijf van de vader te lijden en hij begon veel geld te verliezen. Op mijn voorstel kochten ze een nieuw huis met een krachtig Jupitternummer. Ik heb een paar keer van ze gehoord en ze zijn tevreden in hun nieuwe huis; het bedrijf van de vader is sterk verbeterd, zijn financiële situatie is gestabiliseerd en hun zoon is tot rust gekomen.

Voorbeeld 4

Artise was een verdrietige en eenzame vrouw, die worstelde met haar financiën en persoonlijke leven. Ik gaf haar graag een gratis reading. Toen vroeg ze of ik ook een reading wilde doen voor haar dochter Leonore, die in Sacramento woonde.

Ik maakte die week contact met de dochter. Leonore woonde samen met haar vader in huisnummer 3401. Haar naam klopte met het huisnummer, maar die van haar vader niet. Ik pikte de energie op aan de hand van de nummers en vertelde Leonore dat dit huis moeilijk zou kunnen zijn voor haar vader, omdat de Saturnus energie op gespannen voet stond met zijn naam. Ze beaamde dat en zei dat dat waar was: ze had altijd het gevoel dat hij er nooit "was", zelfs als hij in het huis was. Het verbaasde me niet dat dit het huis was waarin hij was gescheiden. Ik stelde voor dat Leonore wat Neptunus energie aan het hoofdnummer toevoegde om het huis te verschuiven voor meer welvaart en geluk. Ze was tevreden met de reading en klaar om de veranderingen door te voeren.

Voorbeeld 5

Sinds anderen zich realiseerden dat ik nummers kan lezen, werd ik constant gebeld door vrienden, familie en kennissen. Een familie die in British Columbia woonde, belde me regelmatig totdat ik tijd kon maken om met ze te praten. Ik sprak met de man des huizes en vertelde hem dat zijn woonplaats, een nummer 8, niet synchroon was met hem of zijn familie en hem zou verstikken onder de zware energie ervan, alsof hij met een kussen over zijn gezicht zou slapen.

Hij was het ermee eens en zei dat zijn leven jarenlang moeilijk was geweest, zowel financieel als persoonlijk. Hoewel zijn kinderen goed opgeleid waren, kon geen van hen een bevredigende baan of relatie vinden. Hij was al een tijdje ziek en het ging niet goed met zijn bedrijf. Saturnus energie is erg krachtig, maar ook weer lastig om mee te werken.

Vanuit mijn kantoor in Californië pikte ik het Saturnus huisnummer van deze man op en concentreerde me erop. Ik realiseerde me dat het geen goede plek voor hem was om te blijven, maar ik kon geen andere energieën in het huis zien. In ieder geval was de verhuizing zeker in zijn voordeel. Ik stelde voor dat, in plaats van dit huis op te knappen, het een goed idee zou zijn om het te verkopen en te verhuizen in hetzelfde gebied. Dus ging de familie op zoek naar een huis en belde me totdat ik een goed nummer voor hen had bevestigd.

Nadat hij zijn nieuwe huis had gekocht, had deze man een interessant verhaal te vertellen. Hij vertelde dat de makelaar die met hem samenwerkte om zijn huis met nummer 8 te verkopen een zeer religieuze Sikh was. Kort nadat ze de deal gesloten hadden en de makelaar naar buiten liep, zag de makelaar een visioen van een lange man, ook een Sikh, die recht voor hem stond. De agent zei dat hij "door hem werd geduwd" en dat zijn bril brak toen hij viel. De verkoper zei dat deze agent, een vrome Sikh, zo bang was door het incident dat hij nergens meer heen ging zonder het Heilige Boek bij zich te hebben of vergezeld te worden door zijn vrouw of een andere persoon. Hij zei dat de energie die hij tegenkwam tegen hem zei dat "het door jou komt dat deze mensen uit dit huis zijn verhuisd." De verkoper was opgelucht toen hij naar zijn nieuwe huis verhuisde en is er nu helemaal gewend.

Voorbeeld 6

Nadine belde het radioprogramma Phoenix namens haar moeder, die in een huis met huisnummer 12507 woonde en een huurhuis met nummer 11501 bezat. Nadat ik de basisinformatie van de moeder had bekeken, concludeerde ik dat haar woning goed voor haar was. Toen ik Nadine vroeg hoe lang haar moeder in dit huis had gewoond, zei ze "meer dan 35 jaar", dus ik adviseerde de moeder om de ruimte te ontruimen om de energie op te frissen.

Maar toen kwam Nadine's vraag over het huurhuis. Haar moeder had problemen met het innen van de huur van haar huurders in het pand 11501. Toen ze dit pand oorspronkelijk kocht, was ze aangetrokken door de som van 8, zich waarschijnlijk niet realiserend hoe moeilijk de energie van Saturnus is. Ik vertelde Nadine dat de huurders in dit pand het gevoel hadden dat ze onder een natte, verstikkende deken sliepen en dat ze moeite hadden om de huur te betalen. Ik corrigeerde de energie door meer Venus aan het einde toe te voegen, die synchroon liep met de geboortedatum van haar moeder. Deze verschuiving in de energie stelde de huurders in staat om meer geld te verdienen en hun huur zonder problemen te betalen.

Voorbeeld 7

Een dame die erg opgewonden leek belde op via de radio. Ze had de keuze tussen een 1040 en een 1313. Ze wilde weten welk nummer goed zou zijn voor haar makelaarskantoor aan huis. De 1313 energie kwam veel beter overeen met haar eigen basis numerologie en op het moment dat ik dit voor haar bevestigde, antwoordde ze: "Ik wist het, heel erg bedankt!". Ze zei dat ze ook in haar slaap aan dit getal had gedacht, dus ik denk dat haar gidsen haar het juiste getal probeerden te geven. Ze wilde nog steeds bevestiging op het materiële vlak en ik was blij dat ik degene was die haar die bevestiging kon geven.

Voorbeeld 8

Ik werd benaderd door een vrouw in Seattle die met haar man in huisnummer 13022 (twee keer Zon + Jupiter + de Maan) woonde. Beiden hadden een Uranus geboortedatum. Hun energieën waren onverenigbaar met hun woning en de vrouw zei dat ze verbijsterd was over haar relatie en de energie die ze in het huis voelde. Ze probeerde ook een bedrijf op te zetten voor een nieuw bedrijf dat ze vanuit haar huis wilde runnen.

Ik hielp haar de naam van het bedrijf te verfijnen en voegde ook meer Neptunus energie toe aan haar huis om het beter te laten stromen met de basis energieën van haar familie. Dit is nog een voorbeeld van Saturnus + Uranus energieën die samengetrokken worden. Gelukkig werd het in dit geval op het juiste moment gecorrigeerd.

Mijn ervaring is dat mensen die in Saturnus- of Uranusenergieën leven ook bankrekeningnummers, telefoonnummers en zelfs kentekens van auto's hebben met Saturnus- of Uranusenergieën, wat het probleem nog ingewikkelder maakt. Ik heb me ook gerealiseerd dat Uranus energieën op bankrekeningen ervoor zorgen dat ze leeg blijven, terwijl een sterk Saturnus rekeningnummer - als het samengaat met de naam en geboortedatum - veel succes oplevert. Maar vanuit mijn ervaring is het nog steeds het beste om Venus op rekeningnummers te hebben.

Voorbeeld 9

Ik genoot van een bruiloftsreceptie en mengde me onder de vele vrienden en familie die ik in Canada heb. Ik was op weg naar de bar toen ik halverwege werd aangehouden: "Meneer Kalsi, kunt u even hier komen?" Ik werd voorgesteld aan een heer die rustig zat met zijn vrouw, twee andere vrienden en het familielid dat me had gebeld. Na te zijn voorgesteld, werd me gevraagd wat ik voor werk doe. Ik zei dat ik makelaar was. De neef riep uit: "Nee, nee, niet over onroerend goed - vertel ze over nummers!"

Ik ging naast de stille man zitten en vroeg naar zijn huisnummer, geboortedatum en volledige naam. Hij woonde in huisnummer 1331 (de Zon + Jupiter; weerspiegeld), en ik kon meteen aan de botsende energie in deze nummers zien dat er een probleem was met zijn gezondheid. Ik vroeg hem: "Hoe is je bloedsomloop?" Ik vertelde hem dat deze energie niet goed voor hem was, dat het extreem gevaarlijk was. Zijn vrouw kwam tussenbeide en zei dat ze niet gelukkig was om in dit huis te wonen. Ze vroeg naar een eerder zakelijk nummer waarvan ik dacht dat het positief was, en ze was het ermee eens.

Ik kwam er later achter dat deze man arts was en veel gezondheidsproblemen had. Toen ik op het punt stond te vertrekken, zei de dokter: "Maar is dit niet allemaal tegen de filosofie van onze religie?" Ik zei: "Nee, dit heeft niets met religie te maken; dit is mijn onderzoek en het is allemaal gebaseerd op wiskunde."

Af en toe kom ik professionals tegen die "left-brained" zijn wat betreft hun perceptie. Ik leg uit dat het belangrijk is om multi-zintuiglijk te zijn en dat oude kennis en moderne informatie op nieuwe manieren samengevoegd kunnen worden.

Voorbeeld 10

Mantreh woonde in een huisnummer 13220 in Sacramento. Ze had me gezien in de *Appadana* TV show. Ik werd gebeld door haar zoon in San Diego, die wilde dat ik een reading voor haar zou doen. De zoon, Feraydun, had me een keer op tv gezien, dus hij voelde zich bekend met mijn werk. Ik belde Feraydun in San Diego en hij bracht ons in contact met zijn moeder in Sacramento en trad op als vertaler. Mijn eerste vraag was: "Hoe heet je moeder en hoe spelt ze die?"

Haar naam Mantreh botste met haar woonplaats. Ik probeerde methodisch te zijn en stap voor stap te werk te gaan, maar mijn cliënten vroegen om onmiddellijke resultaten. Ik begon met te zeggen dat deze woning stressvol was voor de moeder. Ik vroeg hoe lang ze daar al woonde. Feraydun zei: "Iets meer dan twee jaar," en voegde eraan toe dat "het waar is; ze is depressief geweest in het huis." De stiefvader kwam en ging; hij kwam voor korte periodes en verdween weer, wat haar wanhoop nog groter maakte. Ik stelde voor dat Mantreh een gele saffier met een parelketting zou dragen, omdat beide kristallen in overeenstemming waren met haar energie en haar zouden helpen haar relatie veilig te stellen. Ze zouden ook haar financiële situatie verbeteren.

Vaak heb ik gezien dat relatieproblemen voortkomen uit de slaapkamer zelf, waar het stel 's nachts slaapt. Naast slechte numerologie kan ook de kleur van de slaapkamer of het dekbed of de sprei, of zelfs overmatig gebruik van spiegels problemen veroorzaken. Al deze moeilijkheden waren aanwezig in het huis van de moeder. Ik hielp haar het huisnummer op te lossen en stelde voor dat ze de obstakels in de slaapkamer zou verwijderen. Ik had het gevoel dat de informatie heel goed werd geaccepteerd door zowel de zoon als zijn moeder, die geruststellender spraken toen we ons gesprek beëindigden.

Een Zeven

Het getal 17 heeft de energie van de Zon + Neptunus en is een krachtig getal als het verschijnt op namen en huisnummers. Het is een getal van roem en succes en werkt heel goed met alle Mercurius geboortedata en naamnummers.

Voorbeeld 1

D-1/17 is het huisnummer van mijn familie in New Delhi. Mijn ouders bouwden dit huis in 1973 en sindsdien runt mijn moeder haar ambachtelijke bedrijf aan huis vanuit het huis. Elke dag kwamen er een groot aantal mensen naar het huis. Er was constant voetverkeer in en uit, dat meestal te maken had met de zaak van mijn moeder.

Mijn jongere broer, die in 1997 uit het Indiase leger kwam, heeft hier zijn eigen academie opgezet om potentiële officieren voor het Indiase leger op te leiden. Ik hielp hem de academie een naam te geven. De bovenste twee verdiepingen werden gebruikt voor de academie en dagelijks kregen ongeveer 200 studenten les van hem en zijn staf. Zijn academie werd de beste trainingsacademie voor jonge rekruten voor de strijdkrachten in India. Hij werd ook financieel zeer succesvol. In dit geval werd de energie van Saturnus gemaximaliseerd omdat de bewoners van het huis allemaal Jupiter energieën hadden op hun geboortedata. Het bracht hen voortdurend naamsbekendheid, roem en geld. Mijn vader genoot van zijn pensioen uit het leger en las en studeerde regelmatig thuis. De hele familie bloeide en dat kwam omdat hun nummers op één lijn lagen met de energie van hun huis.

Voorbeeld 2

42371 (Uranus + de Maan + Jupiter + Neptunus + de Zon) is het huisnummer van een hispanische vrouw in de buurt van Fremont. Esperanza kwam naar me toe nadat ze me op de radio had gehoord en toen ik naar haar nummers keek, klopten ze allemaal.

Ik zag geen enkel probleem, dus vroeg ik haar hoe lang ze al in dit huis woonde. Ze antwoordde: "Meer dan twintig jaar." Maar ze was niet voor niets naar me toe gekomen, dus vroeg ik naar de naam van haar man en daar was een probleem. Toen ik zei dat het probleem zat in de naam en geboortedatum van haar man, zei ze dat hij inderdaad de reden was dat ze naar me toe was gekomen. Haar man had veel Mars energie op zijn geboortedatum en deze energie botste met Esperanza en met het huisnummer. Ik stelde voor dat hij een bepaald kristal zou dragen om zijn Mars energie te kalmeren. Ze verliet mijn kantoor heel blij. Esperanza was zo tevreden met het resultaat voor haar eigen huis dat ze later haar zus naar me toe stuurde voor een consult.

Voorbeeld 3

Ik werd benaderd door een chiropractor in Zuid-Californië. In haar e-mail schreef ze dat zij en haar man blut waren en altijd achterliepen met hun rekeningen. Haar man had een nieuwe baan gevonden en het ging iets beter, maar nog steeds niet geweldig.

De chiropractor had gedacht dat ze een bestaande praktijk kon kopen, maar moest zich terugtrekken omdat de andere partij een verkeerde voorstelling van zaken had gegeven. Ze probeerde nu een schadevergoeding te krijgen. Zij en haar man woonden in huisnummer 15209 en haar praktijk was gevestigd op kantooradres 310. De meeste Saturnus energieën, zoals in dit huisadres, hebben de neiging om Uranus of Saturnus energie naar zich toe te trekken.

In dit geval trok het huis een 310 aan als vestigingsplaats voor de chiropractor. Door dit 310 adres had haar bedrijf het zwaar te verduren en ging ze de noodlottige transactie aan. Ik corrigeerde haar woning door meer Zon en Venus energie te gebruiken en sindsdien zijn haar financiën weer aangetrokken.

Voorbeeld 4

Tijdens de *Seeing Beyond* radioshow gaf een beller me zijn huisnummer, dat een sterke Saturnus energie had. Zijn geboortedatum kwam overeen met zijn huis en ik wist dat dit huis een goed nummer voor hem was. Toen ik hem vertelde dat dit huis goed voor hem was en alleen maar schoongemaakt hoefde te worden met salie en wat binnenverf, was hij niet blij. De gastheer kwam tussenbeide en vroeg hoe lang de beller al in het huis woonde. Hij antwoordde dat hij er al jaren gelukkig woonde, maar dat hij de laatste maanden last had van persoonlijke problemen.

Zelfs de beste nummers moeten regelmatig worden ontdaan van negatieve energieën die zich in de loop der tijd kunnen verzamelen. Sommige methoden zijn het gebruik van salie, zout, nieuwe binnenverf en wichelroedelopen.

Voorbeeld 5

Een oude vriend van mij was getrouwd en woonde met zijn vrouw in een woning in San Jose. Hij nam contact met me op en zei dat hij veel problemen had met zijn nieuwe echtgenoot. Het was een woning met nummer 17 en de numerologie van man en vrouw was afgestemd op deze woning.

Ik gaf aan dat er niets mis was met het nummer, maar dat zijn vrouw het huis al had verlaten voor een vrouwenopvang. Hij stond erop dat ik zijn huis bezocht, wat ik deed. Zijn slaapkamer had overal spiegels aan de muur en het hoofdeinde van het bed was ook gespiegeld. Dit was hun probleem: er waren te veel spiegels. Het is bekend in de Vedische traditie dat spiegels in de slaapkamer je geest 's nachts in de val lokken. Ik stelde voor dat hij alle spiegels zou verwijderen en zijn bed zou veranderen. Een paar maanden later trok zijn vrouw weer bij hem in.

Zelfs als je een uitstekend nummer hebt dat helemaal in overeenstemming is met je numerologie, kan het verkeerd dragen van kristallen of het plaatsen van spiegels of water in verkeerde delen van het huis problemen veroorzaken in relaties.

Voorbeeld 6

Een stel nam contact met me op nadat ze over me hadden gehoord op de radio. Zowel de man als de vrouw kwamen afzonderlijk van elkaar naar me toe. Ze woonden op een zwak Jupiter adres en hadden problemen met geld en hun relatie. Ik patchte hun huis met een bepaald nummer, maar een paar maanden later besloten ze het huis te verkopen. Ze vroegen me om het voor hen op de lijst te zetten. Ik was blij met hun beslissing om te verkopen, want zelfs na het patching van het huis was het nog steeds geen ideale plek voor hen om te wonen.

In de maand dat het huis te koop stond, kreeg mijn cliënt een baan in Phoenix die uitstekend voor hem bleek te zijn. Het bedrijf bood hem een baan met meer geld en verantwoordelijkheid. Hij ging op huizenjacht in Phoenix en bleef me bellen met veel potentiële huisnummers. Uiteindelijk vonden we een nummer 4562, dat de juiste planetaire energie had voor het hele gezin. Dit nummer heeft een combinatie van sterke Saturnus energie (Uranus + Mercurius + Venus + de Maan) om geluk en succes aan te trekken.

Voorbeeld 7

44333 heeft de energie van twee keer Uranus + drie keer Jupiter. Dit was de woning van een beroemde uitvinder in de Bay Area. Uranus staat voor wetenschap en technologie en wordt hier drie keer gevolgd door Jupiter (geld). Deze man is enorm rijk en is nog steeds actief - zij het selectief - in onderzoek en ontwikkeling. Dit voorbeeld toont de energie van Saturnus op zijn maximale potentieel.

Interessant genoeg had de uitvinder Mercurius energie op zijn voor- *en* achternaam. Door in deze woonplaats te wonen, creëerde hij een Mercurius

+ Saturnus combinatie, die heel goed samenwerkte. De Mercuriusnaam vertegenwoordigde ook zijn intellect en genialiteit. Dit, gecombineerd met de enorme Saturnus energie op de woning, gaf hem niet alleen het vermogen om een uitvinder te zijn, maar ook om zijn uitvindingen succesvol op de markt te brengen en de financiële vruchten ervan te plukken.

De nieuwe eigenaar van dit huis is een vriendin van me die een succesvol radioprogramma heeft. Sinds ze in dit huis woont, is haar radiopubliek toegenomen en heeft ze veel promoties gekregen. Helaas stroomt haar eigen basisenergie niet zo goed met dit nummer als met de vorige eigenaar vanwege haar Maanenergie, die kan stagneren in de aanwezigheid van Saturnus.

Voorbeeld 8

Genefra, een Italiaanse dame, werd naar me doorverwezen door een oude vriendin. Genefra woonde in een woning 5750 en had een uitstekende naam energie, maar een negatieve Mars energie in haar geboortedatum die botste met haar woning.

Ik heb gemerkt dat mensen met Mars energie in hun geboortedatum vaak geassocieerd worden met iets op medisch gebied. In dit geval had Genefra jarenlang in een natuurvoedingswinkel gewerkt. Ze was begrijpelijkerwijs overstuur omdat haar functie plotseling was opgeheven door een nieuwe manager in de winkel. Nadat ik naar haar nummers en de naam van de nieuwe manager had gekeken, zag ik dat de Uranus energie van de manager botste met Genefra's naam. Genefra, die in een Saturnuswoning woont, werd plotseling ontslagen. Ze vroeg zich af waarom dit gebeurde, nadat ze er zoveel jaren had gewerkt.

Toen ik haar de discrepantie in energie uitlegde, was ze tevreden. Ze had snel een band met me, zei ze, omdat ze zelf paranormaal begaafd was en voortdurend anderen hielp. Ik stelde voor dat ze Zon + Venus energie zou gebruiken om de energie van het huis te helpen en een nieuwe baan te vinden; ik ontdekte dat ze al gesprekken had gevoerd met andere bedrijven en dat ze verwachtte binnenkort een baan aangeboden te krijgen.

De energie van Saturnus zal die van Uranus aantrekken en de twee zullen exploderen, tenzij het adres wordt opgalapt. Hier botsten twee Saturnussen (haar naam en haar huis) met een Uranus (de nieuwe manager).

Voorbeeld 9

Toen ik bij de Indiase strijdkrachten zat, werd ik ingedeeld bij het Eerste Bataljon, Derde Gurkha Rifles. Als jonge officier in het begin van de jaren '80 voegde ik me bij mijn bataljon in de jungles en heuvels van het verre oosten van India, waar veel opstanden waren. Na een jaar de jungles te hebben uitgekamd, werd mijn bataljon overgeplaatst naar de naburige staat Manipur, naar de hoofdstad Imphal. Op dat moment maakte het Indiase leger een agressieve jacht op de leider van een populaire opstandige groep, die Bishewar heette. Mijn bataljon was iets meer dan een jaar in het gebied en we patrouilleerden voortdurend en voerden invallen uit. Daarna werden we vervangen door een ander bataljon, de 17 JAK Rifles.

Binnen drie maanden kwam een van de patrouilles van dit bataljon onder vuur te liggen en de bevelvoerende officier ging een vuurgevecht aan met als resultaat dat ze Bishewar veroverden. Dit haalde het nationale nieuws en het 17 JAK Rifles bataljon kreeg vele onderscheidingen voor moed en dapperheid.

Ik herinner me dat mijn commandant zich ellendig voelde en zei hoe "ongelukkig" hij was dat hij deze kans had gemist. In die tijd hield ik me nog niet zo bezig met nummers en numerologie, en ik kon het verband niet leggen tussen het ene bataljon dat zo beroemd werd en het andere dat alleen het kreupelhout opruimde. Maar nu verbaast het me niets meer, want de energie van de 17 JAK Rifles was de sterke Saturnus energie die roem en succes brengt, zoals in dit geval.

Voorbeeld 10

Irene noemde *Seeing Beyond* tijdens een aflevering. Ze woonde in een huisnummer 11546 en had een sterke Venusverjaardag. Nadat ik naar haar numerologie had gekeken, vertelde ik haar dat haar geboortedatum botste met haar woonplaats. Relaties en geld zouden hier ook moeilijk voor haar zijn. Irene was het daarmee eens, maar ze klonk nog steeds ongelukkig met haar omstandigheden in het algemeen. 11546 was een energie die ik haar aanraadde te verlaten en niet te patchen, maar zoals in veel gevallen waarin energieën botsen, was het moeilijk voor haar om die verandering te maken omdat het geld zo krap was. Het is bijna een Catch 22. Ik stelde voor dat Irene meer Saturnus energie zou toevoegen aan het eind van haar huisnummer en dat ze een bepaald kristal zou dragen om haar geluk te verbeteren.

Voorbeeld 11

In het zuiden van Alameda County woont een beroemde zakenvrouw met 17 energie op haar naam. Ze komt uit het Verre Oosten en is een beroemde grootmeester in een van de vechtsporten. Ze heeft ook twee bedrijven in Pacific Rim landen en woont in een huis met nummer 17 op een groot landgoed met een prachtig uitzicht.

Ik was bij haar thuis uitgenodigd nadat ik haar had ontmoet op het kantoor van een vriend in San Jose. Ik had haar huisadres gezien en toen ik haar eindelijk ontmoette, zei ik dat ze een krachtig huisnummer had. Dat leverde me een uitnodiging op om op een avond bij haar thuis te komen. Er waren veel beroemde mensen aanwezig, waaronder de toenmalige burgemeester van San Francisco, Willie Brown. Het was de eerste keer dat ik de burgemeester van San Francisco de hand kon schudden, en er waren ook andere zeer beroemde zakelijke en politieke leiders. Dit huis had een diepe Saturnus energie die in overeenstemming was met de eigenaar van het huis. Ik kon ook zien dat er veel activiteit was in dat huis vanwege die energie. Sinds dat eerste bezoek ben ik vaak uitgenodigd om terug te komen naar dit huis en om er geld in te zamelen.

Twee Zes

26 heeft de energie van de Maan + Venus. Het is heel krachtig als het verschijnt in een naam en, in veel gevallen, een geboortedatum. Het brengt echter veel ongeluk als het in welke vorm dan ook op een woning verschijnt. Het brengt gezondheidsproblemen, geldverlies en relatieproblemen met zich mee - zonder mankeren.

Voorbeeld 1

Een oude kennis met wie ik al jaren niet meer gesproken had, verraste me met een telefoontje. Ik herinnerde me haar als klasgenootje en hoe mooi ze was geweest toen we op school zaten. Ze had mijn website bezocht en was nieuwsgierig naar nummers en numerologie. Op dat moment hadden zij en haar man een huis met nummer 26 gekocht aan de Atlantische kust. Op het moment dat ze me haar nieuwe adres gaf, vertelde ik haar dat het geen goed nummer was en dat het haar financiën, haar gezondheid en die van haar man zou beïnvloeden. Ik stelde voor dat ze meer Venus energie aan het nummer zou toevoegen om het krachtiger te maken.

In maart kreeg ik een telefoontje van haar. Ze wilde dat ik met haar man sprak, die bezorgd en verward klonk. Met twee van zijn bedrijven ging het niet goed en hij had wat hartcomplicaties gekregen. Ik vroeg of het nummer dat ik had voorgesteld om aan het adres toe te voegen er nog steeds was. Hij controleerde het en vertelde me dat ze het hadden opgehangen, maar dat het er niet meer op stond. Het leek erop dat ze mijn advies licht hadden opgevat. Ik stelde toen voor dat het een goed idee zou zijn om een nieuw huis te kopen in dezelfde verkaveling, als dat mogelijk was. Ik hing de telefoon op in de hoop dat ze mijn advies zouden opvolgen, zodat ze niet hetzelfde lot zouden ondergaan als andere vrienden van me, toen ze in hun eigen woning in Texas woonden.

Haar man belde me om te zeggen dat zijn vrouw 10 dagen in het ziekenhuis lag. De artsen deden tests en stelden uiteindelijk keelkanker vast. Ik vroeg de man of hij en zijn vrouw het huis ooit hadden opgelapt en hij zei nee.

De vrouw ging haar 53e jaar in (na haar 52e verjaardag), wat een Saturnusjaar is, en ze woonde al in een huis waarvan het nummer dezelfde Saturnus energie droeg. Om het nog erger te maken, toen de seizoenen de winter naderden (die veel Saturnus energie heeft), kwamen deze Saturnus energieën allemaal samen en liet deze vrouw letterlijk vechten voor haar leven. Hoewel ze er uiteindelijk doorheen kwam, maakte het me verdrietig om hun lijden te zien. Ik denk dat de verandering van woonplaats die ik oorspronkelijk had aanbevolen, dit ongelukkige incident had kunnen voorkomen.

Voorbeeld 2 (26, versterkt)

Astrida nam contact met me op nadat ze me had gehoord op *Seeing Beyond*. In die tijd was ze leidinggevende bij een groot modebedrijf in San Francisco en woonde ze in een woning met nummer 206 in het centrum van San Francisco. Ze had een krachtige naam, waardoor ze een leidinggevende op hoog niveau was geworden, maar haar huisnummer bracht haar geldproblemen en slechte relaties. Ik stelde voor dat ze een bepaald nummer aan haar woning toevoegde, wat ze deed, maar het beheerbedrijf verwijderde het van de deur. Een paar maanden later verhuisde Astrida naar Hawaï en belde me vaak totdat we het perfecte Venus-adres voor haar hadden gevonden. Ze is nu gelukkig en goed gesetteld en stuurde me zelfs een doos bonbons als bedankje!

Voorbeeld 3 (26)

Sabina kwam naar me toe voor een reading. Op dat moment woonde ze op een adres in Hayward. Ze had geen baan en geen geld. Haar krediet was slecht en ze wist niet zeker wat ze moest doen. Ik stelde voor dat ze een parelring en een hoefijzerband zou dragen om haar energie met Saturnus te versterken. Ik hielp haar haar huis te herfinancieren en haar schulden te consolideren. Sommige huizen kunnen gewoon niet goed genoeg worden opgelapt om te werken voor hun bewoners, en 26's vallen vaak in deze klasse. Ik gaf aan dat het het beste voor haar zou zijn om van woning te veranderen, omdat het haar alleen maar meer moeilijkheden zou brengen. Ik stelde voor om een tijdelijke nummerpleister te gebruiken totdat ze het huis zou verkopen.

Maar Sabina veranderde het nummer niet en bleef problemen houden. Een van haar broers, die bij haar woont, zat vaak in en uit de gevangenis. Ze scheidde zelf, hertrouwde en scheidde weer. Er werd twee keer in haar huis ingebroken. Nadat er de tweede keer was ingebroken, belde ze me op en vroeg: "Wat moet ik doen?" Ik gaf haar hetzelfde advies als eerder: "Verander je huis." Ze leek het echter nog steeds niet te willen doen en helaas is er geen einde gekomen aan haar stroom van problemen.

Voorbeeld 4 (4769)

Daisy belde me verschillende keren en wilde een persoonlijke reading. Toen ik haar sprak, woonde ze gescheiden van haar man in een woning met nummer 11 op het schiereiland van San Francisco. Ze had een zeer sterke basis numerologie en door naar het nummer van de woning te kijken, kon ik zien dat ze problemen had met haar man. Hij woonde in een eengezinswoning met nummer 4769 in Marin County. Deze energie staat voor verlies van geld en andere ongewenste cycli.

Daisy had een leidinggevende functie in een sterk winkelbedrijf, maar was bezorgd over haar woonsituatie. Ze leek niet in staat om met haar man in haar eigen huis te wonen. Ik zei dat er duidelijk relatie- en geldproblemen waren met het huis en dat dit de reden was dat ze alleen woonde. Ik vertelde haar ook dat iemand in dit huis gezondheidsproblemen zou hebben. Daisy zei toen dat haar man, die in het huis woonde, problemen had met zijn gewicht, maar "geen gezondheidsproblemen". Ik zei dat het nummer van haar huidige woning de relatie zou kunnen ondermijnen en dat ze Venus energie aan het andere huis moest toevoegen zodat ze allebei onder hetzelfde dak konden leven. Dit was logisch voor haar, want ze had erover nagedacht om met pensioen te gaan en terug te verhuizen naar haar huis. De nieuwe Venus energie op het huis zou hun relatie verbeteren en hen in de toekomst bij elkaar houden.

Voorbeeld 5

In het voorjaar nam ik een makelaar in dienst die naar me was doorverwezen door een andere makelaar. Deze jongedame was net begonnen en had nog niet veel ervaring. Omdat de verwijzing zo sterk was, besloot ik haar een kans te geven. Ze leek aanvankelijk erg enthousiast, maar nam geen contact met me op. Twee weken later hoorde ik dat ze een auto-ongeluk had gehad. Ik belde de vrouw die haar naar mij had doorverwezen en vroeg wat er was gebeurd. Ze zei dat de jonge vrouw haar rug had bezeerd. Ze had een afspraak om terug te komen, haar vastgoedvergunning te laten zien en het contract met mijn bedrijf te tekenen. Het was duidelijk dat dit niet kon gebeuren vanwege het ongeluk en haar blessure.

Uit nieuwsgierigheid vroeg ik mijn vriendin wat het huisnummer van de jonge makelaar was, en ze vertelde me dat het een 4949 was (Uranus + Mars, twee keer) in de buurt van Fremont. Toen ik naar dit nummer keek, kon ik zien dat het een heel moeilijke plek was om te zijn; het zou problemen brengen met gezondheid en geld. Dat bleek ook zo te zijn, volgens mijn vriend, die het stel beter kende. Ik vroeg mezelf af waarom ik niet naar het adres van de nieuwe makelaar had gekeken voordat ik haar inhuurde, om te zien of haar woning verbeterd moest worden om financieel succes te garanderen.

Voorbeeld 6 (24929)

Gurnam keek uit naar ons consult. Hij belde me in een weekend en stond erop om me maandag in mijn kantoor te zien. Ik maakte tijd voor hem vrij en toen hij binnenkwam, vroeg ik zijn persoonlijke gegevens op, zoals mijn gewoonte is. Ik noteerde zijn volledige naam, geboortedatum en woonplaats. Zijn huisnummer was 24929 in Hayward, een Saturnusadres met extreme Mars energie. Ik vertelde hem dat deze woning hem zeker problemen zou geven in zijn relaties met zijn vrouw en kinderen en hem in een staat van constante ruzie zou houden. Tranen begonnen over zijn gezicht te rollen. Hij zei dat hij dit huis iets meer dan tweeënhalf jaar geleden had gekocht. Hij was een vroom man, die voortdurend naar tempeldiensten ging, en hij had gebeden voor begeleiding om te begrijpen wat er was veranderd toen hij in het huis ging wonen.

Gurnam sliep het afgelopen jaar in de garage en zijn vrouw en twee dochters gebruikten het hoofdgebouw. Ze spraken niet met elkaar. Normaal gesproken pas ik graag de energie van het huis aan door nummers op het adres te zetten. Maar in dit geval stelde ik voor dat hij twee keuzes had, aangezien er geen communicatie was tussen hem en zijn vrouw en er niets vooruit ging: ze kon hem uitkopen en hij zou zijn deel van het vermogen krijgen, of ze konden het huis verkopen en het vermogen onder hen verdelen zodat hij ergens anders kon gaan wonen.

Hij vroeg of ik hem wilde helpen met de verkoop van het huis en ik stemde toe. Ik hou er niet van om mijn numerologieklanten te mengen met mijn verantwoordelijkheden op het gebied van onroerend goed, maar als mensen erop staan, dan accepteer ik de opdracht.

Gurnam zei toen dat hij nog een ander huis bezat dat hij voor zijn huwelijk had gekocht. Het nummer op het huis is 26950. Ik zei opnieuw dat dit een plek was waar geld moeilijk te krijgen was. Hij vertelde me dat hij het huis had verhuurd aan een huurster die de huur al vier maanden niet had betaald. Hij was bezig haar eruit te zetten. Het verraste me niet, want ik zie deze moeilijke nummers de hele tijd. Dit soort nummers beperken de geldstroom voor zowel de eigenaar als de huurder.

Voorbeeld 7 (9467)

Myles belde me en wilde graag een reading. Ik herinner me dat hij ooit het radiostation belde en me een vraag stelde in de uitzending, maar ik herinnerde me niet de specifieke patch die ik hem voor zijn huis had gegeven. Hij en zijn vrouw waren verhuisd naar een nieuw huis en woonden daar nu ongeveer zes maanden. Zijn nieuwe huisnummer was 9467.

Na het bekijken van zijn geboortedatum (sterke Uranus energie) en de informatie van zijn vrouw (sterke Venus energie), kon ik zeggen dat de match rotsachtig was. De woning had de energie van Mars + Uranus + Venus + Neptunus. Ik vertelde Myles dat deze woning helemaal niet goed voor hem was. Hij zei dat hij, nadat hij mij in de uitzending had gesproken, de woning had opgelapt en dat de dingen "een beetje tot rust waren gekomen". Hij zei ook dat hij net klaar was met een cursus helderziendheid en dat zijn hele klas naar zijn nieuwe huis was gekomen om de energie voor hem op te ruimen. Maar om de een of andere reden voelde het nog steeds niet goed. Toen ik hem vertelde over zijn relatie met zijn vrouw, zei hij dat ik "de spijker op zijn kop had geslagen".

Ik zei ook dat het heel interessant zou zijn om erachter te komen wie de vorige eigenaren van dit pand waren geweest. Myles antwoordde dat, kort nadat hij en zijn vrouw hier waren komen wonen, de buren naar hen toe liepen en hen vertelden over de vorige drie bewoners. De buren zeiden dat het spookte in het huis.

Ik voel veel bevestiging als ik met mensen praat die intuïtief met anderen overleggen, maar die nog niet weten wat er met hun eigen bezit gebeurt. Ze beseffen nog niet hoe krachtig de planetaire energie is die op hun deuren trilt. Myles vroeg me naar zijn bedrijf en wilde weten wat de vibratie op de naam van het bedrijf was. Nadat ik de naam had bekeken, vertelde ik hem dat het (gelukkig) een uitstekende vibratie was. Hij was het daarmee eens en zei dat hij twaalf verschillende vestigingen had, allemaal in de Bay Area. Hij zei ook dat de laatste bewoner van het huis, een Tsjechische ingenieur, een "zeer rotsachtige tijd" had gehad in dit huis.

Nadat ik met hem had gesproken, voelde ik dat ik echt op de goede weg was met mijn werk, het verduidelijken van de kracht van huisnummers en het begeleiden van degenen die mij opzoeken.

Voorbeeld 8

Een plaatselijke zakenman heeft krachtige Saturnus energie in zijn naam. Hij was zeer succesvol in de Bay Area tijdens de eerste internethausse. Hij woonde in een enorm landgoed in de Silicon Valley met een gunstig huisnummer. Hij verkocht zijn landgoed op het juiste moment en kocht een tweede huis in het San Jose gebied met een zwak Saturnus adres. Ik ontmoette hem toevallig via een gemeenschappelijke vriend en we gingen samen eten. Toen ik zijn huisnummer ontdekte, vertelde ik de vriend dat deze zakenman niet meer op de juiste plek woonde en dat dit zijn zaken en persoonlijke rijkdom zou beïnvloeden.

Ik bezocht het nieuwe huis voor een groot feest. Kort daarna hoorde ik dat de gastheer zijn been had gebroken en na verloop van tijd begon zijn bedrijf achteruit te gaan. Ik heb al een tijdje niets van hem gehoord en ik maak me zorgen dat, als hij zijn huis niet heeft veranderd, zijn rijkdom gevaar loopt.

Drie Vijf

35 heeft de energie van Jupiter + Mercurius. Als ze samenkomen op een residentie, richten ze een ravage aan.

Voorbeeld 1 (35, versterkt)

Ik had een klant die naar me toe kwam met de bedoeling een huis te kopen voor een familielid. Het familielid, dat mij kende, stond erop dat het huis via ons bedrijf werd gekocht. Maar de vertegenwoordiger van de familie voelde zich ongemakkelijk, omdat hij makelaars in zijn eigen familie had en zich afvroeg waarom zijn familielid er zo op stond dat hij het huis via ons kocht.

Hij vertelde me rechtuit dat hij alleen was gekomen omdat zij hem had meegenomen, dus legde ik uit wat ik deed met numerologie en hoe ik het gebruik om mensen te helpen de juiste huizen te kopen, als ze mijn diensten willen. De man zei toen dat hij een autohandel had. Ik was nieuwsgierig en vroeg hem: "Als je het niet erg vindt, kun je me dan je huisadres vertellen?"

Hij zei dat het een nummer 350 was en hij vertelde me ook dat hij er al een paar jaar woonde. Hij gaf me met grote tegenzin zijn geboortedatum en ik vertelde hem direct dat deze woning niet goed zou zijn voor zijn bedrijf. Hij ging plotseling rechtop zitten, met een geëlektrificeerde blik op zijn gezicht, en vroeg me: "Wat is dan een goed nummer?" Ik wilde hem dat niet graag vertellen vanwege zijn denigrerende houding ten opzichte van numerologie. Hij vroeg opnieuw: "Omdat er drie cijfers zijn, zeg je me daarom dat het niet goed is? Of is het beter om twee cijfers te hebben?"

Ik eindigde met te zeggen: "Het is ingewikkelder dan dat." Hij had haast om te vertrekken, maar hij liet zijn zusje achter en zei dat wat ze ook wilde kopen "prima voor hem zou zijn."

Misschien komt hij ooit terug om meer te weten te komen over Jupiter + Mercurius energie onder Saturnus, maar ik heb het gevoel dat hij nu in ieder geval meer openstond voor numerologie.

Voorbeeld 2 (35, versterkt)

Toen Bernice me voor het eerst belde, zei ze dat ze zelf paranormaal begaafd was en dat de laatste keer dat ze me op de radio had gehoord, ze zich erg aangetrokken had gevoeld om met me te praten. Ze zei ook dat ze door de jaren heen andere numerologen had gekend en geraadpleegd, maar nog steeds verbijsterd was over wat er om haar heen gebeurde. Ze woonde in een huis met nummer 350 met haar twee broers en hun ouders in San Francisco. Ze had een sterke Uranus geboortedatum die in tegenspraak was met haar naam energie (Saturnus). En als klap op de vuurpijl maakte de energie van het huis - 350 (Jupiter + Mercurius, versterkt) - het allemaal nog erger. Ze zei dat ze voor een alternatief genezingscentrum werkte maar zich depressief voelde.

Ik was niet verbaasd over haar situatie, want Bernice's woonplaats, haar naam en haar geboortedatum botsten allemaal met elkaar. Een van haar broers had een sterke Saturnus energie. Hij had op 18-jarige leeftijd een beroerte gehad en was altijd slecht gehumeurd. Toen ze me belde, zat deze broer in een afkickkliniek.

Deze broer had veelbelovende naam energie. Maar hij realiseerde zich niet dat zijn geboortedatum op ramkoers lag met het adres van Saturnus. Ik nam hem zijn situatie niet kwalijk; het was de huis energie die de oorzaak was van al zijn ellende.

De tweede broer, die een sterke Uranus geboortedatum had, voelde zich thuis altijd negatief en wilde er nooit zijn. Ook hier botste een sterke Uranus energie met de Saturnus residentie.

En de ouders, die jarenlang hadden gewerkt om hun eigen bedrijf op te zetten, werden gedwongen om hun bedrijf te sluiten omdat het achteruitging.

Dit geval is een klassiek voorbeeld van divergerende Uranus + Saturnus energieën. Het eerste wat ik Bernice vertelde was om Zon + Mercurius toe te voegen aan het bestaande huisnummer, wat ze meteen wilde doen toen we uit de lucht waren. Ik suggereerde ook dat het een goed idee zou zijn om op een gegeven moment de woonplaats van de familie te veranderen. Omdat ze zelf intuïtief is, zei ze dat ze al heel lang de behoefte had om dit te doen. In dit geval gebeurden er negatieve dingen met goede mensen, maar ze begrepen niet waar het probleem vandaan kwam of hoe ze het konden oplossen.

Voorbeeld 3 (35, versterkt)

Lucinda was een jonge vrouw die contact met me opnam via een wederzijdse vriend. Ze was onlangs vanuit Brazilië naar de Verenigde Staten verhuisd en had, zoals de meeste immigranten, veel baantjes om haar rekeningen te betalen. Ze was naar me toe gekomen in verband met relaties die haar ontglipten. Haar geboortedatum klopte niet met haar naam en tot overmaat van ramp droeg woning nummer 305 bij aan de neerwaartse trend. Nadat ik had uitgelegd hoe haar energie werkte, vertelde ik haar dat ze geneigd was om de verkeerde soort relaties aan te trekken. Ze beaamde dat en zei dat ze onlangs een man had beloofd met haar te trouwen en dat ze hem op zijn verzoek geld had gegeven, maar uiteindelijk wilde hij alleen maar haar geld en geen huwelijk. Ik deed wat energie opruiming voor haar, stelde bepaalde kristallen voor en patchte haar nummer van de woning met meer Maan en Uranus energieën. Lucinda vertrok met een gelukkiger gevoel en ik had er vertrouwen in dat haar geluk snel ten goede zou keren.

Zes Twee

62 heeft de energie van Venus + de Maan. Dit is een extreem zwakke energie voor een huis. Het brengt financiële rampen en gezondheidsproblemen met zich mee. Maar als deze energie op een naam staat, werkt het

heel anders: het is gunstig voor iedereen en brengt roem van wereldklasse. Veel beroemde Hollywoodsterren hebben de energie van Venus + de Maan in hun naam.

Voorbeeld 1

62 is het nummer van de woning van een vriend die in New Delhi woont. Hij is de enige zoon van een zeer rijke vader, die nu met pensioen is. Mijn vriend woont al 20 jaar in deze woning. Hij heeft een betrouwbare baan in een stabiel bedrijf, maar leeft al zolang hij in zijn woning woont van leningen van zijn vader omdat zijn eigen salaris niet voldoende lijkt.

Ik bezocht hem in het voorjaar en toen ik wegging, gaf ik aan dat zijn nummer van de woning hem geld zou kosten en ook zijn relatie met zijn vrouw zou beïnvloeden. Zijn vader, die er op dat moment was, werd nieuwsgierig om meer te weten. Ik stelde voor dat mijn vriend wat Neptunus energie aan de woning zou toevoegen om de uitstroom van geld te stoppen. Ik voelde dat de vader opgelucht was dat hij een oplossing had en hij voerde de verandering nog dezelfde dag door.

Voorbeeld 2 (62, versterkt)

Jonathan, die in een stad aan de South Bay werkte, vertelde me dat hij medisch intuïtief was en ook fulltime als bomenkapper werkte. Interessant genoeg begon het plotseling uit het niets te regenen op het moment van onze afspraak, dus hij kwam opdagen voor zijn afspraak in de regen.

Toen we begonnen te praten, was het eerste wat ik hem vertelde dat de Uranus energie op zijn naam eiste dat hij voortdurend gaf om te krijgen. Hij zei: "Ik doe dit de hele tijd. Naast het geven van kleine donaties aan daklozen, doe ik ook helend werk voor terminaal zieke mensen." Zijn geboortedatum had een sterke Zon energie en ik vertelde hem dat hij moeilijk en koppig kon zijn in zijn relaties. Hij zei: "Oh, ik ben een goede man, maar ik ben gescheiden. Ik heb wel veel vrienden." Toen ik naar zijn huisnummer 602 keek - een huis dat hij deelde met een andere man - vertelde ik hem dat dit problemen met geld en meer gezondheidsuitdagingen met zich mee zou brengen. Hij vertelde me dat hij, sinds hij naar dit huis was verhuisd, ziek was geweest en niet kon begrijpen wat er met hem aan de hand was. Hij vertelde ook dat de eigenaar, die er al jaren woonde, een beroerte had gehad en met een hartkwaal leefde. Ik stelde voor dat Jonathan het huis zou lappen met een bepaald nummer, maar ik zei ook dat het goed voor hem zou zijn om te verhuizen. "Waar moet ik dan heen verhuizen?" vroeg hij. Op zijn rijbewijs stond een huisnummer 1023, en ik vroeg waarom er een ander adres op zijn rijbewijs stond. Hij zei dat het het huis van zijn nicht was, waar hij eerder had gewoond, en dat ze hem "vorige week nog" een kamer had aangeboden als hij daar weer wilde blijven wonen. Het antwoord lag dus recht voor zijn neus! Hij bleef me heel intens aankijken terwijl ik zijn reading deed en toen we klaar waren, vertelde hij me dat hij me "een paar dingen" over mezelf wilde vertellen. Jonathan vertelde me dat ik overweldigd werd door mensen (wat waar was), en hij zei dat ik "gestrest was en pijn had vlak achter [mijn] nek" (ook waar). Hij eindigde met: "Meneer Kalsi, het is oké als je niet iedereen tegelijk kunt ontmoeten." Daar heb ik het maar bij gelaten. Twee voltreffers!

Zeven Een

71 heeft de energie van Neptunus + de Zon. De energie is vergelijkbaar met die van 17, maar een beetje lager op de energieschaal.

Voorbeeld 1 (71, versterkt)

Ik werd benaderd door Opal, een fysiotherapeut die getrouwd was met een hartchirurg. Ze woonden in de buurt van Seattle in een huis met huisnummer 701. De energie van de man ging gebukt onder het huisnummer. Plotseling moest hij zelf een grote bypassoperatie ondergaan en kwam er een einde aan zijn medische carrière. Hij had veel energie van Saturnus op zijn naam, die botste met het huisnummer.

Hun enige zoon, die in hetzelfde huis woonde, had Venus energie op zijn naam, die ook botste met het huisnummer. Op 18-jarige leeftijd kreeg hij een ernstige vorm van diabetes en verloor hij alle interesse in studeren.

Opal was godvrezend en toen ik enkele veranderingen voorstelde, zoals het toevoegen van bepaalde nummers aan het adres, was ze het eens met wat ik zei, maar ze wist niet zeker of haar man "het zou toestaan." Ik heb sindsdien niets meer van ze gehoord, maar ik hoop van harte dat ze de huisnummers hebben verplaatst om hun leven te verbeteren.

Acht Negen

89 heeft de energie van Saturnus + Mars en kan een zeer krachtig getal zijn als het in een naam voorkomt. Het kan net zo gelukkig zijn op een adres, afhankelijk van de persoonlijke numerologie van de bewoners.

Voorbeeld 1 (89, versterkt)

809 was het adres van een beller naar *Seeing Beyond*. De beller had een sterke Neptunus geboortedatum en haar basis energie maakte haar een zeer intuïtief persoon. In dit geval maakten Saturnus + Mars op haar woonplaats haar huis tot een gelukkige plek voor haar. Toen ik haar vertelde dat deze energie goed voor haar was en dat het enige wat ze hoefde te doen was de ruimte af en toe leegmaken door salie te gebruiken, stemde ze in. Ze zei dat ze daar al bijna twintig jaar woonde en heel gelukkig was geweest in dit huis.

Merk op dat dezelfde woning heel negatief had kunnen zijn voor iemand met een Uranus of Saturnus geboortedatum. Maar in haar geval was de energie perfect afgestemd, vibrerend met haar eigen basisenergie om haar een goed leven te geven in dit huis. Elke keer als ik nummers doe voor klanten die al gelukkig zijn in hun huis, voel ik me persoonlijk gevalideerd om het goede nieuws te brengen.

Voorbeeld 2 (89)

Khadijah belde me vanuit Spanje nadat ze me had gezien in het *Appadana* TV programma. Ze woonde in huisnummer 89 en was verbijsterd over haar moeilijkheden. Haar Uranus geboortedatum botste eigenlijk met haar woonplaats en ze zei dat ze vaak nachtmerries had en dat het bedrijf van haar man er ook onder leed. Ik stelde voor dat ze een nummer 6 zou toevoegen om haar en haar familie financieel en persoonlijk te helpen. Ze was erg opgelucht en blij, en ik ook, toen ik met mijn eerste beller uit Spanje sprak!

Hoofdstuk 11

Mars: Nummer 9

Het getal 9, dat Mars vertegenwoordigt, komt in vele vormen voor: 9 op zichzelf, 18, 27, 36, 45, 54, 63, 72, 81 en 99. Mars brengt veel energie, conflicten, woede, kracht en ongelukken met zich mee. In het Vedische systeem staat Mars voor dinsdag en zijn kleur is rood. Hindoes bezoeken vaak tempels op dinsdag om Mangal ("Mars" in het Hindi) gunstig te stemmen. Het is bekend in de Vedische traditie dat als de planeet Mars niet goed in een horoscoop staat, het eindeloze problemen, lichamelijk letsel en zelfs gevangenisstraf kan veroorzaken. Een sterke Mars hoort bij machtige wereldleiders, zowel in hun horoscoop als in hun naam. De namen van veel beroemde politici, sporters, artsen en wetenschappers bevatten deze energie.

Negen

Een woonplaats met nummer 9 is Mars op zichzelf, in zijn hoogste vorm.

Voorbeeld 1 (216)

Ruth had me verschillende keren gehoord op *Seeing Beyond* en nam contact met me op voor een reading op haar huisnummer. Toen ik haar naam hoorde, wist ik wie ze was en vroeg ik, als ze zo'n geweldige metafysica was met een grote klantenkring, waarom ze mijn hulp nodig had. Ze antwoordde dat ze me al een paar keer op de radio had gehoord en gefascineerd was door de manier waarop ik numerologie toepas, die volgens haar anders was dan die van de meeste numerologen. Ruth woonde in een huis met nummer 216 in San Rafael, Californië. Haar geboortedatum klopte met haar naam, maar haar huisnummer niet. Ik vertelde haar dat deze energie conflicten kon veroorzaken in het huis of met de mensen eromheen. Ze was het daarmee eens en vertelde me dat ze al jaren problemen had met haar buren. Ze vielen haar voortdurend lastig door 's nachts licht op haar huis te richten. Ik stelde voor dat ze meer Venus energie aan haar huisnummer zou toevoegen om het effect van Mars te kalmeren. Later was ze zo vriendelijk om me in de uitzending een getuigenis te geven en te bevestigen hoe effectief het was geweest om het nummer aan de deur toe te voegen.

Voorbeeld 2 (432)

Alexis las over mij in de krant. Ze woonde in een huis met nummer 432 in San Jose en had een sterke naam en geboortedatum. Door naar haar huisnummer te kijken, waar ze al jaren woonde, kon ik haar vertellen dat dit huis niet goed zou zijn voor het bedrijf dat ze op dat moment runde. Ze was het daarmee eens en zei dat het niet zo goed ging met haar bedrijf als ze wilde. We voegden nummers 1 en 5 (de Zon en Mercurius) toe aan het einde en verschoven de energie meer naar Venus om in overeenstemming te zijn met het soort werk dat ze deed vanuit haar kantoor aan huis. Sindsdien is Alexis overstelpt met klanten. Haar bedrijf is enorm gegroeid en ze heeft me veel nieuwe klanten gestuurd, naast dat ze een vriendin is geworden.

Voorbeeld 3 (1305)

Ursula, een collega makelaar, kwam naar me toe nadat ze me op de radio had gehoord. Ze woonde in een huis met nummer 1305 in Los Altos. Haar naam had veel energie van Neptunus, wat me vertelde dat ze intuïtief was. Ze zei dat ze al jaren *feng shui* praktiseerde met haar klanten. Ze had ook zwakke Maan energie op haar voornaam, wat erop wees dat ze problemen zou hebben met relaties, ook al was ze getrouwd. Op basis van haar huisnummer zei ik dat er te veel Mars energie was en dat dit conflicten zou veroorzaken met haar man, die advocaat was. Ik verbeterde de energie van het huis door het adres naar Venus te verplaatsen om het sterk te maken voor een jurist en ook voor haar, zowel persoonlijk als professioneel. Ursula belde me daarna nog een paar keer en nodigde me zelfs uit om voor een groep vrienden te spreken over nummers.

Voorbeeld 4 (162)

Karim, van de Fiji-eilanden, kwam naar me toe met een vriend die ik eerder had geraadpleegd. Hij was onlangs verhuisd naar een nieuw huis, nummer 162. Mars energie is erg moeilijk: als het niet samengaat met je naam of geboortedatum, blokkeert het al snel alles en lijkt je leven tot stilstand te komen. Dit is precies wat Karim meemaakte: zodra hij in deze nieuwe woning was komen wonen, begon zijn bedrijf (een loodgietersbedrijf dat hij al jaren bezat) plotseling te mislukken. Hij was erg gefrustreerd en zei dat dit al drie maanden aan de gang was. Zijn imam had het huis zelfs bezocht en gezegend, maar Karim wachtte nog steeds op resultaat.

Op basis van zijn naam en geboortedatum stelde ik voor dat Karim wat meer Mercurius energie aan zijn huis zou toevoegen, zodat we de energie in beweging konden zetten om zijn bedrijf weer op de rails te krijgen. Hij was erg dankbaar voor de informatie en ik kon aan de manier waarop zijn energie verschoof zien dat hij het huisnummer snel na ons consult zou patchen.

Voorbeeld 5 (3015)

Ik werd benaderd door een jongeman die met zijn vader naar mijn kantoor kwam. Mijn cliënt woonde in huisnummer 3015 in San Ramon. Nadat ik het huisnummer en zijn geboortedatum had gekregen en dezelfde informatie over andere bewoners van het huis, vertelde ik hem dat deze energie niet bij de familie zou passen omdat het alles tot stilstand zou brengen en iemand naar het ziekenhuis zou sturen. Hij was volledig verrast. Hij vertelde me dat sinds ze minder dan een jaar eerder in dit huis waren komen wonen, bij zijn vrouw borstkanker was geconstateerd en dat zijn bedrijf plotseling was stilgevallen. Toen ik hem vroeg naar zijn vorige woning, zei hij dat hij in een huis met nummer 603 (ook Mars) had gewoond, waarvan hij geloofde dat het opgeteld een 9 was, en dat dat de "exacte reden" was dat hij het huis had verkocht en naar 3015 was verhuisd, omdat het "ook een 9 was".

Hij was erg gelukkig geweest in de 603 vanwege de sterke Venus + Jupiter energie. Zijn bedrijf was welvarend geweest en de familie ook. Hij had er bijna vijf jaar gewoond voordat hij vertrok. Hij was verhuisd omdat hij dacht dat de 9's "hetzelfde" waren. Natuurlijk had hij niet begrepen dat deze nieuwe 9 geen Venus had, maar Jupiter + de Zon + Mercurius. Helaas, als Jupiter en de Zon samen verschijnen, botsen ze met elkaar. Ik stelde voor dat hij wat Mercurius energie aan zijn deur zou toevoegen om de vibratie te verschuiven en zijn zaken te verbeteren.

Nadat ik dat had gezegd, zei hij dat het getal 5 (Mercurius) altijd zijn "geluksgetal" was geweest. Ik kon zijn energie voelen verschuiven, vlak voor mijn neus. Hij was tevreden met het antwoord dat ik had gegeven en wilde graag terug om deze en andere veranderingen die ik had aanbevolen door te voeren.

Voorbeeld 6 (351)

Ik ken deze familie al vele jaren. De man en vrouw waren gescheiden, maar hertrouwden nadat ze mij jaren geleden hadden ontmoet. Ze kochten een nieuw huis met het nummer 351 (Jupiter + Mercurius + de Zon). Ze woonden tien jaar in dit huis en man en vrouw hadden voortdurend ruzie. De oudste dochter had een ernstig auto-ongeluk gehad; de jongste dochter wilde naar niemand luisteren.

Financieel deden ze het erg slecht en hun bedrijf kwam volledig tot stilstand. Het ging zo slecht dat ze het bedrijf onder de marktprijs moesten verkopen. De vrouw belde me na tien jaar in het huis en wilde telefonisch met me overleggen. Ik stond niet te popelen om haar vragen te beantwoorden, omdat ik niet het gevoel had dat ze mijn advies serieus nam. Maar begin juli kwam ze persoonlijk naar mijn kantoor met haar zus, die ik heel goed kende.

Nadat Enid me haar huisnummer had gegeven, beschreef ik hoe de planeten conflicterend waren en invloed zouden hebben op elke familie waarvan de energie niet stroomde met deze numerologie, zoals in haar geval. Ze was over het algemeen neerslachtig over haar leven in het Mars huis. Het huis stond te koop en ze overwoog te verhuizen naar een ander gebied. Ik hielp haar het huis op te lappen voor een snelle en winstgevende verkoop en stelde haar en haar dochters kristallen voor om te dragen, zodat de dochters de juiste echtgenoten konden vinden en de moeder welvarender en gelukkiger kon zijn met haar eigen man.

Het gebeurt heel vaak dat mensen nuttig advies in de wind slaan als het goed gaat, maar als het slecht gaat, proberen ze snel nuttig advies te krijgen! Hoewel het ons onnodig leed berokkent, is dit gewoon de menselijke natuur.

Voorbeeld 7 (5121)

Eve kwam eind juli bij me langs. Ze woonde in Fremont in een huisnummer 5121. Ze had me op de radio gehoord en vertelde me dat ze "een sterke drang" had om me te ontmoeten. Op het moment dat ik haar ontmoette, kon ik zien dat ze zelf erg metafysisch bewust was. Voordat we begonnen, vroeg ik haar: "Dus je doet ook readings voor mensen?" en ze zei ja, dat deed ze. Ze zei ook dat de energie van mijn kantoor haar beviel en nog meer de kleur van de nieuwe verf.

Eva had een heel sterke geboortedatum maar een heel tegenstrijdige woonplaats. Toen ik haar de energie van de planeten in haar huisnummer beschreef, was ze verbaasd. Ze vertelde me dat ze gescheiden was en dat haar huidige romantische partner ernstige gezondheidsproblemen had. Haar beide ouders waren in dit huis overgegaan en als intuïtieve voelde ze altijd een zeer sterke aanwezigheid in het huis. Ze zei ook dat haar vader op een middag rond drie uur was verschenen. Ze vertelde me dat toen ze onderzoek deed in het gebied, ze ontdekt had dat de hele wijk ooit een begraafplaats was van Indianen.

Naast de energie van haar vader had Eve daar ook altijd andere energieën gevoeld en ze zei dat ze "vele mensen, vele malen" had ingehuurd om de ruimte voor haar leeg te maken, maar het mocht niet baten; ze konden de ruimte niet leegmaken. Ze werkte voor een prestigieus bedrijf in de Bay Area en door naar het bedrijfsadres te kijken, kon ik zien dat er ook op haar werkplek immense conflicten waren. Ze vertelde me dat elke keer als er een conferentie werd gehouden in haar bedrijf, mensen ermee instemden om actie te ondernemen. Maar op het moment dat ze het gebouw verlieten, gingen hun intenties met hen mee. De situatie was zo slecht dat er onlangs honderden mensen waren ontslagen. Ik zei tegen haar: "Volgend jaar wordt dit bedrijf verkocht. Het bedrijf zal deze faciliteit niet houden." Ze zei dat daar "al sprake van was" en dat ze op zoek was naar een baan elders vanwege de mogelijkheid dat haar bedrijf verkocht zou worden.

De andere reden dat ze naar me toe was gekomen was een herziening van haar naam die ze wilde gaan gebruiken. Ik bekeek de naam en alles klikte goed. Ik vroeg haar: "Hoe ben je op deze herziening van je naam gekomen?" en ze antwoordde dat ze hem had "gekanaliseerd", maar dat ze nog steeds bevestiging van buitenaf zocht dat de naam passend was. Ik hielp haar ook met wat clearing en stelde een patch voor haar huis voor.

Voorbeeld 8 (9)

Louise belde voor een meting van haar huis. Ze woonde in een woning met nummer 9 in Marin County. Ze maakte zich zorgen over haar huisnummer, maar voordat ik daar op inging, zocht ik haar naam uit en vertelde haar dat haar naam energie helemaal niet met haar stroomde. Het bracht strijd en conflicten in haar leven. Ze zei dat haar achternaam eigenlijk de naam was die ze van haar vorige man had gekregen, maar dat ze die na de scheiding niet had veranderd. Louise had de achternaam willen veranderen, maar "was er niet aan toegekomen". Ze zei dat ze de afgelopen twintig jaar een "heel zwaar leven" had gehad en dat werd bevestigd door de nummers waar ze in het verleden had gewoond. Er was een vorige woning met de Maan op zowel het gebouw als het nummer van de woning, waardoor ze in armoede leefde.

Ze zei ook dat dat de moeilijkste acht jaren van haar leven waren, waarin ze geld van haar ouders moest lenen om te overleven. Het is niet verrassend dat Maan energie dit vaak doet met huizen en hun bewoners.

Toen ik terugging om haar meisjesnaam te controleren, bleek die een krachtige Venus energie te hebben, dus stelde ik haar voor om terug te gaan naar die meisjesnaam. "Oh, geen wonder; toen ik die naam had, had ik geen gebrek aan mannen die achter me aan zaten!" zei ze. Louise werkte voor een bedrijf in luxe delicatessen en reisde door het hele land. Ik corrigeerde haar nummer van haar woning en herhaalde mijn suggestie dat ze haar achternaam terug moest veranderen in haar meisjesnaam, en ze stemde toe. Ik voelde veel persoonlijke voldoening, want het zijn de mensen die onderaan de energieschaal vastzitten die het meeste baat hebben bij de informatie die ik geef.

Voorbeeld 9

De stad Bombay had vele, vele jaren Saturnus energie totdat een nieuwe politieke partij aan de macht kwam. Zij stonden erop dat de naam werd veranderd in "Mumbai" en verschoof de energie van de naam van een zeer krachtige Saturnus naar Mars. Deze stad is nu de hoofdstad van de misdaad in India en de energie van de stad wordt ondermijnd, omdat veel "Bollywood" evenementen niet eens meer in Mumbai plaatsvinden.

Op 11 juli 2006 werd de wereld opgeschrikt door het nieuws van verschillende treinbomaanslagen in Mumbai. Deze bomaanslagen waren gepland voor de avondspits en waren gericht op de mannenwagons op verschillende druk bereden forenzenlijnen. Vrouwen kwamen natuurlijk ook om het leven omdat de vrouwen- en mannentreinstellen zo dicht bij elkaar stonden. In totaal verloren minstens 207 mensen het leven en raakten er meer dan 700 gewond. De terroristische hotelaanvallen in november 2008 begonnen op de 26e van de maand, die werd geregeerd door de energie van Saturnus. Saturnus + Mars zijn samen een zeer explosieve combinatie, en de planetaire energieën botsten om deze ramp te versterken. Zulke verschrikkingen kunnen doorgaan totdat de naam van de stad wordt veranderd in een betere vibratie (Mumbaii, met twee i's, wat de naam een Zon-trilling zou geven).

Een Acht

Het getal 18 vertegenwoordigt de Zon + Saturnus en is Mars in zijn moeilijkste vorm. Deze energie staat voor verwondingen, juridische problemen en echtscheidingen.. Als het op huisnummers verschijnt, is het verwoestend en professioneel gezien hebben alleen mensen op medisch gebied er baat bij.

Voorbeeld 1

Kirpal en zijn vrouw kwamen naar me toe. Ze woonden in een huis met nummer 4356 en waren een paar maanden eerder verhuisd. Sinds hun verhuizing was Kirpal ontslagen en zijn vrouw had moeite om werk te vinden. Door met hen te praten kon ik zien dat het ook niet goed ging met hun persoonlijke relatie. Ik gaf aan dat de nieuwe woning - een gloednieuw huis - de reden was voor deze impasse. Ik stelde voor dat ze meer Venus energie aan het einde zouden toevoegen om de nummers in hun voordeel te verschuiven.

Interessant genoeg, toen ik het stel vroeg waar ze eerder hadden gewoond, zeiden ze een woning nummer 401 - een uitstekende Mercurius trilling. Ze vertelden me dat ze veel geld hadden verdiend in deze woning, maar er slechts twee jaar hadden gewoond. Al snel realiseerden ze zich dat de plek "te klein" voor hen was en kochten ze het grotere huis, wat hen ongeluk bracht. Het zou beter voor hen zijn geweest als ze nog een paar jaar in woning 401 waren gebleven en dan een expert hadden geraadpleegd voordat ze een verandering zouden maken. Nadat de energie van het nieuwe huis was opgelapt, kreeg ik een telefoontje van de vrouw, die vertelde dat ze nu talrijke aanbiedingen voor een baan had gekregen en dat ze ontzettend blij en dankbaar was.

Voorbeeld 2

Wanda woonde in een huis met huisnummer 189 in San Jose. Deze planeetcombinatie is een van de laagste vormen van Mars energie. Wanda had een uitstekende naam, die haar had geholpen om hier een aantal jaren te blijven wonen, maar ze had in dit huis ook haar portie juridische problemen, familieruzies en scheidingen meegemaakt. Ik stelde voor dat ze een gele saffier op haar rechterwijsvinger zou dragen om haar relatie met haar nieuwe vriend te verbeteren en dat ze meer Venus energie aan haar huisnummer zou toevoegen. Ik heb haar sindsdien vaak gezien en ze is tevreden met de verschuiving.

Voorbeeld 3 (1296)

Dewei kwam naar me toe nadat hij over me had gelezen in de *San Jose Mercury News*. Toen ik zijn huisnummer zag, vertelde ik hem dat deze energie complicaties zou kunnen veroorzaken in zijn gezinsleven. Hij was gefascineerd en vroeg hoe ik tot die conclusie was gekomen. Ik vertelde hem dat de planetaire vibratie op zijn huisnummer, 1296, de complicaties veroorzaakte.

Hij was het ermee eens en vertelde dat zijn vrouw, kort nadat hij in dit huis was komen wonen, van hem was gescheiden. Tot op de dag van vandaag kon hij niet begrijpen waarom dat was gebeurd. Hij vertelde me dat, toen hij dit huis kocht, een feng shui meester hem vertelde dat de nummers optellen tot 18, en dat 8 aan het einde "geluk" brengt en het huis geluk zou brengen. Maar omdat de planetaire vibratie en de nummers niet samenvloeiden, was het gezinsleven van Dewei geruïneerd. Hij besprak ook het adres van zijn bedrijf, dat 5324 was, en ik vertelde hem dat het een geweldige plek was voor zijn bedrijf. Hij was het daarmee eens en liet me foto's zien van zijn kantorencomplex, dat drie hele gebouwen besloeg. Hij ging dus zeer tevreden weg omdat zijn vragen waren beantwoord.

Hij bezocht me weer en gaf me de follow-up van zijn "patch". Hij was een ingenieur en erg rijk, en hij gaf me een update over zijn huis en dat van zijn broer, die ik eerder had ontmoet. Hij vertelde me hoe het patchen van nummers hen beiden had geholpen. Dewei was naar me toe gekomen in verband met een nieuwe vacature in zijn gebouw en vroeg welke patch zou helpen om het snel aan een nieuwe huurder te verhuren. Hij bevestigde dat er dingen waren veranderd nadat hij mijn eerdere advies had opgevolgd. Hij was dankbaar, maar op een subtiele manier.

Voorbeeld 4

D-1/18 is het adres van de buren van mijn familie in New Delhi. De familie verhuisde ongeveer in dezelfde tijd als wij. Naast de man en vrouw woonden er een zoon en dochter in het huis.

Beide kinderen waren erg intelligent, vooral de zoon. Hij was het type dat het hoogste scoorde in elk vergelijkend examen. De ouders hadden goede hoop dat hij op een dag naar het buitenland zou gaan en een wetenschappelijk onderzoeker zou worden, die grote roem zou brengen aan de familie en het land. Maar plotseling werd deze zeer slimme zoon getroffen door leukemie. De ouders deden hun best om zijn leven te redden. Ze brachten hem naar Londen voor transfusies, maar hij overleefde het niet. Elke keer als ik mijn familie in India bezoek, denk ik aan hem en voel ik mee met de familie, die de pech had zo'n negatief adres te vinden en zo'n tragedie te moeten doorstaan.

Als je om je heen kijkt, zie je dat alle huizen nu vier verdiepingen hebben. Maar mijn buren, die een negatieve numerologie hebben, wonen in de oude huizen met één verdieping en worden "onderdrukt" door de energie van de hogere gebouwen om hen heen.

Voorbeeld 5

Een lid van de plaatselijke Indiaanse gemeenschap woonde met zijn zoon en dochter in een Marswoning in Noord-Californië. De jongeman was getrouwd met een heel mooie vrouw en ik zag hem een paar keer bij familiefeesten. De laatste keer dat ik hem zag, nam ik een vreemde energie van hem waar en zei tegen mijn vrouw: "Er is iets niet in orde met deze jongeman." Als ik zulke dingen zeg, antwoordt mijn vrouw vaak: "Stop, je denkt te veel!" Maar een paar weken na dit gesprek kreeg mijn vrouw een telefoontje van een vriend, die haar het vreselijke nieuws vertelde dat deze jongeman een auto-ongeluk had gehad en ter plekke was overleden terwijl hij op zakenreis was naar de oostkust. Op dat moment was ik me niet bewust van zijn huisnummer, maar later, toen ik het onderzocht, ontdekte ik dat het de energie van Mars op zijn laagst was die zo'n ravage had aangericht in dit arme gezin.

Voorbeeld 6 (18, versterkt)

Een man die in een huisnummer 180 woont met zeer negatieve persoonlijke Mars energie nam contact met me op. Hij had soortgelijke energie op zijn geboortedatum en een zeer zwak naamnummer. Hij was verontrust en ik vertelde hem dat zijn huidige energie stond voor ongelukken en moeilijkheden met familie, vooral scheiding of andere juridische complicaties.

Dat was de reden, vertelde hij me toen, dat hij naar me toe was gekomen. Zijn enige dochter, geboren en getogen in dit land, zat in noodopvang omdat hij een gewelddadige vader was. De volgende dag moest hij al naar de rechtbank om de kinderbescherming ervan te overtuigen dat hij voor een passend thuis kon zorgen. Er was niet veel tijd om hem te helpen met zijn situatie, maar ik suggereerde wel dat het een goed idee zou zijn om op een gegeven moment van huis te veranderen. Ik hielp hem ook met het bedenken van een krachtige naamvibratie door zijn voornaam te spellen.

Hij belde me later terug om te informeren naar onroerend goed dat hij wilde verkopen, maar vertelde niets over de situatie met zijn dochter. Deze onfortuinlijke vader was zo wanhopig op zoek naar een goede relatie met zijn dochter dat hij het slachtoffer werd van een oplichter in Noord-Californië, die beloofde dat hij tegen betaling "relaties kon herstellen". De oplichter vluchtte voordat de wet hem kon pakken, maar niet voordat hij geld van mijn cliënt had gestolen.

Mijn ervaring heeft me geleerd dat, nadat nummers op de deur zijn aangebracht, het meestal vier tot zes weken duurt voordat ze gaan trillen met het huis om hun volledige effect te bereiken. Zoals met alles is het onrealistisch om van de ene op de andere dag resultaten te verwachten.

Voorbeeld 7 (18)

Toen ik een feestje bijwoonde van een Indiase familie, zag ik een vrouw die ik jaren eerder had ontmoet, toen ik in Yuba City woonde. Op het moment dat ze me zag, herinnerde ze zich mij en vroeg: "Doe je nog steeds aan nummers?" Ik had geen zin om met haar over nummers te praten tijdens het socializen, maar ze was volhardend. Ze wilde dat ik met haar zoon zou praten, die ook op het feest aanwezig was. Ik stemde toe om met hem te praten. Terwijl ik in de hoek zat, zag ik haar naar de bar lopen en haar zoon bijna meeslepen. Hij leek niet geïnteresseerd in mij, maar ik wilde de beste manier vinden om hem te helpen.

De zoon vroeg: "Wat kunnen nummers dan?" Ik vertelde hem dat ik huisnummers las en hem op basis daarvan een paar dingen kon vertellen. Hij woonde in huisnummer 18 in Yuba City. Nadat ik naar zijn geboortedatum en naam energie had gekeken, vertelde ik hem dat het geen goede plek was voor zijn huwelijk of voor zijn financiën. Maar hij had al een paar drankjes op en leek niet erg op te letten.

Later ontmoette ik dezelfde jongeman weer toen ik een begrafenis bijwoonde in Los Angeles. Hij kwam naar me toe; zijn stem was helemaal veranderd en hij leek heel nederig en aardig. Een familielid vertelde me dat hij door een "zeer rommelige" scheiding ging. Ook het boerenbedrijf van zijn familie zat in het slop. Ik was niet in de stemming om met iemand over nummers te praten, want mijn gedachten waren bij de begrafenis en de familie van de overledene. Maar toen schoot de houding die hij eerder had aangenomen me te binnen en dacht ik: "Nou, misschien wilde zijn moeder daarom per se dat hij mij zou zien." Het leek erop dat het leven hem een paar harde lessen leerde en dat hij daar gewoon doorheen moest.

Voorbeeld 8 (189)

Savita woont in Coventry, Engeland, op een huisnummer 189. Ze was op bezoek bij familie in Californië toen iemand haar mijn naam noemde. Ze kwam naar me toe om haar numerologie te bespreken. Savita woont al twaalf jaar met haar ouders op dit huisnummer 189.

Nadat ik naar haar naam en geboortedatum had gekeken - en geen van beide werkte voor haar - zag ik dat het huisnummer de dingen alleen maar erger maakte. 189 is een zeer intense manifestatie van Mars. Savita wilde meer weten over haar persoonlijke leven. Ik vertelde haar dat als ze zou trouwen terwijl ze in dit huis woont, het huwelijk zou eindigen in een scheiding. Ik zei dat de energie in dit huis erg gespannen is en dat mensen gedreven kunnen worden tot een punt waarop ze iets heel gevaarlijks en drastisch doen. Het is ook een energie die de bewoners in het ziekenhuis kan doen belanden. Ze was het daarmee eens en vertelde me dat ze getrouwd was met een jongeman met wie ze al jaren een relatie had, ook al waren haar ouders tegen het huwelijk vanwege de achtergrond van de jongeman.

Nog geen jaar na haar huwelijk, nadat ze fysiek was mishandeld door een man die ze al tien jaar kende, scheidde Savita. Haar vader was zo overstuur dat hij zich bijna tot geweld gedreven voelde. Haar moeder was zo overstuur dat ze een paar keer in het ziekenhuis werd opgenomen. Ik vertelde Savita dat de energie van 189 nooit geluk of vrede in de familie zou brengen. Ik stelde voor om het nummer te patchen, wat ze meteen deed door haar ouders in Engeland te bellen. Zelfs na het patchen van het huis zei ik dat het goed zou zijn als de familie van huis kon veranderen en een adres kon vinden met een voor hen sterkere en helderdere vibratie. Later in het jaar belde Savita om me te laten weten dat alle leden van de familie in een veel betere stemming waren in hun nieuwe Jupiter huis.

Voorbeeld 9 (4464)

Ik genoot van een feestje in een privézaal van een restaurant ter ere van een pas getrouwd stel. Over het algemeen praat ik niet graag met mensen in een openbare ruimte als ik alleen ben, maar om de een of andere reden gebeurt het altijd dat, als ik aan nieuwe mensen word voorgesteld, iemand me erop moet wijzen dat ik met numerologie werk.

Ik zat in een rustig hoekje van deze privékamer en besprak onroerend goed met andere familieleden, toen ik plotseling vanuit een andere hoek mijn naam hoorde: "Meneer K, kunt u even hier komen?" Ik dacht dat ik werd voorgesteld aan een meneer die net was binnengekomen.

Maar toen ik tegenover hem ging zitten, waren de eerste woorden die uit zijn mond kwamen: "Vertel me over mijn huisnummer. Ik heb over je gehoord!" Nu voelde ik me echt in het nauw gedreven en enigszins teleurgesteld, omdat ik betrokken was geweest bij een privégesprek op een privé-evenement. Maar ik vroeg hem uit beleefdheid om me zijn huisnummer te geven. Hij antwoordde: "4464." Dit maakte het heel gemakkelijk voor mij. Ik zei tegen hem: "Je gaat problemen krijgen met geld, en wat een relatie betreft, dat zal de boot ook doen wankelen." Op het moment dat ik dat zei, viel zijn gezicht als een steen. "Oh, vertel me nu eens over mijn werknummer." Ik vroeg hem: "Wat doe je?" "Ik verkoop auto's." "Op welk nummer?" Hij zei: "Een nummer 4." Ik zei dat dat nummer zijn zaak volledig zou doen instorten.

Hij was absoluut geschokt. Alle vrolijkheid verdween van zijn gezicht en hij begon zijn vrouw (die vlakbij zat) te roepen om naar me toe te komen. Hij vroeg me naar een ander nummer, zijn vorige vestiging. Ik zei dat het een "uitstekende energie" was. Hij was het daar helemaal mee eens: zijn bedrijf was daar tot bloei gekomen. Nadat ik dit gezegd had, stond ik op en verontschuldigde me. Hoe klein het gesprek ook is, er is altijd een hogere reden voor zulke onderbrekingen.

Voorbeeld 10 (3384)

Iris kwam naar me toe nadat ze me had gehoord op *Seeing Beyond*. Iris woonde al ongeveer twaalf jaar met haar dochter in huisnummer 3384 in Castro Valley. De dochter werkte in een plaatselijke winkel. Na het controleren van Iris' huisnummer en haar werknummer, vertelde ik haar dat ze op de een of andere manier verbonden moest zijn met een medisch beroep. Ze zei dat ik gelijk had - ze werkte als de persoonlijke secretaresse van de CEO van een farmaceutisch bedrijf in de Bay Area. Haar persoonlijke leven was echter verwoest: ze had extreme problemen met haar dochter, die verwondingen en ongelukken had gehad en die "onhandelbaar" was geworden. Iris' eigen persoonlijke problemen waren er niet minder om, want ze was eind veertig nog steeds single, maar zoals alle goede moeders maakte ze zich meer zorgen over de toekomst van haar dochter dan over haar eigen toekomst.

Ik vertelde Iris dat de energie van het huis zo zwaar was dat patching niet veel verschil zou maken. Het zou een goed idee zijn als ze naar een andere locatie zou verhuizen en ik zou haar helpen het juiste nummer te kiezen. Ze belde me de volgende dag en vertelde me dat ze haar huisbaas 30 dagen van tevoren had opgezegd en tijdelijk bij haar ouders zou gaan wonen, totdat ze een nieuwe woning had gevonden. Ze had een vaste baan en een uitstekende kredietwaardigheid en huurde mijn bedrijf in om de juiste woning voor haar te vinden. Ik nam de verantwoordelijkheid en zocht de best mogelijke numerologie voor haar.

Voorbeeld 11

Iolanthe woonde in een huisnummer 3717, waar Neptunus twee keer in voorkomt. Dit kwam overeen met haar geboortedatum. Deze dame had twee banen: een als verpleegster in een ziekenhuis en een andere als nachtverpleegster in een ander ziekenhuis, waar ze mensen hielp op de hospiceafdeling.

Ik had haar twee zussen al ontmoet voordat Iolanthe naar me toe kwam, maar haar energie was heel anders dan die van hen. Ze had blauwe ogen en een heel helder aura. Ze vertelde me dat ze zich erg op haar gemak voelde in mijn kantoor. Ik vroeg haar waarom en ze zei: "Omdat ik regelmatig met mensen omga en zelf energie oppik." Nog voordat Iolanthe mij had ontmoet, herinner ik me dat haar zus, Candis, naar haar vroeg en ik stelde voor dat ze een nummer 5 achter haar huisnummer zou zetten.

Toen ik Iolanthe persoonlijk ontmoette, vroeg ik haar hoe het met de nieuwe aanwinst ging. Ze vertelde me dat ze, sinds ze nummer 5 had toegevoegd, "een duidelijke verschuiving" had ervaren in het aantal mensen dat naar haar huis kwam voor energiewerk en in de energie van het huis zelf. Ik stelde voor dat ze een smaragd zou dragen om haar eigen energie te versterken en ze zei dat ze er een had die ze nog nooit had gebruikt, maar dat ze blij was te horen dat ze hem kon laten verkleinen en voor dit doel kon gebruiken.

Ik heb vaak cliënten zoals Iolanthe die spiritueel zeer verheven zijn, en de reading wordt dan meer een gelijkwaardige uitwisseling van informatie. Later, toen ik de numerologie voor haar zoon deed, realiseerde ik me dat de ware reden waarom ze naar me toe was gekomen haar zoon Andrew was. Nadat ik naar de numerologie van de zoon had gekeken, wees ik er meteen op dat hij het moeilijk had. Iolanthe was het met me eens en het duurde niet lang voordat ik de blokkade had gevonden. Ik stelde voor dat hij zijn naam zou veranderen van Andrew in Drew en de initiaal van zijn vader, J., als tweede naam zou gebruiken. Ze ging akkoord en zei dat ze ervoor zou zorgen dat haar zoon de nieuwe naam zou gebruiken. Soms is de nuttigste informatie die ik tijdens een reading geef niet voor de cliënt, maar voor iemand in zijn of haar omgeving.

Voorbeeld 12

Marisol belde en gaf me de informatie voor haarzelf en haar aanstaande man. Interessant genoeg hadden ze allebei de Zon + Mercurius als hun basistrillingen, maar geen van hun bestaande huisnummers (in haar geval 6426; in zijn geval 3721) was een goede plek voor hen om samen te wonen na het huwelijk. Marisol wilde weten in welk huis ze moesten gaan wonen nadat ze getrouwd waren. Ik stelde voor dat ze in een nieuw huis zouden gaan wonen met een positieve Mercurius of Venus trilling. Het klikte gewoon voor haar; de reading was heel logisch voor haar en ze leek te voelen dat ze het juiste antwoord had gekregen. De Zon + Saturnus is zo'n moeilijke Marscombinatie dat ik de voorbeelden van mensen die om hulp komen vragen terwijl ze in deze vibratie leven, heb moeten beperken.

Twee Zeven

27 heeft de energie van de Maan + Neptunus. In tegenstelling tot de vorige schaduw van Mars is deze energie meer verheven en gunstig, afhankelijk van de geboortedatum waarop het verschijnt. Mensen die in twee huisnummers van zeven wonen, komen vaak in de verleiding om te gokken, wat ze beter kunnen vermijden omdat ze zullen verliezen als ze zich met gokken gaan bezighouden. Dit is geen energie die geld zal aantrekken.

Deze energie is goed voor mensen die iets met metalen te maken hebben: fabricage, reparatie, kunst. Het is ook een woonplaats voor professoren en leraren, omdat deze energie staat voor een briljante geest.

Voorbeeld 1

Ik werd benaderd door Priscilla, die me e-mailde om advies te vragen over haar huisnummer 9918. Ze was een andere makelaar in hypothecaire leningen, maar ze had geen succes. Ik kwam er snel achter dat dit kwam omdat de energie van haar huis niet afgestemd was op dit soort zaken. Dat gold ook voor haar werkadres, waar te veel Neptunus energie in zat.

Normaal gesproken houd ik er niet van om mensen aan te raden van woonplaats te veranderen, maar in dit geval stelde ik voor dat Priscilla een tijdelijke verandering aanbracht door een 5 op haar huisnummer te zetten terwijl ze op zoek was naar een nieuw huis. Ze nam een jaar later contact met me op en vertelde me dat er een verandering had plaatsgevonden en dat ze op zoek was naar een nieuw huis.

Voorbeeld 2 (27, tweemaal versterkt)

Nanette had een Steenbok geboortedatum en woonde in een huisnummer 2007 in San Rafael. Ze zei dat ze me meerdere keren op de radio had gehoord. Nadat ik naar haar naam en huisnummer had gekeken, maakte ik me zorgen om haar, omdat de energie verwondingen, ongelukken en juridische problemen vertegenwoordigde. Ze zei dat haar naam onlangs was veranderd en dat ze twee numerologen had geraadpleegd die bevestigden dat de nieuwe naam bij haar persoonlijkheid paste. Nanette was doorgegaan en had haar naam veranderd op al haar officiële documenten en bij de staat Californië. Ik vertelde haar dat ik helemaal niet blij was met haar nieuwe naamstrilling.

Nadat ik de naam zorgvuldig had bekeken, vertelde ik haar dat het toevoegen van nog een letter "N" aan de naam (wat geen invloed zou hebben op de uitspraak) de trilling volledig zou veranderen. Ik stelde ook voor dat ze haar nieuwe tweede naam zou laten vallen. Toen vroeg ze: "Wat moet ik nu doen? Moet ik mijn naam opnieuw gaan veranderen op alle officiële documenten?" Ik vertelde haar dat ze moest doen wat wettelijk verplicht was, maar dat de energie van de andere spelling haar zeker zou helpen. Ze was blij om te horen dat de naam nog steeds hetzelfde zou worden uitgesproken. Deze nieuwe spelling van de naam was in harmony met haar geboortedatum en huisnummer. Nanette wilde meer weten over twee van haar dochters en was tevreden met de antwoorden die ik haar gaf.

Trillingen zijn een serieuze zaak. Zoals het gezegde luidt: "Namen verkopen." Persoonlijk leg ik veel nadruk op de naamtrilling, zelfs meer dan op de geboortedatum, omdat een sterke naam een zwakke geboortedatum kan overstemmen.

Voorbeeld 3 (27, driemaal versterkt)

20700 was het nummer van een elegant huis in een prestigieuze gemeenschap op het schiereiland van San Francisco. De eigenaresse, Emily, een succesvolle zakenvrouw, was ook een goede vriendin van mij. Ten tijde van de eerste dot-com boom schoten de huizenprijzen in de Bay Area omhoog. Emily besloot haar dure huis te verkopen en zette het op de markt voor bijna $6 miljoen. Ik heb geleerd dat de Maan + Neptunus geen goede combinatie is als het gaat om speculatie of snel geld verdienen. Ondanks dat ze de beste makelaars had, werd het huis niet verkocht.

Nadat ze de prijs aanzienlijk had verlaagd, lukte het Emily om het huis te verkopen. Haar timing was niet slecht, maar de numerologie gaf haar niet de substantiële winst die ze had gewenst. Ik heb altijd het gevoel gehad dat ze me geluk bracht en ik kreeg geweldig zakelijk advies van haar. Ze overleed aan kanker en ging daar heel moedig mee om, als een echte Ram-vrouw.

Voorbeeld 4 (9198)

Toen ik een lezing deed voor een lerares in Oakland, kwam ik het nummer tegen van de school waar zij lesgaf. Het nummer was 9198. Op het moment dat ik dit hoorde, vertelde ik haar dat deze plek geen onderwijsplek is; het is een plek waar problemen en wetshandhaving regelmatig langskomen. Ze was het ermee eens en zei dat dit het geval was. Vaak geven we de scholen of het gebrek aan geld de schuld van veel problemen op de instellingen, maar adressen als deze voor een school brengen problemen met zich mee voor zowel de leerlingen als de leraren. De lerares woonde zelf in een voor haar goed nummer; de duisternis ging uit van het nummer op de school waar ze werkte.

Voorbeeld 5

45288 was het huis van een dame die ik al vele jaren ken. Lang nadat ze uit dit huis was verhuisd, kwam ze me raadplegen over het huwelijk van haar dochter en de carrière van haar zoons. Uit nieuwsgierigheid vroeg ik naar al haar vorige adressen: 45288 was haar adres vlak voor haar huidige huis. Ik merkte op dat "deze Mars energie erg moeilijk zou kunnen worden," en ze opende zich en liet de stroom verhalen beginnen.

Ze zei dat ze, voordat het gezin naar dit huis verhuisde, erg gelukkig waren en succesvol in hun bedrijf. Maar binnen een paar weken na de verhuizing begon de relatie met haar man te verslechteren. Het bedrijf begon er ook enorm onder te lijden en ze zei dat ze in haar "stoutste dromen" nooit had gedacht dat ze zou scheiden, maar dat ze dat in dit huis wel deed. Haar tienerdochter liep volledig uit de hand en de moeder was zo in de war dat het leek alsof ze op een dood spoor was beland. Ze wist niet welke kant ze op moest.

Kort nadat de energie van het huis het gezin uit elkaar had gedreven, ging de moeder terug naar een huis dat zij en haar ex-man samen hadden bezeten en dat gelukkig een heel gelukkige energie had. Ze zei dat ze in dit huis - een kleiner huis - heel gelukkig hadden gewoond voordat ze verhuisden naar 45288, een groter huis.

Deze vrouw is nu een vaste klant. Ze raadpleegt me voordat ze van huis verandert of een nieuw bedrijf koopt. Haar leven is veranderd en ze is veel tevredener. De dochter groeide uit de moeilijke fase en is nu getrouwd en woont gelukkig aan de oostkust.

Drie Zes

36 heeft de energie van Jupiter + Venus en is een gunstige combinatie. Deze Jupiter + Venus combinatie brengt succes en geluk voor alle bewoners.

Voorbeeld 1 (36, tweemaal versterkt)

3060 South Cherry Avenue is een Sikh tempel in de buurt van Fresno. Toen ik voor het eerst naar Californië kwam, voelde ik me aangetrokken tot dit nummer, omdat het toevallig mijn eigen energie is, en ik was erg gelukkig en dankbaar dat de leiders van de tempel me toestonden om daar meer dan een maand te wonen. Toen ik daar woonde, werd de informatie over mijn vermogen als numeroloog bekend. Ik bezoek deze tempel nog steeds vaak en ik ben God dankbaar dat ik daar onderdak heb gekregen in een tijd dat ik dat het meest nodig had. Deze tempel is nu een enorm complex geworden en Sikh religieuze leraren uit vele delen van de wereld bezoeken hem vaak.

Vier Vijf

45 heeft de energie van Uranus + Mercurius. Dit is een diepgaande manifestatie van de energie van Mars. Het is een geweldig getal voor mensen die in de entertainmentbusiness zitten. Als huisnummer brengt het financieel succes en geluk voor degenen wiens energie ermee verenigbaar is, maar zoals altijd kan het ruzie, geldproblemen en/of een slechte gezondheid brengen voor degenen met energie die er niet mee verenigbaar is.

Voorbeeld 1 (45)

Een Ram-vrouw die woonde in een prachtig huis van drie verdiepingen met een nummer van 45 was succesvol in haar zaken en financiën. Omdat ze een Ram is, overspoelt haar energie die van haar man, maar de twee zijn compatibel. Toen kreeg ze plotseling last van haar knieën. Ze had gemakkelijk gebruik kunnen maken van de begane grond van het huis, maar besloot te verhuizen omdat ze moeite had met traplopen. Ze beseft niet hoe krachtig en gelukkig het huisnummer voor haar is. Het huis is verkocht en ze hebben een nieuwe woning gevonden. Helaas realiseren de meeste mensen zich niet hoe goed de energie is waar ze een succesvol leven hebben en hoe moeilijk hun leven kan worden na het verlaten van een fortuinlijk adres.

Voorbeeld 2 (45, versterkt)

Een Oost-Indiase klant van me die me de afgelopen jaren heeft geraadpleegd, kocht een huis in het westen van Contra Costa County. Nadat ik hem had geraadpleegd over de numerologie, ging hij verder en kocht het huis, nummer 450. Zodra hij dit huis betrok, begon zijn limousinebedrijf uit te breiden. Hij was met heel weinig geld begonnen toen hij emigreerde, maar kon nu genieten van een bloeiend limousinebedrijf. Deze energie van het huis is goed voor zowel zijn persoonlijke als zakelijke ondernemingen.

Als Uranus + Mercurius samen op een adres verschijnen, kunnen ze uitstekende energie geven aan de juiste mensen. Zoals ik al zei, het is niet alleen het optellen van de nummers om gelijk te zijn aan 9; het is de combinatie van de specifieke planeten die de energie bepaalt.

Voorbeeld 3 (45)

Zahra nam contact met me op via een van mijn vrienden. Zahra is geboren op eerste kerstdag, 25 december, en vertelde me dat ze "sterke voorkennis" had. Vlak voordat ze een appartementencomplex in Las Vegas kocht, zei ze dat ze een droom had en uiteindelijk het enorme appartementencomplex kocht. Maar ze keek verdrietig en wilde dat ik haar hielp om een paar van haar eigendommen te herfinancieren. Nadat ik haar huisnummers had gecontroleerd, kon ik zien waarom haar leven zo'n puinhoop was.

Zahra woonde eerder ongeveer achttien jaar in huisnummer 45 met haar ex-man en hun drie kinderen. 45 heeft de energie van Uranus + Mercurius, wat in beide richtingen (positief of negatief) extreem krachtig is. Ze vertelde me dat ze in dit huis jarenlang fysiek werd mishandeld door haar man. Hij heeft haar en de kinderen zelfs meerdere keren met de dood bedreigd. Na vele jaren scheidde ze uiteindelijk en ze kon het navertellen. Ze woonde nu bij haar vader, een oudere man met een zwakke gezondheid, en haar kinderen waren oud genoeg om zelfstandig te wonen. Ze vertelde me dat ze gezegend was en financieel erg succesvol, maar om de een of andere reden was haar hele familie "uit op" haar en haar vader.

Ik legde uit hoe nummers haar leven in het verleden hadden beïnvloed en hoe ze haar nu beïnvloedden. Het werd haar duidelijk toen ze de informatie verbond met haar vroegere en huidige huisnummers. Ik hielp haar om haar huidige huis op te lappen. De week daarop kwam Zahra terug en vertelde me dat ze voelde dat er onbewust iets was verschoven en dat ze zich "comfortabel en opgelucht" voelde nadat ze de verandering had aangebracht. Zulke energetische verschuivingen gebeuren voortdurend en het is heel bevredigend om ze van mijn cliënten te horen.

Vijf Vier

54 is een iets lagere trilling van 45.

Voorbeeld 1

Malva woonde in een huis met nummer 54 in Boston. Ze was stewardess bij een nationale luchtvaartmaatschappij. Malva kwam niet zelf naar me toe; haar moeder bracht haar situatie onder mijn aandacht. Het getal 54 klopte helemaal met Malva's energie en haar moeder was het ermee eens.

Kort nadat Malva in huis 54 was komen wonen, ontmoette ze een man met wie ze trouwde. Interessant genoeg werkte de energie van de nieuwe man helemaal niet met het huis en binnen de kortste keren was het huwelijk voorbij. Ik vertelde de moeder dat het het huis was, niet Malva, die de man eruit had geschopt. De moeder was het er weer mee eens. Malva ontmoette een tweede man wiens energie goed werkte met het huis en haar nummers. De moeder was het er helemaal mee eens en zei dat het stel heel gelukkig was samen, "alsof ze voor elkaar gemaakt waren." Ik weet dat hun nummers in volledige harmonie zijn, dus ze waren inderdaad voor elkaar bestemd.

Mars energie is altijd moeilijk. Voor sommigen werkt het, maar voor velen niet. Je moet voorzichtig te werk gaan, vooral als je pas getrouwd bent, als je een huis betrekt met deze energie.

Zes Drie

63 heeft de energie van Venus + Jupiter. Dit is een overtuigende combinatie van Mars energie. Het brengt succes, zowel financieel als persoonlijk, als de energie overeenkomt met iemands eigen numerologie. Het is een van de hogere manifestaties van Mars energie.

Voorbeeld 1 (63, tweemaal versterkt)

6300 Ridgewood Drive in Castro Valley was het eerste huis dat ik kocht toen ik naar dit land verhuisde. Ik woonde hier iets meer dan vier jaar en de reden dat ik het kocht was dat ik me erg op mijn gemak voelde bij de numerologie: het sloot goed aan bij mijn basis energie. Maar toen ik in dit huis woonde, had ik altijd het gevoel dat iemand in mijn huis wilde inbreken. Gelukkig is dat nooit gebeurd.

Ik had veel geluk met dit huis en vanuit dit huis verhuisde ik naar een groter huis in Fremont. Nadat ik verhuisd was van 6300 besloot ik het te houden, dus verhuurde ik het aan een politieagent die werkte bij Cal State Hayward (nu Cal State East Bay). Interessant genoeg was hij naar dit huis verhuisd vanuit een ander Mars adres, waar hij gescheiden was.

De dag nadat ik het huis aan hem had verhuurd, liet hij de verhuizers al zijn meubels en bezittingen naar het huis brengen. Diezelfde middag brak er inderdaad iemand in via het keukenraam. Veel van zijn spullen, zoals tv's en beeldschermen, werden meegenomen. Toen ik hem belde, was hij merkbaar overstuur. De volgende dag liet hij een paar vrienden van de plaatselijke politie in de buurt patrouilleren, maar het was te laat om de inbrekers te pakken. Hij bleef een paar jaar in dit huis wonen en werd toen gepromoveerd tot plaatsvervangend sheriff in het Brentwood gebied in het oosten van Contra Costa County. Hij verhuisde en ik verhuurde het huis aan een nieuwe huurder die parttime college professor was.

Mijn nieuwe huurder was ook verbonden aan Cal State Hayward. Helaas vernielde ze het huis kort nadat ze er was ingetrokken door te veel katten in huis te nemen en de tuin te verwaarlozen. Het huis begon te stinken. Een makelaar die huizen in de buurt liet zien, belde me op om te vragen: "Wat is er aan de hand?". Ik reed erheen. Het was echter erg moeilijk om mijn huurder uit het huis te krijgen vanwege haar persoonlijkheid. Uiteindelijk moest ik het huis verkopen vanwege wat het was gaan voorstellen. Mars had zijn energie weer gedumpt. Kijk hoe de energie van dit adres 6300 voor alle drie de bewoners anders werkte, een voorbeeld van Mars die voor of tegen bewoners van huizen werkt.

Voorbeeld 2

Heather woonde in een huis met nummer 63 in Marin County. Ze had me vaak op de radio gehoord en besloot eindelijk een reading voor haar huis te laten doen. Haar naam en geboortedatum hadden allebei goede energieën, maar vloeiden niet samen met haar huisnummer.

Hoewel 63 een geweldige combinatie kan zijn, werkt het niet voor iedereen. Heather was het ermee eens toen ik haar vertelde dat er te veel stress in huis was en dat ze vatbaar was voor ongelukken. Ze antwoordde dat ze onlangs een auto-ongeluk had gehad (dat niet haar schuld was geweest) en dat ze bezig was met het regelen van haar schadeclaim. Ze hoopte dat het geld van de schikking een aanbetaling kon zijn op een nieuw huis in de staat Washington. Ik vertelde haar dat haar woning in 63 haar geen geld zou opleveren bij de schikking, maar als ze meer Venus energie aan het adres zou toevoegen, zou het zeker geld naar haar toe trekken. "Ik zal het vandaag doen!" verklaarde ze.

Heather had een dochter die met haar in het "63" huis woonde en die soortgelijke problemen had. Ik wist dat ze, nadat ze het huis hadden opgelapt, soortgelijke energie zouden aantrekken in het nieuwe gebied waar ze besloten hadden te gaan wonen.

Hoofdstuk 12

Nummers synchroon

Hoewel de vorige hoofdstukken de verhalen vertellen van mensen met moeilijke of ingewikkelde nummers, zijn er ook veel positieve verhalen, waarin cliënten heel blij zijn met hun huis en hun leven, en hun nummers bijna voor hen zingen.

DE ZON

Violante (667)

Violante was een naaste medewerker van een beroemde genezer van alternatieve geneeswijzen. Toen de genezer van New York naar de westkust verhuisde, verhuisden veel jonge mensen met hem mee. Kort daarna begon hij succesvol te worden: eerst nationaal, toen internationaal. Zijn naam ging rond en het geld kwam binnen.

Maar volgens Violante leken zijn normen te veranderen: de jonge mensen die hem hadden gevolgd zeiden dat hij op zoek was gegaan naar een hoger bewustzijn, maar "ontspoord" was.

Violante ontmoette me bij een vriendin thuis en maakte tijd om met me te praten. Ze was erg benieuwd naar haar eigen huisnummer, een 667 (twee keer Venus + Neptunus), dat ze onlangs had gekocht. Nadat ik haar geboortedatum en naam had onderzocht, was ik blij haar te kunnen vertellen dat dit echt een uitstekende woning was die ze had gekocht. Dit kwam als een bevestiging voor haar; ze vertelde me later dat ze, kort nadat ze het huis had gekocht, een aantal bekende spirituelen had uitgenodigd om het huis te komen evalueren en dat zij het gunstig hadden beoordeeld. Sinds ze in dit huis woont, is ze druk bezig met haar eigen spirituele werk: ze onderwijst Ayurvedische principes aan een groeiende klantenkring in de Bay Area en heeft het gevoel dat ze op alle gebieden een bevredigend leven leidt.

Maria (29530)

In mei deed ik een on-air reading in Seattle voor een beller, Maria, die een zeer sterk Zon-adres had: 29530 (de Maan + Mars + Mercurius + Jupiter, versterkt). Ze woonde samen met haar vriend en had een aanzienlijke Zon energie op haar geboortedatum. De energie op de geboortedatum van de man was ook volledig synchroon met die van haar. Van alle readings die ik die ochtend in de uitzending deed, was dit de beste. Ik vertelde haar dat dit huis heel gunstig voor haar was. Ze was het met me eens en bedankte me in de uitzending voor het bevestigen van wat ze intuïtief al wist.

Bryony (35623)

Bryony had me op de lokale radio gehoord. Toen ze naar mijn kantoor kwam om me te ontmoeten, vertelde ze me dat ze me verschillende keren had gehoord op *Seeing Beyond* en dat ze uiteindelijk het gevoel had dat ze me persoonlijk moest ontmoeten. Ze had een uitstekende naam, een krachtige geboortedatum en een gunstig huisnummer, 35623. Nadat ik haar nummers had bekeken, vertelde ik haar dat haar numerologie "super" was, want ik kom zelden situaties tegen waarin alles klopt. Ze was erg blij en zei dat ze hield van het huis waar ze al meer dan tien jaar woonde: het zorgde ervoor dat alles voor haar stroomde. Toen vroeg ze naar haar twee zussen. Nadat ik naar hun energieën had gekeken, wist ik dat Bryony en ik niet vanwege haar verbonden waren, maar vanwege haar zussen, die een opknapbeurt nodig hadden voor hun huis- en naamnummers. Zoals eerder gezegd, als mensen naar hun eigen nummers komen vragen, is de echt vitale informatie vaak bedoeld voor een derde persoon.

Renata (91)

Veel mensen belden toen ik begon met radioshows in San Francisco. Renata was een van hen. Ze stuurde haar informatie zoals ik had gevraagd en toen maakten we een afspraak om telefonisch te praten. Ik zat in mijn thuiskantoor en bekeek haar nummers. Ik vroeg me af waarom ze met me wilde praten als alles klopte: haar naam, woonplaats en geboortedatum klopten allemaal.

Toen ze belde voor onze afspraak, vroeg ze wat ik vond van de informatie die ze had gestuurd. Ik begon met haar eerlijk te zeggen: "Ik weet eigenlijk niet waarom je met mij wilt overleggen, want bij jou is alles in orde." Op het moment dat ik dat zei, hoorde ik haar lachen. Ze zei dat ze zelf intuïtief is en al meer dan 30 jaar spiritueel werk doet. Ze vertelde me dat toen ze me op de radio hoorde, ze een kruiscontrole uitvoerde door bepaalde tarotkaarten tevoorschijn te halen. Renata voelde dat ze met me moest praten. Ik heb haar sindsdien een paar keer persoonlijk ontmoet en ze is echt een begaafde en verbazingwekkende vrouw. Ze woont in een huisnummer 91 (Mars + de Zon), is tevreden met haar leven en heeft een stroom van vaste klanten die haar regelmatig opzoeken.

MERCURIUS

Keith (365)

Een vriend van me die hotelier is, kwam met zijn vader naar me toe. Keith houdt altijd contact met me voor het geval een van mijn klanten een persoonlijke lening nodig heeft. Hij kwam mijn nieuwe kantoren "bekijken". We raakten aan de praat over nummers en hij zei dat hij het artikel *in de San Jose Mercury News* had gelezen. Toen zei hij, bijna beschuldigend: "We kennen elkaar al zoveel jaren en je hebt nog nooit één keer gezegd dat je ook nummers doet." Langzaam begon hij over zijn nummers te praten en het kwam er allemaal uit.

Keiths persoonlijke woning was er niet een waarvan ik zou zeggen dat het een sterke geld energie had. Maar zijn jongere broer woonde in Modesto in een huis met nummer 365, waarvan ik hem vertelde dat het "geweldig voor rijkdom" was. Hun vader, die die dag bij Keith in mijn kantoor was, zei dat dit huis het hoofdkwartier van het familiebedrijf was. Het was gebouwd op 5 hectare - er was ongeveer 13.000 vierkante meter oppervlakte in het huis - en hij zei dat alle leningpapieren vanaf dit adres werden afgerond en goedgekeurd. Hij zei ook dat sinds de jongere zoon in dit huis was komen wonen, ze alleen maar succes en geluk hadden gekend. Ik was helemaal niet verbaasd, want dit adres heeft Jupiter, Venus en Mercurius, met een algehele positieve Mercurius-trilling.

De man in Malibu

Een familielid en ik bezochten op een dag een huis in Malibu voor de lunch. Toen we aankwamen, zag ik dat het een prachtig landgoed in Malibu was met een Mercury-adres. Na een gesprek met de eigenaar (en een privégesprek met mijn familielid) concludeerde ik dat dit een heel gelukkige plek was: de eigenaar verhuurde een deel van het landgoed als feestlocatie en elk weekend kwamen er beroemde mensen. De eigenaar behoorde tot de zeer weinige überrijken in ons land, met zakelijke belangen in vele landen.

Zijn oorspronkelijke beroep was tandarts. Hij is een vriendelijke, hoffelijke man en zijn huis is als een galerij met foto's van beroemde sterren, presidenten, burgemeesters en andere hooggeplaatste mensen. Hij woont al meer dan 30 jaar in dit huis; het heeft een krachtig Mercurius-adres. Ook al klopt alles voor hem, de eigenaar is een vriendelijke, gulle man en het is onmogelijk om te vertellen hoe financieel succesvol hij is door met hem te praten.

Ik herinner me dat hij ons na de lunch naar een ander stuk land reed, niet ver van zijn landgoed, met uitzicht op de Stille Oceaan. Hij vertelde dat hij nu "in jaren omhoog zat" en dat het voor hem gemakkelijk was om de juiste investeerders te vinden om een resort te bouwen. Ik vroeg wat het adres van het landgoed zou zijn als het resort gebouwd zou worden: "186" was zijn antwoord.

Alles is voor hem in orde: zijn huisadres is uitstekend en zijn bezittingen zijn krachtig. Hij heeft krachtige Zonne-energie in zijn naam. Het is heel bevredigend om zo iemand te bezoeken; ik heb geleerd dat er mensen zijn die gewoon gezegend zijn met de juiste energieën. Ik heb ook gemerkt dat de meeste van deze echt gezegende mensen ook heel spiritueel en gevend zijn.

Shana (698)

698 was het huis van een beller genaamd Shana in mijn radioshow in juni. Ze had een uitstekende basis numerologie en het huisnummer (Venus + Mars + Saturnus) was volledig in overeenstemming met haar basis energieën. Hoewel het zelden voorkomt, geeft het me elke keer weer een kick als ik mensen laat bellen van wie de numerologie in balans is, om ze te vertellen dat het goed met ze gaat in hun huis. Hun reactie in de uitzending is ook bevredigend; het maakt me blij en straalt positiviteit uit via de ether. Deze dame zei dat ze zeventien jaar in dit huis had gewoond en zich hier vervuld voelde, wat de informatie die ik had gegeven bevestigde.

Keesha (32)

Ik ontmoette een Afro-Amerikaanse vrouw, Keesha, bij een vriendin thuis. Er waren verschillende mensen aanwezig en ik las van iedereen de huisnummers en geboortedata. Zoals meestal het geval is, had bijna elk geval een paar suggesties of patches nodig om de energie te verfijnen, maar Keesha niet. Ze woonde op een krachtig adres (Jupiter + de Maan) verderop in de straat en was zowel financieel als persoonlijk succesvol. Op dat moment was ze bezig met de aankoop van een enorm gebouw in Georgia en ze wilde de nummers weten, die uitstekend voor haar bleken te zijn. Ze vroeg me naar twee van haar huurhuizen in de Bay Area en ik zei haar dat die nummers niet goed waren om vast te houden. Ze antwoordde door te zeggen: "Ze zijn al op de markt."

Van de hele groep was Keesha de enige die zo zelfverzekerd en succesvol was dat ik het gevoel had dat ze echt gezegend moest zijn. Ik had het gevoel dat zij hetzelfde pad bewandelde, maar een stapje voor mij. Het is persoonlijk verheffend als ik mensen tegenkom die volledige harmonie en gratie in hun leven hebben bereikt.

VENUS

De professor (186)

Een professor aan de Universiteit van San Francisco hoorde me op *Seeing Beyond* en stuurde me een briefje met haar persoonlijke gegevens. Nadat ik haar geboortedatum, haar naam en haar huisadres had bekeken, kon ik zien dat ze in een uitstekend huis woonde: haar naam klopte perfect met haar geboortedatum en haar woonplaats. Dit huis was een vervullende plek en een die financiële winst zou opleveren. Ik raadde haar aan dit huis niet te verkopen, omdat het getal 186 (Zon + Saturnus + Venus) moeilijk te vinden is. In april stuurde ze me een korte e-mail waarin ze me bedankte voor de informatie ("Heel erg bedankt! God zegene je!"). Dit is een ander geval waarin de klant op zoek was naar bevestiging in een leven dat al goed vorderde.

Amrita (4209)

Voordat ik de plaatselijke Montessorischool vond, ging mijn dochter naar een Chinese privéschool. Ik merkte al snel dat Amrita om de een of andere reden niet gelukkig was op die school. Mijn vrouw besloot toen om haar te verhuizen naar een KinderCare school dichter bij ons huis. Maar Amrita was nog steeds ongelukkig.

Ik bleef zoeken en vond uiteindelijk een Montessorischool dicht bij ons huis. Toen ik de schooldirecteur ontmoette, leidde ze me rond door de school en ik was absoluut verbaasd om zoveel activiteit te zien met zo weinig lawaai. Ik besloot dat ik mijn dochter naar deze school zou sturen.

Interessant genoeg had ik het nummer op de deur niet opgemerkt toen ik naar binnen ging, omdat het verborgen was achter een grote oranje boom bij de ingang. Het adres van de school was 4209 (Uranus + de Maan + Mars), waardoor het een uitstekende locatie was. Sinds we haar op deze school hebben ingeschreven, vind ik het inspirerend om te zien hoe blij mijn dochter is tijdens het leren en hoeveel ze heeft geleerd. Elke ochtend is ze klaar om naar school te gaan zonder dat we haar hoeven te vertellen dat ze zich klaar moet maken, zoals we vroeger moesten doen.

Er zijn veel scholen met moeilijke adressen. Het zijn degenen die we in het nieuws zien vanwege problemen van de een of andere soort:

schietpartijen, politie, geweld, enzovoort. Maar ik geef de kinderen niet de schuld; ik geef de energie die op hun deuren zit de schuld.

De heer Kumar (168)

Er wonen veel succesvolle Indiërs in Vancouver, British Columbia. Ik onderzocht een bekende zakenman, de heer Kumar, die al vele jaren houthandelaren is, om te zien wat er numerologisch met hem aan de hand was. Nadat ik zijn naamnummer had gelezen, dat een sterke Mercurius energie had, was ik nieuwsgierig waar hij woonde. Een familielid, die ook een goede vriend van hem is, reed me langs zijn huis.

Zijn adres was 168 (de Zon + Venus + Saturnus) en het was een groot complex; ik kon twee leeuwenbeelden zien die de toegang bewaakten. In de loop der jaren heeft zijn bedrijf veel rijkdom vergaard en is hij een beroemd een liefdadig) lid van de plaatselijke Indiase gemeenschap geworden. Hij is een eenvoudige, eerlijke man. Hij kwam jaren geleden als immigrant naar Canada, maar heeft nu een fortuin vergaard. Hij bruist van de energie en is erg hardwerkend - wat veel mensen zijn - maar het grootste deel van zijn succes is te danken aan de krachtige energieën die in zijn woning aanwezig zijn.

Parel (24927)

Pearl belde in juni naar mijn radioshow in Seattle. Ze had Maan energie in haar geboortedatum en woonde in huisnummer 24927. De meeste planeten in deze combinatie stroomden goed, dus ik vertelde haar dat dit een goede plek voor haar was. Ze vertelde me dat ze daar al meer dan vijf jaar woonde, maar zoals in de meeste gevallen, wanneer het leven goed gaat voor mensen en hun financiële situatie goed is, willen ze altijd naar de volgende sport van de ladder. Ik adviseerde Pearl om voorzichtig te zijn als ze zou besluiten om te verhuizen, omdat ze al in een uitstekende vibratie zat en het moeilijk zou zijn om er een te vinden die net zo goed was.

Vanessa (240)

Veel van mijn eerste radioluisteraars heb ik persoonlijk ontmoet toen ik readings gaf op de New Living Expo in San Francisco. Veel nieuwe mensen benaderden me ook en vroegen om readings. Een jongedame genaamd Vanessa woonde in huisnummer 240 (de Maan + Uranus, versterkt) en had een sterke Venus geboortedatum. Toen ik informeerde naar de geboortedata van haar andere familieleden, bleek dat ze allemaal dezelfde Venus energie hadden! Ik was erg verbaasd, want het komt zelden voor dat mensen zulke synergetische energie hebben. Ik vertelde de jongedame dat ze enorm veel geluk had om in dit huis te zijn.

Ze zei dat ze het huis samen met haar man had gekocht en vertelde dat het een kerk was geweest voordat ze het kochten. Kort nadat ze in het huis waren getrokken, had ze wat opruimwerkzaamheden verricht. Ik kon zien dat ze intuïtief was op haar eigen manier. Ik adviseerde haar om dit huis nooit te verkopen. Ze zei dat ze van plan was om dit huis nooit te laten gaan. Er stroomde een overvloed aan liefde, geluk en rijkdom naar binnen. Het geeft mij, als lezer van nummers, voldoening om positieve informatie voor mensen te bevestigen; het geeft me gemoedsrust en persoonlijke voldoening om te beseffen dat er inderdaad een aantal van nature gelukkige mensen op deze wereld zijn.

JUPITER

Kenna (21)

Kenna hoorde me op de radio in San Francisco en maakte een afspraak om met me te praten. Ze woonde in een huis met nummer 21 (de Maan + de Zon) in een prestigieuze gemeenschap. Haar huis en haar naam energie waren extreem krachtig en in sync met haar geboortedatum. Ze had een andere numerologische methode gebruikt om haar energieën te berekenen. Ik vertelde haar dat haar huis Jupiter energie had op zijn meest expansief, wat me vertelde dat rijkdom moeiteloos naar haar toe kwam.

Ik zei ook dat haar persoonlijke energie krachtig was en haar man op een grote manier ondersteunde. Kenna vertelde me dat haar man een succesvol bedrijf had en dat ze al vele jaren gelukkig getrouwd waren. Hun enige dochter, wiens nummers ik ook las, had ook een extreem krachtige energie.

Op dat moment was Kenna op zoek naar een tweede huis in de wijnstreek en vroeg mijn advies over een aantal nummers die ze overwoog. Ook dit was een voorbeeld van een huis met alle nummers in de perfecte positie, waar succes en geluk floreren.

SATURNUS

Seamus (665)

Ik was op de radio in de omgeving van Phoenix toen Seamus belde en zijn adres wilde weten: 665 (tweemaal Venus + Mercurius). Op basis van zijn naam en geboortedatum vertelde ik hem dat dit een ideaal huisnummer was. Ik kon de blijdschap in zijn stem horen toen hij zei dat hij daar al bijna zeven jaar woonde en dat alles hem goed leek te gaan. Hij voelde zich gevalideerd.

NEPTUNUS

Andrea (22012)

Andrea, die in een huis met huisnummer 22012 in de buurt van Seattle woonde, belde mijn radioshow. Ze had een Uranus geboortedatum en vroeg: "Jesse, wat vind je van mijn huisnummer?" Ik zei: "Het is echt goed voor je." Ik vroeg haar hoe lang ze daar al woonde en ze antwoordde: "Elf jaar." Ze zei dat het "een geweldig huis voor het gezin" was geweest en dat ze er nog drie jaar wilde blijven wonen, totdat een van haar dochters van de middelbare school zou komen, om daarna te verhuizen. Ik zei dat deze vibratie geweldig voor haar was en dat verhuizen geen goed idee zou zijn, omdat het moeilijk zou zijn om weer zo'n aangenaam aantal te vinden. Ze was echt blij om te horen over de uitstekende energie van het huis en zei dat ze in haar huidige huis zou blijven nadat haar dochter was afgestudeerd.

Hoofdstuk 13

Beroemde adressen, politici en beroemdheden

Een aantal beroemde politieke residenties zijn wereldwijd bekend: 1600 Pennsylvania Avenue-residentie van de president van de Verenigde Staten; #10 Downing Street-residentie van de premier van Groot-Brittannië; #1 Safdarjang Road-residentie van een voormalige Indiase premier, enzovoort.

Het is leerzaam om naar de numerologie van deze en andere officiële residenties te kijken om te leren hoe hun energieën bijdragen aan hun succes.

BEROEMDE ADRESSEN EN LOCATIES

De Verenigde Staten van Amerika

De naam Amerika zelf heeft de energie van de planeet Saturnus (het getal 8), en het is een land van grote bedrijven en vloeiende rijkdom - Saturnus op zijn best.

1600 Pennsylvania Avenue, Washington, D.C.

In 1800 werd het Witte Huis voor het eerst gebruikt als presidentiële residentie door Thomas Jefferson. In 1822 werd Pennsylvania Avenue ingesneden in de noordkant van het President's Park.

De energie die op het nummer (1600) van het Witte Huis zit, wordt vertegenwoordigd door de Zon + Venus versterkt door de twee nullen, maar het culmineert in een Neptunus-resultaat. Dit is de energie van misleiding, ziekte en verlies door storm of vuur, waaronder keukenongelukken met brandwonden aan handen of armen. Deze energie is ironisch genoeg zwak voor een staatshoofd.

Iedereen die in het Witte Huis werkt, werkt onder de druk van de ogen van de wereld op hem of haar gericht, maar de energie die van de nummers van het Witte Huis uitgaat, is er niet een van kracht: hoewel een bepaalde boodschap *bedoeld* kan zijn, is het niet noodzakelijkerwijs de boodschap die *wordt ontvangen*. Zelfs als stafleden, zoals de persvoorlichter, hun best doen om te onthullen en te delen wat ze weten, zullen hun verklaringen niet als volledig worden ontvangen of geloofd. Er zal altijd twijfel bestaan over uitspraken van een nummer als 1600, ongeacht wie de president is.

President Ronald Reagan overleefde de aanslag op zijn leven door de kracht op zijn naam en geboortedatum.

President Jimmy Carter had een sterke Zon energie op zijn totale naam, maar zijn voornaam, Jimmy, droeg de energie van de Maan, en zijn geboortedatum droeg ook Neptunus energie en extra Maan energie. Deze energieën konden het niet winnen van de numerologie van Ronald Reagan, maar hebben sindsdien president Carter naar wereldwijd respect gedragen vanwege zijn Maan + Neptunus humaniteit en vrijgevigheid.

Richard Nixon had een zeer sterke Mars energie in zijn voornaam Richard. Deze Mars werd nog versterkt door Nixons geboortedatum van 9 januari. Dit resulteerde in te veel Mars energie die hem uiteindelijk uit het Witte Huis verdreef. Het kan zijn dat mevrouw Nixon ook een ongelukkig huwelijk had, samenlevend met zo'n wispelturige man.

Deze presidenten werden naar 1600 Pennsylvania Avenue getrokken vanwege hun persoonlijke namen en basis energieën. Ze overleefden hun presidentschap vanwege hun persoonlijke energie, behalve Nixon, wiens teveel aan Mars energie hem onvermijdelijk opzadelde met "de val".

Hoewel het moeilijk is om nummers te veranderen, vooral die van officiële residenties, zou ik sterk aanraden om het nummer van het Witte Huis te veranderen van 1600 naar 1900 (door de 6 simpelweg 180 graden te draaien). Dit zou de algehele energie naar het hoogste niveau van zonne-energie tillen en de president zou volledig respect krijgen van andere wereldleiders en vertrouwen van de burgers van dit land. Als het getal niet verandert, zal dit adres op een gegeven moment niet meer het huis van het staatshoofd zijn.

Downing Street 10, Londen

Deze residentie werd eind 1600 gebouwd tijdens de wederopbouw van Londen na de grote brand van 1666 en werd voor het eerst de officiële residentie van de Britse premier in 1721: Sir Robert Walpole was de eerste premier die het huis bewoonde. Nummer 10 is een stabiele en krachtige residentie voor elk staatshoofd. De meeste ambtsdragers in deze woning hebben een of meer termijnen van vier of vijf jaar volgemaakt. Dit is een goed nummer vanwege de sterke energie van de Zon, die roem en autoriteit vertegenwoordigt. In de parlementsverkiezingen van mei 2005 werd Tony Blair herkozen voor een derde termijn als premier - de enige Labour premier die zo'n eer te beurt viel sinds de Tweede Wereldoorlog. Hij is sindsdien opgevolgd door Gordon Brown, David Cameron, Theresa May, Boris Johnson, Liz Truss en Rishi Sunak.

De huidige premier, Rishi Sunak, is geboren op 12 mei 1980, een datum die sterke energie met zich meedraagt. Zijn basisenergie komt overeen met de nummers 2 en 6, de Maan + Venus. De naam Sunak is volledig in overeenstemming met zijn geboortedatum en zijn beste nummers zijn 2 en 6. De naam Rishi heeft de energie van Jupiter (3) en Jupiter komt overeen met zijn geboortedag, de 12th van mei. Jupiter ondersteunt Venus en toen Sunak zijn 42nd jaar inging, werd hij de nieuwe premier van Engeland.

Na de 12th van mei 2023 zullen zijn energieën verschuiven en niet meer zo gunstig zijn. Hij gaat eigenlijk zijn 44th jaar in, dat Saturnus energie met zich meedraagt die beperkend is. Deze energie werkt niet goed met zijn frequentie omdat het Saturnus energie in zijn leven zal introduceren. Sunak kan dan een plotselinge tegenwind van oppositie gaan voelen. Er is een grote kans dat hij gedwongen wordt af te treden en vervangen wordt door een nieuwe premier.

Buckingham Palace, Londen

Buckingham Palace is een eigen adres; er is geen straatnummer. De naam Buckingham Palace draagt een zeer sterke Saturnus energie met zich mee. Als een woonplaats sterke Saturnus energie met zich meedraagt, is het alsof er een donkere wolk boven hangt. Het is erg beperkend en kan melancholie, stilstaan bij het verleden en ongeluk brengen. Leven onder deze energie maakt mensen ook opvliegend en gefrustreerd.

Hoewel de roddelbladen de laatste jaren vol staan met verhalen over de problemen van de koninklijke familie, hebben dergelijke problemen de koninklijke familie al minstens sinds het midden van de 18e eeuw geteisterd. Iedereen die zich aangetrokken voelt tot dit paleis en Saturnus, Uranus of Venus energieën op zijn naam of geboortedatum heeft, zal Buckingham Palace een moeilijke plek vinden met een zware energie.

Camilla Parker-Bowles draagt bijvoorbeeld Saturnus energie op haar naam; deze energie trok haar naar Buckingham Palace. Nu prins Charles de koning van Groot-Brittannië is geworden, zullen we zien dat de energie van Buckingham Palace niet langer met Camilla zal stromen.

Toen prinses Diana in Buckingham Palace woonde, verklaarde ze publiekelijk dat ze de plek "haatte" en alle politiek die ermee gepaard ging (Diana had een zwakke Jupiter energie).

Europees Parlement, Brussel

Rue Wiertz 60 in België is het hoofdkwartier van het Europees Parlement. Het getal 60 vertegenwoordigt de energie van Venus, de kruinchakra. Dit staat gelijk aan een productieve plaats voor het aannemen van wetgeving en de leden die het met elkaar eens zijn. Dit getal werkt goed om energieën vooruit te brengen en tot wederzijds begrip te komen. Zaken die hier worden gedaan zouden soepel moeten verlopen dankzij de positieve Venus energie die het adres domineert.

De Nobelstichting

Postadres: Box 5232, SE-102, 45 Stockholm, Zweden

Bezoekadres: Sturegatan 14, Stockholm, Zweden

Vredesprijs jaarlijks uitgereikt in Oslo, Noorwegen;
alle anderen in Stockholm in de week van 10 december,
de sterfdag van Alfred Nobel.

De Nobelstichting heeft Uranus energie in haar naam; de hele energie is erg "Neptunus-achtig", psychisch en intuïtief, en ook nogal koninklijk. Wanneer het Nobelcomité de jaarlijkse winnaars kiest, wordt er naast de analyse van de linkerhersenhelft veel informatie uit de rechterhersenhelft gebruikt. Nummer 14, het bezoekadres, wijst op een plaats waar beslissingen worden genomen en waar geld wordt bewaard. Hoewel de beslissingen van het Nobelcomité in eerste instantie niet altijd duidelijk worden begrepen door het publiek, worden die beslissingen over het algemeen wel begrijpelijk bij nader inzien.

De Verenigde Naties

Postadres: 760 United Nations Plaza, New York, NY 10017

In september 2006, toen ik naar de werkzaamheden bij de Verenigde Naties keek en luisterde naar wat president Chavez van Venezuela en de president van Iran zo strijdlustig te zeggen hadden, vroeg ik me af wat het adres van dit gebouw kon zijn, waar mensen zo vrij hun mening konden uiten.

Het adres 760 draagt, niet verrassend, de energie van Neptunus + Venus, versterkt; deze energie staat voor eerlijkheid en evenwicht, een passend adres voor een organisatie die landen van over de hele wereld vertegenwoordigt.

China en COVID-19

China draagt de energie van 15, de Zon + Mercurius. Het getal 15 werkt op onvoorspelbare manieren: je weet nooit welke kant het op zal gaan. Als we 15 collectief bekijken, beïnvloedt de energie van Venus China. Het jaar 2020 introduceerde de energie van Uranus, die COVID op de wereld losliet. Uranus en Venus energie veroorzaken samen eindeloze verwarring en complicaties, net zoals COVID-19 ongelooflijke chaos veroorzaakte in 2020. Ongelooflijk genoeg telt de naamtrilling van COVID-19 op tot 31, wat ook gerelateerd is aan 4 en Uranus. Het jaar 2021 veranderde de energie in een neutrale, maar het was 2022 dat de energie van COVID-19 begon tegen te spreken. Het begin van 2023 sprak de energie van het virus verder tegen en begon zijn macht over de wereld te verminderen.

Het is interessant om op te merken dat de Verenigde Naties niet veel konden doen om te helpen; het adres van de VN was in strijd met de energie van China en daardoor konden ze niet tot een overeenkomst komen.

Rusland en Oekraïne

Vladimir Vladimirovitsj Poetin is geboren op 07 oktober 1952 en is de huidige president van Rusland. Zijn numerologie heeft een sterke invloed van de nummers 2 en 7, die respectievelijk de energieën van de Maan en Neptunus vertegenwoordigen en hem tot een zeer intuïtief en tactvol persoon maken. Met behulp van zijn goed ontwikkelde instincten wist Poetin wanneer hij het moment moest aangrijpen en timing moest gebruiken bij het voorbereiden en bevelen van een invasie in Oekraïne. Zijn uitstekende gebruik van tactiek is duidelijk in de huidige aanvallen op Oekraïne.

Poetin is geboren in het teken Weegschaal, dat wordt beheerst door Venus, het getal 6, met een milde invloed van de planeet Saturnus, het getal 8. Venus maakt van Poetin een bekwame manipulator die zijn charme gebruikt voor persoonlijk gewin, terwijl Saturnus (een van de koudste planeten) hem niet in staat stelt om contact te maken met anderen of empathie te voelen voor menselijke behoeften. Volgens zijn nummers is Poetin veel minder bezig met het helpen van een land en veel meer met zichzelf de geschiedenis in te schrijven door een blijvende erfenis aan zijn naam te verbinden, goedschiks of kwaadschiks.

Als we het samengestelde getal van Poetin op zijn verjaardag berekenen, zien we dat het uitkomt op 34 (10+7+1+9+5+2=34), wat zijn intuïtieve vermogens nog versterkt. De Russische president is in de volksmond bekend onder de naam Vladimir Poetin, wat samen het krachtige getal 46 is. Dit getal komt vaak voor in de naamnumerologie van beroemde mensen. De naam Poetin zelf heeft een totaal van 24, een geluksstrilling van de planeet

Venus die hem begiftigt met materiële luxe en een liefde voor de meest begeerlijke dingen in het leven.

Zijn tegenstander, Volodymyr Oleksandrovych Zelenskyy, is geboren op 25 januari 1978. Zijn naamtrilling heeft de invloed van nummer 1, de Zon, en nummer 5, Mercurius, die hem samen logischer en rationeler maken dan Poetin. De energie van de naam in Oekraïne komt volledig overeen met zijn energie. Zijn populaire naam, Zelenskyy, is ook in sync met zijn nummers, wat bijdraagt aan zijn pragmatisme. Zelenskyy heeft momenteel zijn nummer 9 cyclus, vertegenwoordigd door de planeet Mars en de god van de oorlog. Zelenskyy moet voorzichtig zijn vanaf 18 maart 2022 tot zijn verjaardag in januari 2023. Als hij deze periode ongeschonden doorkomt, zal zijn cyclus veranderen en zal hem snel na zijn verjaardag in 2023 grote roem ten deel vallen.

Als land komt de naam Rusland overeen met het getal 16, dat een omslachtige en gecompliceerde trilling met zich meedraagt. Oekraïne daarentegen heeft de energie van het getal 22, ook wel bekend als een meestergetal. Desondanks is het getal 22 niet mijn beste keuze om een naam te vertegenwoordigen, of het nu gaat om een individu of een land. De nummers 4 en 6 hebben bijvoorbeeld de neiging om rampzalige situaties teweeg te brengen. China heeft energie 15 (wat optelt tot een 6) en in 2020 kwam COVID-19 uit China en richtte verwoesting aan in de wereld. Het is geen verrassing dat Oekraïne, een land met een 22-naamtrilling (wat optelt tot een 4), zich momenteel in een vreselijke staat bevindt met een onzekere toekomst.

Over het geheel genomen is het hele jaar 2022 niet positief voor het land Oekraïne op basis van zijn naamnummers. Het land als geheel begint verlichting te vinden in 2023, wanneer de energie van het jaar verschuift van 6 (2+0+2+2=6) naar 7 (2+0+2+3=7). Na 7 oktober 2022 zal het tij voor Poetin keren als hij een Saturnuscyclus ingaat: hij zal te maken krijgen met ernstige gezondheidsproblemen van zijn maag-darmgebied naar beneden tot aan zijn voeten. Hij zal dan gedwongen worden om zijn karma onder ogen te zien en de tijd zal voor hem aanbreken om te boeten voor de vernietiging en verwoesting die hij heeft veroorzaakt. Vanaf dat moment zal het het begin van het einde zijn voor Vladimir Poetin.

POLITICI

Zoals we weten is de energie van nummers voelbaar in allerlei adressen, maar het is ook een invloedrijke kracht in iemands naamnumerologie, vooral hoe het die persoon verbindt met zijn of haar woonplaats. Dit geldt voor alle mensen, van politici en beroemdheden tot de gewone mens.

Narendra Modi

De premier van India, Narendra Modi, heeft een Saturnus geboortedag (17). Hij is geboren op 17 september 1950, wat gelijk is aan 41 en hem Mercurius energie geeft. Hij trouwde al vroeg in zijn leven, maar de relatie liep op de klippen, zoals de meeste vroege huwelijken niet werken voor mensen met een Saturnus geboortedatum. Het getal 5 heeft een belangrijke rol in zijn leven gespeeld vanwege zijn geboortedatum.

De heer Modi werd de 14th premier van India. Dit voorbeeld illustreert duidelijk de magische verbinding tussen nummer 41 (5) en nummer 17, of Mercurius en Saturnus. De verkiezingen in India zijn in mei 2024, een paar maanden voor Modi's geboortedatum. Hij wordt dan 74 en gaat zijn 75th jaar in, maar voordat het zover is, kan hij enkele zetels verliezen. De oppositie kan zelfs een coalitie tegen hem vormen. Omdat de verkiezingen in mei worden gehouden, enkele maanden voor zijn geboortedatum in september, zal de Maan + Saturnus energie voor die tijd niet in zijn voordeel meewerken. Tenzij de resultaten dichter bij zijn geboortedatum bekend worden gemaakt, zou de meerderheid van de zetels die hij nu heeft wel eens flink geslonken kunnen zijn. Pas na zijn verjaardag in september 2024 kan hij de overhand hebben, want dan wordt de energie weer gunstig voor hem.

Voormalig president George W. Bush

In 2000 werd voormalig vicepresident Al Gore nipt verslagen omdat hij niet de 43e president kon worden omdat zijn energie van zijn naam het getal 43 niet aantrok. De naam van voormalig president George W. Bush trok het getal 43 aan als een magneet, dus werd hij de 43e president.

President Bush is eigenaar van Crawford Ranch, tijdens zijn presidentschap bekend als het "Witte Huis van Texas". Het adres is 43 Prairie

Chapel Ranch, Crawford, Texas. Hij kocht het landgoed in 1999; het was voorheen een varkensboerderij en hij liet het uitgebreid renoveren. De geboortedatum van Bush is 6 juli, wat de energie van de Maan + Venus met zich meedraagt. Het getal 43 zelf vertegenwoordigt Neptunus (Uranus + Jupiter).

Wat me zorgen baarde bij deze president was het *nummer* van zijn presidentschap: hij was de 43e president en bracht meer polariteit in de Verenigde Staten en oorlog in de wereld. Het World Trade Center, bioterrorisme, miltvuur uitbraken, vernietiging in het Midden-Oosten, het kwam allemaal door hoe de energie van 43 zich manifesteert in zo'n positie. Het "Texas Witte Huis" droeg ook hetzelfde nummer, 43! De naam Bush heeft Neptunus energie (16), die hem naar 1600 Pennsylvania Avenue trok.

Voormalig president Barack Hussein Obama

Voormalig president Barack Obama, de 44e president van de Verenigde Staten, werd geboren op 4 augustus 1961. Zijn geboortedatum betekent dat hij is geboren onder het zonneteken Leeuw, dat wordt vertegenwoordigd door de energie van de Zon, nummer één.

Al zijn nummers zijn volledig synchroon: hij is geboren onder zonneteken 1, een Leeuw; 4 augustus 1961 toevoegen, komt neer op een meestergetal; zijn geboortedatum is een 4; en hij zit in het Witte Huis, een 1600. Al deze compatibele nummers - de Zon, de Maan, Uranus en Neptunus - brengen zijn energie buitengewoon goed in balans. In de Pacific Rim landen van het Verre Oosten (vooral China) waar ze niet van het getal 4 houden - in die mate zelfs dat ze het niet toestaan op kentekenplaten - wordt Obama's 4 volledig in balans gehouden door de Zon's 1, die volledig over hem heerst. Zijn Uranus en Zon vullen elkaar goed aan. Anders zou je een man die op de 4e is geboren niet voor de 44e president zien gaan, maar het is de energie van zijn 1 die de dingen voor hem goed in balans heeft gebracht.

Maar Obama's vloek is het volgende: 4 augustus, de energie van het getal 4 (Uranus), zal altijd meer getal 8, meer Saturnus energie, naar zich toe trekken; en elke keer dat het die energie aantrekt, is het als een trechtereffect, een duikvlucht naar een ramp. Dit is slechts twee keer gebeurd tijdens zijn presidentschap.

De eerste keer was toen het Witte Huis zich met Solyndra ging bezighouden met durfkapitalisme. De naam Solyndra heeft de energie van nummer 8, Saturnus. Solyndra werd "geboren" in de stad Fremont, Californië, die ook veel Saturnus energie heeft. Veel documenten met betrekking tot Solyndra zijn ondertekend op data met 4-en erin. Dus ook al had Solyndra de uiteindelijke steun van het Witte Huis, de combinatie van de 4's en 8's bracht het ten val.

Hoe beïnvloedt dit alles specifiek de voormalige president? Wanneer zijn geboortedatum *te veel* extra Saturnus of Uranus energie aantrekt, gaat het slecht met zijn publieke imago en met alle activiteiten die hij heeft geïnitieerd en die de energie aantrokken.

We hebben dit gezien bij de nationale uitrol van de Affordable Care Act, ook wel bekend als Obamacare, die behoorlijk tegenviel. Als we dit vanuit het perspectief van nummers bekijken, heeft de naam Obamacare precies dezelfde energie die de naam Solyndra had: Saturnus. De officiële naam van de wetgeving, Affordable Care Act, draagt Venus energie, wat goed werkt voor president Obama. Maar de term die zijn tegenstanders en veel media hebben gebruikt in verband met de wetgeving, Obamacare, draagt de Saturnus "negatieve trechter" energie. Geen wonder dat zijn eigen medewerkers het programma altijd de Affordable Care Act hebben genoemd! Zelfs zonder numerologische analyse begrepen ze op de een of andere manier dat dit de betere naam was.

2014 en 2015 waren erg uitdagend voor deze president, omdat 2014 het jaar was waarin hij zijn huidige Saturnuscyclus afrondde en hij na zijn verjaardag in 2014 zijn persoonlijke Marscyclus inging. Deze twee planeten vloeien niet goed samen met zijn geboortedatum, dus hij ondervond nog meer blokkades in zijn wetgevende inspanningen. Deze planeten brengen ook gezondheidsproblemen met zich mee die zijn persoonlijke veiligheid kunnen hebben aangetast.

Voormalig president Donald John Trump

Voormalig president Donald Trump is geboren op 14 juni 1946 in Queens, New York. Zijn geboortedag (14) en geboortemaand (5) bevatten allebei veel Mercurius energie. De Trump Tower op 5th Ave in New York werd geopend op 14 februari 1983. De 45th president van de Verenigde

Staten heeft over het algemeen een geweldige combinatie van nummers. Het getal 45 wordt verder aangevuld door Venus en Jupiter energieën.

De naam van Mr. Trump draagt twee keer de energie van de planeet Venus (24) en verbindt zich met de planeet Jupiter, de grootste planeet en de gever van geluk en expansie. Deze Venus energie trekt hem aan naar rijkdom, schoonheid, entertainment, luxe en de media. Venus zorgt voor kracht en vitaliteit in zijn leven. De totale naamcombinatie van Donald Trump heeft Jupiter energie, de grootste en meest expansieve planeet. Er is ook een invloed van Uranus in zijn samengestelde nummers. Uranus brengt het onverwachte, versterkt de intuïtie en maakt iemand onconventioneel in denken en doen.

Helaas wordt Trump 77 in juni 2023 en gaat dan zijn 78th jaar in, maar de verkiezingen vinden pas plaats in november 2024, wanneer Trump in zijn 79th jaar is. Zijn 78th jaar is niet zijn ideale energie. De twee komende jaren zullen belemmerend voor hem zijn en hem tegenhouden om vooruit te komen. Er is een grote kans dat andere kandidaten op het moment van de verkiezingen begeerlijker zullen zijn voor het publiek.

President Joseph Robinette Biden Jr.

President Joseph Robinette Biden Jr., beter bekend als Joe Biden, werd geboren op 20 november 1942. Hij is momenteel in zijn 80th jaar en deze tijd is hem helemaal niet gunstig gezind. Hij kan zelfs worden getroffen door plotselinge gezondheidsuitdagingen. De Saturnuscyclus waar hij nu in zit, gekoppeld aan het Marsjaar dat hij volgend jaar ingaat, zal hem parten spelen. Dit is het soort energie dat iemands geluk "opgeeft".

De nummers van president Joe Biden laten de verenigbare relatie tussen de nummers 1, 2, 4 en 7 zien. Zijn geboortedag op de 20ste, zijn voornaam die bij het getal 13 hoort, de 46th president zijn en het 1600 adres van het Witte Huis zijn allemaal elementen die samenwerken. Biden heeft veel Jupiter energie in zijn nummers. Als grootste planeet heeft Jupiter hem zijn hele leven gezegend met hoge posities in de Amerikaanse regering. President Biden, die ook gezegend is met een krachtige Maan, is een bekwaam diplomaat en sluit gemakkelijk vriendschap met zijn tegenstanders. Zijn energie is geneigd om de massa te helpen. De nummers 2 en 7 en hun schakeringen zijn nuttige nummers voor hem. Het adres van het Witte Huis, 1600, en het nummer van zijn presidentschap, 46, werken allebei in zijn voordeel. Het feit dat hij 78 werd in november 2020 en zijn Neptunusjaar inging, hielp hem de verkiezingen van 2020 te winnen.

Voormalig burgemeester Rudy Giuliani (New York)

Het getal 17 (Saturnus: de Zon + Neptunus) brengt roem voor degenen die het als hun naamnummer hebben of als het voorkomt in een reeks die met hen te maken heeft.

Rudy Giuliani was de 107e burgemeester van New York. Niets in het bijzonder onderscheidde zijn regering van die van eerdere burgemeesters van New York. Maar op 11 september 2001 kwam Giuliani in de nationale schijnwerpers te staan en toonde hij leiderschap en inspirerende kwaliteiten waarvan de meesten niet dachten dat hij die bezat. Hij leidde New York en het land door de donkere dagen direct na 11 september.

Het was eigenlijk het getal 107 dat hem die roem gaf: dit gebeurde voor hem omdat hij de 107e burgemeester was en omdat dit getal geladen is met energie. Als hij de 106e of 108e burgemeester was geweest, zou hij nooit zo bekend zijn geworden. Maar zijn persoonlijke energie trok dit getal aan, dat zelfs na zijn aftreden nog bekendheid bleek te brengen. Giuliani komt nog steeds soms in het voorpaginanieuws, vaak in associatie met voormalig president Trump.

Giuliana's sterrenbeeld is Maagd, geregeerd door het getal 5, wat aansluit bij de 14e geboortedag van voormalig president Trump (5). 5en en 5en kunnen goed met elkaar opschieten: ze communiceren goed en begrijpen elkaar. Een 5 werkt altijd het beste met een andere 5, dus het is geen verrassing dat ze zich zo op hun gemak voelden bij elkaar. Maar de energie van Mercurius schommelt ook gevaarlijk: hij schiet omhoog en daalt dan weer. Dit verklaart de juridische problemen waar zowel Giuliani als Trump mee te maken hebben gehad.

Elizabeth Alexandra Mary (koningin Elizabeth II)

Geboortedatum: 21 april 1926

Overleden: 8 september 2022

Regeerperiode: 6 februari 1952 tot 8 september 2022

Elizabeth Alexandra Mary, bekend onder haar populaire naam koningin Elizabeth II, was de koningin van het Verenigd Koninkrijk en andere landen van het Gemenebest. Ze was de langst regerende Britse monarch (en ook de langst regerende vrouwelijke monarch), die 70 jaar en 214 dagen de troon behield. Haar geboortedatum bevatte veel Maan + Jupiter energie (2 en 3). Haar 21e geboortedag in april was ook krachtig: ze werd geboren onder Stier energie versterkt door Jupiter.

Haar populaire naam Koningin Elizabeth bevat twee masternummers: 22 en 33. In dit geval tellen deze twee mastergetallen op tot 55, wat twee keer Zon en twee keer Mercurius is. Het Verenigd Koninkrijk en Buckingham Palace hebben beide Saturnus energie, maar Saturnus energie wordt erg aangetrokken tot een getal 5. Dit verklaart de lange regeerperiode van de koningin en haar grote invloed op de wereld. De twee 5-en van koningin Elizabeth hebben haar diep verbonden met Engeland en het paleis.

De koningin was zeer intuïtief en haar derde oog was zowel open als geëvolueerd: ze kon nauwkeurig dingen aanvoelen en voelen, meer dan voorgaande heersers van Engeland. Haar kroon bevatte een Koh-i-Noor diamant, die haar kruinchakra verruimde en haar toegang gaf tot hogere beslissingen. Ze wist precies wat ze moest doen en hield zich aan haar beslissingen.

Nelson Mandela

Geboortedatum: 18 juli 1918

Nobelprijs voor de vrede: 1993

Werd op 10 mei 1994 ingehuldigd als de eerste democratisch gekozen president van Zuid-Afrika; verliet zijn ambt in 1999.

Overleden: 5 december 2013

Naam van de officiële residentie in Pretoria, Zuid-Afrika: Mahlamla'ndlopfu ("waar de olifanten baden")

Nelson Mandela's geboortedatum draagt Maan + Jupiter energie, maar zijn naam is een zeer krachtig nummer, met de Zon + Mercurius. Zijn naam energieën zijn dus vergelijkbaar met die van Oprah Winfrey. De naam die hij gaf aan de officiële residentie in Pretoria, Mahlamla'ndlopfu, draagt Zonne-energie en is precies de juiste naam voor het huis van een staatshoofd. Mandela's geboortedatum duidt op verwondingen, ongelukken en huwelijksproblemen, maar ook op een zeer scherpe geest. Zijn naam en geboortedatum samen gaven hem de vastberadenheid om een zware gevangenisstraf te doorstaan en uiteindelijk te zegevieren.

BEROEMDHEDEN

Elon Musk
Geboortedatum: 28 juni 1971

De CEO van Tesla, Elon Musk, is geboren op 28 juni 1971. Elon heeft acht letters in zijn naam en de naam vibratie is ook gereduceerd tot 35, of 8, net als de energie van de naam Facebook. Omdat Elon een waterteken is, werkt zijn energie goed samen met het getal 7. Over kanker heerst het getal 2, dat staat voor de energie van de Maan. Zijn bedrijfsnaam Tesla draagt ook de energie van Neptunus die synchroon loopt met zijn geboortedatum en het getal 28, de dag waarop hij werd geboren. Als je naar zijn nummers kijkt, zie je dat Elon zeer intuïtief is en zich laat leiden door hogere energieën.

Hij is een waterteken zoals blijkt uit zijn geboortedatum, waardoor hij humeurig en intuïtief is. De energie van de krachtige Zon in zijn geboortedatum en Neptunus in zijn samengestelde nummers zijn in sync met de bedrijfsnaam Tesla, die ook Neptunus energie met zich meedraagt. Zijn geluk werkt beter in de buurt van water. De belangrijkste Tesla fabriek staat in Fremont, Californië in de San Francisco Bay Area, vlakbij de Stille Oceaan. Er zijn wereldwijd nog meer fabrieken, maar hun locaties werken niet zo goed voor het bedrijf.

Cryptocurrency en Bitcoin

Hoewel het geen persoon is, is cryptocurrency een beroemdheid op zich: deze vorm van valuta zorgt voor een revolutie in het begrip geld en de manieren waarop mensen verdienen, investeren en distribueren. Cryptocurrencies blijven stijgen en zijn onder de huidige economische omstandigheden erg populair geworden bij investeerders. Het is een blijvertje en deze industrie zal alleen maar groeien. De reden hiervoor is dat het woord Bitcoin 23 energie uitstraalt.

Het getal 5 wordt vertegenwoordigd door de snel bewegende planeet Mercurius. Hij beweegt niet alleen met grote snelheid, maar heeft ook een fluctuerende energie. Het getal 5 werkt goed samen met de energie van het getal 5. Bitcoin zoals hierboven weergegeven telt ook op tot een 23, die wordt herleid tot een getal 5. De komende jaren zullen Bitcoin-beleggers profiteren. Ze moeten klaar zijn voor een ritje en letten op de piek van dit aandeel om op tijd winst te maken. Deze informatie is uitsluitend gebaseerd op de nummers zoals ik ze interpreteer. Zoals altijd kan niemand iets garanderen in het leven.

Prins Harry
Geboortedatum: 15 september 1984

De populaire naam van prins Harry heeft een sterke Venus en Maan energie die samengaan met Saturnus. Zijn sterrenbeeld is Maagd, waarover Mercurius heerst. Zijn energie is volledig verbonden met het Buckingham Palace adres, dus het zou me niet verbazen als hij op het juiste moment terugkeert naar zijn roots. Zijn Mercurius energie, gecombineerd met de Saturnus energie van Buckingham Palace en het Verenigd Koninkrijk, zal weer naar elkaar toe getrokken worden. Mercurius en Saturnus delen een magnetische verbinding.

Michael Jackson
Geboortedatum: 29 augustus 1958 (Maagd)

Overleden: 25 juni 2009

Neverland Adres: 5225 Figueroa Mountain Road
in de Santa Ynez Mountains

De Neverland Ranch van Michael Jackson, 5225 Figueroa Mountain Road in de Santa Ynez Mountains, is nog een voorbeeld van "getimede"

Mercurius energie. Meneer Jackson, wiens geboortedatum 29 augustus 1958 was, had de basisenergie van de Zon + Mercurius. De woning, 5225, had zijn basis Mercurius energie twee keer.

Maar omdat de energie van Mercurius getimed is, werkt het maar voor een bepaalde periode en verdwijnt dan. Dit is wat er gebeurde met de ranch van Michael Jackson. Tijdens de laatste jaren van zijn leven worstelde hij met veel verliezen en werd hij gedwongen miljoenen dollars uit te keren voor de afwikkeling van rechtszaken. Dit gebeurde door de energie van het huis, dat twee keer Mercurius en twee keer de Maan had. Dit adres zou Mr. Jackson bankroet hebben gemaakt als hij er zelfs maar een legaal verblijf had gehouden, maar het bracht hem ook ernstige gezondheidsproblemen en kostte hem zijn reputatie (en misschien zelfs zijn leven). De rechtszaken waarmee hij worstelde zouden zijn doorgegaan als hij weer op 5225 had gewoond.

Al voor 25 juni 2009 was het duidelijk dat de naam Neverland Ranch zelf een zeer bedrieglijke Neptunus energie met zich meedroeg. Op basis van Michael Jacksons geboortedatum en de naam Neverland was er een grote kans dat Michael Jackson in de nabije toekomst in grote problemen zou komen, of het nu ging om juridische sancties of financiële verliezen. De vorm van de ramp was toen nog niet duidelijk, maar natuurlijk onthulde de tijd alles.

Al op 23 november 2003 voorspelde *USA Today*: "Maar de laatste beschuldiging kan de val van het huis van Jackson veroorzaken. De voormalige superster zou volgens *Forbes* minstens 200 miljoen dollar schuld hebben. *Vanity Fair* zegt dat Jackson 4 miljoen dollar per jaar uitgeeft aan het onderhoud van Neverland. Nu Jacksons juridische rekeningen steeds hoger worden, gaan er geruchten dat Neverland nooit meer zal bestaan."

Hoewel hij werd vrijgesproken in zijn rechtszaak, moest Michael Jackson Neverland om financiële redenen sluiten en verhuisde hij in 2005 met zijn gezin naar Bahrein na de vrijspraak in juni van dat jaar. Het lijkt erop dat hij te gast was bij Prins Abdulla al Khalifi en anderen, maar er zijn berichten dat nadat deze relatie in februari 2006 stukliep, Jackson een "in principe staatloos persoon" werd en rondreisde tussen Ierland, Engeland, Duitsland, Italië, Bahrein en Dubai.

Camilla Parker-Bowles en prins Charles

Geboortedatum van Camilla: 17 juli 1947

Geboortedatum van Charles: 14 november 1948

Geboortenamen: Camilla Rosemary Shand en
Charles Philip Arthur George

Officieel woonadres na verloving met prins Charles: Clarence House

Huidige verblijfplaats: Buckingham Palace

Huwelijksdatum met prins Charles: 9 april 2005 (oorspronkelijk gepland voor 8 april 2005; uitgesteld vanwege de begrafenis van paus Johannes Paulus II, die prins Charles bijwoonde)

Prins Charles heeft sterke Mercurius en Neptunus energie op respectievelijk zijn geboortedatum en naam, en zijn energie is volledig synchroon met de naam Engeland en de stad Londen, de locatie van een van zijn belangrijkste residenties. Sommige mensen denken dat hij "gek" is, maar in werkelijkheid is hij vooruitziend en analytisch. Deze eigenschappen komen voort uit de Neptunus energie op zijn naam.

Camilla draagt Maan + Jupiter energie; haar voornaam draagt Neptunus energie. Zowel Charles als Camilla hebben Neptunus energie in hun voornamen, dus ze kijken ver vooruit. Camilla Parker Bowles draagt Saturnus energie, die langdurige roem brengt, maar deze naam botst met haar geboortedatum, die ook Saturnus energie draagt. Dit kan destructief zijn, dus het is maar goed dat haar voormalige getrouwde achternaam is vervangen door de formele introductie van "Hare Koninklijke Hoogheid Camilla, Hertogin van Cornwall". Dit brengt haar terug naar de Neptunus energie van haar voornaam en harmony met haar oude minnaar en echtgenoot Charles.

Camilla's Maan energie resoneert niet goed met de Buckingham Palace residentie; haar geboortedatum botst met de energie ervan. Hoewel ze nu meer macht heeft, zal het niet veel voorstellen. Ze zal niet meer invloed hebben tijdens het bewind van haar man en zal zich liever afzijdig houden. Ondanks dit en mogelijk een paar gezondheidsproblemen terwijl ze in het paleis woont, heeft Camilla een paar positieve jaren voor de boeg.

Na het overlijden van Koningin Elizabeth werd er veel gespeculeerd over haar Koh-i-Noor diamanten kroon: zal deze op het hoofd van Koning Charles worden geplaatst? Als Charles ervoor kiest om deze kroon niet te dragen tijdens zijn regeerperiode, zal zijn derde oog gesloten zijn. Venus werkt op het kruinchakra, maar als Charles zich de kroon van zijn overleden moeder niet eigen maakt, zullen zijn beslissingen misschien niet goed geaard zijn. Zoals het nu is, is zijn visie vertroebeld, in tegenstelling tot die van koningin Elizabeth, die een uitstekende intuïtie had.

Prinses Diana

Geboren: 1 juli 1961

Verloving met prins Charles aangekondigd op: 24 februari 1981

Huwelijksdatum met Prins Charles: 29 juli 1981

Gescheiden: 28 augustus 1996

Overleden: 31 augustus 1997

Lang voordat de wereld verbijsterd was door Diana's dood op 31 augustus 1997, deed ik al onderzoek naar de energieën van Prins Charles en Prinses Diana. Ik had me altijd al verbaasd over hun huwelijk. Toen ik foto's van hun huwelijk zag, was ik nieuwsgierig naar een met diamanten bezette hoefijzer die aan de tailleband van haar trouwjurk was bevestigd: was het hoefijzer met de goede kant naar boven zodat het geluk kon opvangen en vasthouden, of ondersteboven zodat het geluk op zou raken? Ik vroeg me af hoe Engeland, met zijn vele metafysische tradities, de tegenstrijdige energieën die deze twee mensen vertegenwoordigden kon hebben gemist.

Charles' energie zit boordevol Mercurius + Neptunus van zowel zijn geboortedatum als zijn naam. Diana had Zon + Maan energie op haar geboortedatum. De naam Diana had een zwakke Jupiter energie, die zich manifesteerde in de vorm van een vrouw die bereid was zich op te offeren voor andere mensen en altruïstisch en aardig was, maar Charles had een Neptunus naam, waardoor hij erg moeilijk te begrijpen was. Het is interessant dat wanneer de energie van Jupiter in namen zit, het bekendheid en roem brengt. Voormalig president Ronald Reagan, voormalig vicepresident Al Gore, acteur Will Smith en vele andere bekende politieke en filmpersoonlijkheden hebben deze energie in hun naam. Maar we moeten niet vergeten dat de energieën die werken op huizen niet noodzakelijkerwijs werken op namen.

Mijn ervaring leerde me dat huwelijken tussen partners met namen van Jupiter en Neptunus nooit goed uitpakken. De energieën van Diana en Charles trokken hen niet samen; er was meer afstoting dan aantrekking en hun huwelijk had vanaf het begin af aan problemen.

Ik betrok mijn nieuwe huis op de laatste dag van augustus 1997 toen het nieuws van de plotselinge dood van prinses Diana de ether in ging en de wereld in beroering bracht. Kort na haar dood herinner ik me dat ik met een beroemde Chinese meester sprak over de energie van deze namen en de reden waarom de namen hen uit elkaar trokken. Ik herinner me ook dat ik met deze meester sprak over de hoefijzer die op Diana's trouwjurk was genaaid. Ik vroeg me hardop af over alle spiritualisten en intuïtieven in Engeland en waarom deze strijd niet was voorzien. De Chinese meester vroeg me waarom ik deze informatie niet openlijk aan de media had gegeven. Misschien was de tijd toen nog niet rijp.

Paus Johannes Paulus II

Geboortenaam: Karol Joseph Wojtyla

Geboortedatum: 18 mei 1920

Gekozen tot 264e paus: 16 oktober 1978

Moordaanslag: 13 mei 1981

Overlijdensdatum: 2 april 2005

Heilig verklaard als katholieke heilige: 27 april 2014 (dezelfde dag dat paus Johannes XXIII heilig werd verklaard)

De naam van paus Johannes Paulus II straalde precies dezelfde energie uit als de namenergie van Jezus Christus. De geboortedatum van de paus, 18 mei 1920, had krachtige Venus + Mercurius energie. Deze man was echt een heilige: zowel zijn naam en geboortedatum als de manier waarop hij zijn leven leefde als een heilig man, plaatsen hem in deze categorie.

Paus Benedictus XVI

Geboortenaam: Joseph Alois Ratzinger

Geboortedatum: 16 april 1927

Verkozen tot 265e paus: 19 april 2005

Gekozen op 4e stemronde met tweederde meerderheid
van aanwezige kardinalen

De geboortenaam van voormalig kardinaal Ratzinger heeft de energie van de Maan, Venus en Jupiter. Maar zijn gekozen pauselijke naam, Benedictus XVI, heeft Maanenergie, wat niet het soort energie is dat een geestelijk hoofd zou willen bezitten. Door deze naam maakte paus Benedictus niet de charismatische indruk van zijn voorganger, paus Johannes Paulus II.

De geboortedatum van paus Benedictus, 16 april, heeft Zon + Maan energie, wat weer niet gunstig is voor een krachtig spiritueel hoofd in het aantrekken van de massa. Het was moeilijk voor hem om het respect te krijgen dat Johannes Paulus II kreeg door de energieën op zijn geboortedatum. Er hing een bedrieglijke energie om hem heen, maar van welke soort is moeilijk te zeggen: het kan te maken hebben gehad met zijn gezondheid, personeel of andere omstandigheden die niet bekend waren bij het publiek.

Het citaat van paus Benedictus over de Islam, in een toespraak op 12 september 2006 in Regensburg, Duitsland, maakte veel moslims over de hele wereld woedend en zorgde ervoor dat hij zijn excuses aanbood en een nieuwe verklaring aflegde over de relaties tussen het christendom en de Islam, waardoor de hele doctrine van pauselijke onfeilbaarheid in twijfel werd getrokken.

Paus Benedictus werd de eerste paus in ongeveer 600 jaar die vrijwillig afstand deed van zijn positie op 28 februari 2013.

Paus Franciscus

Geboortenaam: Jorge Mario Bergoglio

Geboortedatum: 17 december 1936

Gekozen tot 266e paus: 13 maart 2013

Paus Franciscus is geboren op 17 december 1936 en heet Jorge Mario Bergoglio. Het is interessant dat Paus Franciscus de 266de paus is, omdat dit optelt tot een 14, een Mercurius energie, en hem in een sterke invloedspositie plaatst. Hij gaat zijn 87de jaar in als hij december 2023 nadert. In de komende twee jaar, tot 2025, zal hij op zijn gezondheid moeten letten of er zelfs voor kiezen om met pensioen te gaan.

Paus Franciscus was volgens zijn nummers bedoeld als 266de paus; hij had deze positie niet kunnen bereiken als 265de of 267de paus. Ik ben altijd gefascineerd door hoe de nummers van een persoon op één lijn liggen om hem in een bepaalde periode in zijn leven tot een bepaalde macht te verheffen!

Oprah Winfrey
Volledige wettelijke naam: Oprah Winfrey

Geboortedatum: 29 januari 1954

Harpo, Inc. is een uitstekende naam voor een bedrijf, vooral voor het soort waar Oprah bij betrokken is. Harpo draagt de energie van Mercurius in zijn hoogste en beste vorm; wanneer het gecombineerd wordt met het woord Inc. wordt Mars toegevoegd. Dit maakt het een uitstekende naam voor een bedrijf. De combinatie van deze twee planeten zorgt voor een Mercurius energie die gericht is op geld en communicatie. Het was een geïnspireerde zet van haar om haar bedrijf een naam te geven met haar voornaam achterstevoren. Maar Oprah is ook een spiritueel persoon en misschien had ze een metafysische goeroe of leraar die haar tot deze beslissing bracht.

Haar voornaam Oprah bevat ook Mercurius energie, wat heel goed is voor haar communicatiewerk. In combinatie met Winfrey wordt het een krachtige Venus energie. In dit geval is ze intelligent en praat ze zoals advocaten: snel, scherp en overal bovenop. Haar geboortedatum heeft Mercurius + Neptunus energie en het is haar Neptunus energie die haar zo intuïtief maakt.

Haar netwerk OWN straalt echter niet dezelfde energie van hoog niveau uit als de bedrijfsnaam Harpo, Inc. OWN heeft meer Marsenergie dan Mercuriusenergie; daarom horen we niet zoveel over Oprah als vroeger.

Steven Spielberg

Geboortenaam: Steven Spielberg

Geboortedatum: 18 december 1946

Dit is een geval van "de magie van de naam". Soms kan een sterke naam een geboortedatum overwinnen, maar 18 december is een datum met intellectuele energie, sterke Jupiter + Venus energie, en hoeft niet overwonnen te worden. Spielbergs naam is superkrachtig en de energie van zijn naam is volledig in overeenstemming met zijn geboortedatum. Hij heeft de energie van Zon + Mercurius, die staat voor roem, intellect en de creativiteit die deze specifieke combinatie voortbrengt.

Interessant genoeg hebben Spielberg en Oprah Winfrey soortgelijke energieën in hun namen en zijn ze elk een begrip in een andere sfeer. Het enige gevaar waar Spielberg op moet letten is als hij autorijdt; de Mars energie in zijn geboortedatum kan iemand soms onverwacht naar het ziekenhuis sturen!

Hoofdstuk 14

Rudraksha en kristallen

RUDRAKSHA

Ik werd me voor het eerst bewust van rudraksha toen ik bij de Indiase strijdkrachten ging. Ik werd ingedeeld bij de Gurkha Rifles en de meeste van mijn troepen werden gerekruteerd uit de centrale regio van Nepal. In 1982 maakte ik deel uit van een team dat voor rekrutering naar Nepal werd gestuurd en ik bezocht alle rekruteringscentra die het leger daar had. In die tijd, tijdens een trekking door de heuvels van Nepal van Kathmandu naar Pokhra, leerde ik over rudraksha. Toen we stopten bij de kleine dorpjes waar we jonge mannen moesten rekruteren, zagen we een paar rudraksh bomen (*Elaeocarpus ganitrus roxb*) in de buurt groeien. Een van mijn helpers, een Nepalees, zei dat alle heilige mensen de rudraksha, de vrucht van de boom, om hun nek droegen.

Na verloop van tijd ontdekte ik dat de Nehru familie, de leidende familie in de Indiase politiek, *al* vele jaren een één-mukhi rudraksha (de zeldzaamste soort) heeft. Een mukhi is een facet op de rudraksha, meestal tussen 1 en 21. Het is algemeen bekend dat de Nehru familie, vanwege de spirituele krachten die hun rudraksha met zich meedraagt, de politieke scène in India al een halve eeuw domineert, sinds de onafhankelijkheid op 15 augustus 1947.

Ik had eens de kans om een beroemde yogi te ontmoeten die op een vlucht van Jammu naar New Delhi zat. Ik herkende hem meteen, omdat hij erg close was met de premier, mevrouw Indira Gandhi, en haar spirituele goeroe was. Hij had twee vrouwelijke assistenten en ik sprak met een van hen toen we in New Delhi landden. Ik gaf aan dat ik hem graag persoonlijk wilde ontmoeten. Het was heel gemakkelijk om deze verbinding te maken en ik ontmoette hem in zijn ashram (kluizenarij) in het centrum van New Delhi. Ik vroeg hem naar de rudraksha die hij om zijn nek droeg en vertelde hem dat ik me daartoe aangetrokken voelde en heel graag wilde leren wat ik erover kon leren. Ik herinner me dat hij me vertelde dat hij er een aan mevrouw Indira Gandhi had gegeven.

Later, toen ik als instructeur voor militaire training in Zuid-India diende, kreeg ik een prestigieuze functie als hoofdtrainingsinstructeur. Een van mijn voormalige klasgenoten van de National Defense Academy maakte toevallig deel uit van een cursus die ik gaf. Hij was twee keer gezakt voor deze cursus en het was zijn laatste kans om te slagen of ontslagen te worden uit het leger. Omdat ik eerder in onze carrière een goede band met hem had gehad, moedigde ik hem aan en bij de gratie Gods slaagde hij en kon hij zijn militaire carrière voortzetten. Voordat hij vertrok, kwam hij persoonlijk naar me toe om me "een klein geschenk" te geven. Normaal gesproken mochten we als instructeur in een trainingscentrum geen cadeaus aannemen van stagiairs. Maar in dit geval, omdat hij mijn klasgenoot was geweest en mijn compagnon, voelde ik me verplicht om hem te zien. Hij haalde een rudraksha uit zijn nek. Ik weet het nog goed: het was een Gauri Shankar, een zeer invloedrijke rudraksha. Hij stond erop dat ik die om mijn nek droeg voor mijn spirituele groei en bescherming. In eerste instantie weigerde ik dit geschenk en had ik het gevoel dat ik het onmogelijk kon accepteren. Ik realiseerde me wat het werkelijk was en voelde me ongemakkelijk toen het me werd aangeboden. Maar hij stond erop en maakte duidelijk dat hij mijn kamer niet zou verlaten voordat ik het had geaccepteerd.

Ik voelde dat ik het voor zijn eigen comfort en geluk moest accepteren. Ik deed hem om mijn nek. Ik droeg deze rudraksha toen ik naar de Verenigde Staten kwam: Ik voelde me geleid en beschermd toen ik alleen was en mijn weg probeerde te vinden in dit land. Ik herinner me nog goed de dag in de schuur in Yuba City, toen de rudraksha plotseling verdween. Ik zocht overal (de schuur was erg klein) maar ik kon hem niet vinden. Op dat moment waren mijn immigratiepapieren ingediend en had ik mijn werkvergunning in handen. Het lijkt er nu op dat de rudraksha, nadat hij zijn doel voor mij had vervuld, een ander persoon zocht om te helpen.

Ik heb dit in de loop der jaren met andere mensen besproken, die me vertelden dat rudraksha op deze manier werken: ze blijven bij je voor de tijd dat je ze nodig hebt, en dan verdwijnen ze.

Rudraksha zijn er in vele vormen, net zoals ze aan de boom groeien. De gelukkigste onder hen is de één-mukhi. Er zijn talloze plaatsen waar ze Rudraksha verkopen en ik ben tot de ontdekking gekomen dat er veel namaak Rudraksha worden verkocht aan mensen die het verschil niet weten tussen een imitatie en een echte. Een echte rudraksha zinkt altijd in een kom melk, terwijl een namaak rudraksha blijft drijven. Als een echte rudraksha in heet water wordt gekookt, verandert zijn kleur of uiterlijk niet, terwijl een namaak rudraksha gaat drijven, zijn kleur verliest en krimpt. Het is heel belangrijk om deze eigenschappen in gedachten te houden als je op zoek bent naar een rudraksha. Er wordt ook gezegd *dat* echte rudraksha je van spirituele mensen cadeau krijgt. Het is bijna onmogelijk om een echte one-mukhi rudraksha te kopen. Het is mogelijk om sommige andere rudraksha's te kopen, maar de koper moet goed geïnformeerd zijn en de bron moet een goede reputatie hebben.

Het dragen van een authentieke rudraksha kan beschermen tegen negatieve energieën, de fysieke en emotionele balans bewaren en de concentratie bevorderen. Ik bezit momenteel acht drie-mukhi rudraksha. Ik draag ze om mijn nek voor mijn gemoedsrust en om verbinding te houden met hogere energie.

KRISTALLEN

In het Vedische systeem wordt elke planeet traditioneel geassocieerd met een bepaald kristal: de Zon met robijn, Mercurius met smaragd, Venus met diamant, de Maan met parel, Mars met rode koraal, Jupiter met gele saffier, Saturnus met blauwe saffier of een hoefijzerring, Uranus met kattenoog en Neptunus met parel of kattenoog. Secundaire kristallen kunnen soms worden vervangen door deze primaire kristallen.

Het dragen van een blauwe saffier met een smaragd wordt beschouwd als een gunstige combinatie voor mensen wiens energie compatibel is met de blauwe saffier. Een vervanging voor de blauwe saffier is een hoefijzerband, dat wil zeggen, gemaakt van een hoefijzer. Het bevat dezelfde energie als de blauwe saffier, maar moet geactiveerd worden door mantra's voor Saturnus energie te reciteren. Het is algemeen bekend dat als je Saturnus zwak is, dit voortdurend problemen met je financiën met zich meebrengt.

Als Saturnus ongunstig in je geboortehoroscoop staat, blokkeert het de energie van het hele lichaam. Maar er wordt ook gezegd dat een sterke Saturnus voldoende is om alle negatieve energieën van de andere planeten in iemands geboortehoroscoop in evenwicht te brengen. In India zijn er veel tempels gewijd aan Saturnus die mensen op zaterdag bezoeken om Saturnus gunstig te stemmen door olie, zwarte stof, dal (peulvruchten) en ijzer in de vorm van spijkers te doneren. Lapis lazuli, voornamelijk gedolven in Afghanistan en delen van Iran, wordt ook gedragen als vervanging voor een blauwe saffier. Lapis lazuli heeft psychische kracht en kan je zesde oog openen. Lapis lazuli was ingelegd in het marmer van de Taj Mahal.

Er wordt gezegd dat een kattenoog alleen gedragen moet worden na overleg met een Vedische astroloog. Het moet bij je horoscoop passen, want een kattenoog kan zo krachtig zijn dat het een bijna dood bedrijf weer tot leven kan wekken en klanten en geld kan opleveren. Zijn kracht wordt vermenigvuldigd als hij samen met een gele saffier (die de planeet Jupiter vertegenwoordigt) wordt gedragen.

Als de granaat op de juiste manier wordt geactiveerd, kan hij je beschermen tegen ongeziene vijanden. Granaat werkt krachtig als het samen met gele saffier wordt gedragen. Er wordt gezegd dat de energie zo sterk is dat krijgers hem in de oudheid in de strijd droegen als bescherming tegen lichamelijk letsel.

Venus is de schepper van rijkdom en staat ook voor liefde en geld. De kristallen die bij Venus passen zijn wit koraal en diamanten. Nogmaals, diamanten passen niet bij ieders energie. Voor degenen die zich ongemakkelijk voelen bij het dragen van diamanten of van wie de energie niet compatibel is, is wit koraal net zo effectief. Veel beroemde Oost-Indiase acteurs en actrices dragen deze kristallen. Rozenkwarts heeft een soortgelijke energie, de energie van liefde. Rozenkwarts komt het best tot zijn recht in de vorm van een bol en moet in huis op een plek van respect worden bewaard. Het straalt de energie *van* het hartchakra uit, de energie van liefde en geven.

Deze energie is goed om huwelijken in evenwicht te brengen en te houden, maar ook om een liefdesstroom tussen beide partners aan te moedigen.

Diamanten en zirkonium werken om een teveel aan Uranus energie te beteugelen. Iemand met de naam Uranus zou enorm veel baat hebben bij het dragen van een diamant gezet in platina aan de ringvinger van de rechterhand voor mannen of de linkerhand voor vrouwen.

Parelmoer en kattenoog kalmeren een teveel aan Neptunus energie. Eigenschappen die bij Neptunus energie horen zijn spiritueel werk, muziek, film, creativiteit, magie en mysterie. Als iemand een muziekbedrijf of -organisatie heeft, zou een parel of kattenoog gunstig zijn, opnieuw afhankelijk van de specifieke numerologie van die persoon. Neptunus vertegenwoordigt het getal 7. Jagjit Singh, een Indiase zanger die beroemd is om het zingen van ghazals (een zeer gestructureerde en moeilijke poëtische vorm), treedt altijd op met een groep van zeven mensen, inclusief hemzelf. Er zijn zeven noten in de toonladder en Jagjit Singh eert elke noot met een performer.

Amethist is een heel populair kristal. Mensen dragen het in ringen en hangers. Kristallen worden in huizen en kantoren geplaatst. Een paar amethist geodes dicht bij de voordeur van een huis of bedrijf kan magisch werken om de hoogste energie aan te trekken. Bij het bouwen van een nieuw huis begraven veel Aziaten twee amethist geodes aan weerszijden van de voordeur, omdat ze zeggen dat dit gunstig is en geluk zal brengen. In India dragen veel mensen amethist als vervanging voor blauwe saffier. Hoewel het slechts een halfedelsteen is, heeft amethist door zijn kleur toch eigenschappen om verbinding te maken met het hoogste chakra.

Obsidiaan wordt als fortuinlijk beschouwd als het dicht bij of tegenover een ingangsdeur wordt geplaatst. Het weert negatieve energie af. Ik gebruik obsidiaan al jaren in mijn huis en heb de kracht ervan gevoeld. In India plaatsen sommige mensen een Venusbeeldje in hun slaapgedeelte om hun financiën en gezondheid te verbeteren.

In Zuid-India dragen mensen graag een ring die Navaratna wordt genoemd, wat negen juwelen betekent. Hij wordt gemaakt door de robijn (energie van de Zon) in het midden te plaatsen, met de andere stenen eromheen. Alle energieën draaien om de Zon. Omdat Zuid-India een andere cultuur heeft dan het noorden, hebben ze een andere manier om energieën te analyseren of naar astrologie te kijken.

Als je eenmaal weet welke kristallen het gunstigst zijn voor jouw energie, kun je de juiste dragen en hun krachten activeren om elk aspect van het leven te helen, in balans te brengen en te verheffen.

Ook van Jesse Kalsi

Alles over nummers:
Trek geluk, overvloed en vreugde aan op basis van je nummers,
Waterside Productions, 2021

Over de auteur

Jesse is een wereldberoemde numeroloog. Hij is gespecialiseerd in numerologie van huizen en bedrijven en geeft waardevol inzicht in de kracht van nummers en hoe ze ons leven beïnvloeden. In zijn boeken, *De Kracht van Huisnummers* en *Alles over Getallen*, combineert hij zijn Oosterse opvoeding met zijn Westerse ervaring om bewustzijn en begrip van dit fenomeen te brengen.

In de afgelopen twintig jaar heeft Jesse duizenden mensen geconsulteerd en hun levens positief beïnvloed. Tot zijn klanten behoren beroemde zakenmensen en zeer succesvolle communicatie- en entertainmentbedrijven. Jesse is op vele radio- en televisieprogramma's in de V.S. verschenen en zijn unieke kijk op numerologie heeft zijn publiek versteld doen staan.

Jesse is een succesvolle makelaar van beroep, maar hij is ook gecertificeerd Federal Aviation Administration Flight Instructor en heeft een commercieel vliegbrevet. Hij behaalde zijn bachelordiploma in India en een LLM in internationale juridische studies aan de Golden Gate University in San Francisco, Californië.

Jesse studeerde af aan de National Defense Academy of India en vervolgde zijn studie aan de Indiase Militaire Academie. Hij diende als kapitein in het 1e Bataljon, 3e Gurkha Rifles, vroeger "The Queen's Own" genoemd. Jesse was van plan om zijn leven te wijden aan militaire zaken, maar verliet het leger toen hij werd ingelicht over zijn ware levensdoel toen hij aan de grens van Jammu en Kasjmir was gestationeerd. Hij kwam oorspronkelijk naar de VS om te leren vliegen, maar keerde uiteindelijk terug om in Californië te gaan wonen.

Jesse Kalsi woont met zijn gezin in Californië.

www.ingramcontent.com/pod-product-compliance
Lightning Source LLC
Chambersburg PA
CBHW050854160426
43194CB00011B/2150